Sportfische

Fischarten – Angeltechnik – Gerät

Originalausgabe © 1999: Losange

Originaltitel: Mini-guide de la Pêche

© 2000 für die deutsche Ausgabe:
Könemann Verlagsgesellschaft mbH
Bonner Straße 126, D-50968 Köln

Übersetzung aus dem Französischen und Fachlektorat: Olivier Portrat
(txt redaktion & agentur)
Redaktion und Satz: txt redaktion & agentur, Lünen

Projektkoordination: Dorit Esser
Herstellung: Ursula Schümer

Reprohaus: Typografik, Köln
Druck und Bindung: Star Standard (Pte.) Ltd.
Printed in Singapore

ISBN 3-8290-4348-1

10 9 8 7 6 5 4 3 2 1

Sportfische

Fischarten – Angeltechnik – Gerät

Pierre Affre
Pascal Durantel
Patrick Guillotte

KÖNEMANN

INHALT

Einleitung   6-9

Die Salmoniden, die Saiblinge,
die Thymalliden, Herings- und Renkenartigen   **10-131**

    Der Atlantiklachs   12-31
    Die Pazifiklachse   32-39
    Die Bachforelle   40-63
    Die Regenbogenforelle   64-75
    Die Steelhead-Forelle   76-83
    Die Meerforelle   84-89
    Der Bachsaibling   90-95
    Der Namaycush-
    Saibling   96-99
    Der Seesaibling   100-105
    Die Äsche   106-117
    Die Großalse   118-125
    Die Renken   126-131

Die Raubfische   **132-201**

    Der Hecht   134-149
    Der Schwarzbarsch   150-167
    Der Zander   168-179
    Der Flußbarsch
    oder Barsch   180-187
    Der Wels   188-201

Die Weißfische   202-249

Der Karpfen   204-213
Die Brachse   214-217
Die Schleie   218-219
Die Rotfeder   220-223
Die Nase   224-225
Das Rotauge   226-233
Die Laube   234-237

Die Hasel   237
Der Döbel   238-239
Die Barbe   240-241
Der Aal   242-246
Die Rutte   247
Der Rapfen   248-249

Glossar   250-251
Register   252-255

Einleitung

Stattlicher norwegischer Lachs, der beim Spinnfischen mit einer Multirolle gelandet wurde.

Am Anfang war der Wurm. Die Geschichte der Angelei könnte in etwa so beginnen: Am Haken hängt der Wurm, der Haken an der Schnur, die Schnur an der Rute und am anderen Ende der Rute, ein Kind. Ein Kind, das mit einem Wurm in einem Bach, Teich oder Weiher fischt, in einem Fluß oder Strom, ganz egal. Ein Kind, das den Spiegel der Wasseroberfläche durchbricht, um gelegentlich einen Fisch herauszuziehen, sich viel öfter aber mit einen Traum begnügen muß.

René Fallet, ein französischer Schriftsteller, erzählte: „Wenn ich ein wenig melancholisch, ja einen Tick verzweifelt dreinblicke, gibt es einen Grund: Vielleicht habe ich nur im Anblick von Wasser, von fließendem und stillstehendem, jene intensiven Momente kennengelernt, jene unerreichbare Karotte erwischt, die weitläufig immer wieder als „Glück" bezeichnet wird." Und er fügte hinzu: „Angeln ist einfach. Es ist kindisch im emotionalen Sinn des Wortes. Es ist der Inbegriff des Kinderspiels aus jenen Zeiten, wo die Kinder auf Dachböden spielten, als es noch Dachböden gab. Wasser, Fisch, ein Mensch, der sich Mühe gibt, letzteren mit einem winzigen Häkchen zu erwischen, mehr ist es nicht. Und Liebe zu seiner Tätigkeit muß er mitbringen, die Liebe ist wichtiger als jeder Köder." Das Kind wächst heran, und die Passion nimmt gegenüber der Vernunft überhand. Der Traum schwindet dahin, wird zur Wirklichkeit, und der Wurm immer öfter zu einer Fliege, einer Heuschrecke, einer Grille oder zum Spinner.

Mehr denn je paßt die ganze Hoffnung ins Innere der Hand – ein Stück Glück, das manchmal nur wenige Gramm wiegt, im Falle einer Laube, oder aber Dutzende Kilo, wenn es sich um einen stattlichen Wels handelt. Die Geschichte bleibt aber in jedem Fall dieselbe, immer beginnt sie mit: „Es war einmal eine Beute." Aber wer ist in diesem Spiel letztendlich die Beute, der, der wirft, oder der, der auf den Haken beißt? Langsam treibt der Schwimmer stromab, er zuckt, es beißt, der magische Moment ist da! Inmitten einer Großstadt oder aber am Ende der Welt, das Gefühl ist dasselbe. Über die nun folgenden Seiten wollen wir Ihnen helfen, das Angeln zu entdecken oder wiederzuentdecken.

Dieses reich illustrierte Buch hilft Ihnen beim Nachstellen der kleinsten Weißfische und der größten Räuber. Einfachste Techniken sind beschrieben, aber auch die ausgefeiltesten.

Wir haben uns bemüht, ein umfassendes Werk über unsere Lieblingstätigkeit zu schaffen. Traum und Abenteuer kommen dabei nicht zu kurz, nicht zuletzt in den Seiten über die Fische der Neuen Welt, aber auch inmitten Europas und anderswo. Präzise Zeichnungen geben Aufschluß über die erfolgversprechendsten Montagen – nun sind Sie dran!

Der berühmte Bridge Pool in Ballina (Irland) in unmittelbarer Nähe der Moy-Mündung ... Auf Jahre hinaus ist dieser traumhafte Ort ausgebucht! Beachten Sie den Watstock, der dem Angler hilft, in der Strömung sein Gleichgewicht zu halten.

Der gekonnte Umgang mit der Fliegenrute ist eine sehr elegant anmutende Tätigkeit.

DIE SALMONIDEN
DIE SAIBLINGE
DIE THYMALLIDEN
DIE HERINGS- UND
RENKENARTIGEN

Biologie

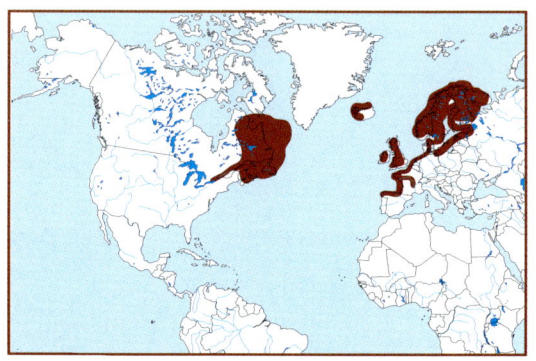

BESCHREIBUNG

Der Atlantiklachs war der erste Fisch aus der Familie der „Forellen", den Linné beschrieben hat. *Salmo* – oder aber *salar*, darüber sind sich die verschiedenen Autoren nicht ganz einig – kommt angeblich vom lateinischen Verb *salire*: springen. Es sollen Cäsars Soldaten gewesen sein, die anläßlich des Gallienfeldzuges diese großwüchsigen Fische erstmals zu Gesicht bekamen und sie so tauften. Ihnen waren diese Fische gänzlich unbekannt, im Mittelmeerraum hat es nie Lachse gegeben.

Der Atlantiklachs ist ein typischer Vertreter der Familie der Salmoniden. Noch bis vor knapp 40 Jahren wurden unter diesem Sammelbegriff so unterschiedliche Arten, wie Forellen, Äschen, Renken, ja

Sprung eines großen Winterlachses in der Stromschnelle eines französischen Flusses, dem Allagnon.

DER ATLANTIKLACHS *(SALMO SALAR)*

Ein Rudel herrlicher Atlantiklachse, das einen norwegischen Fluß aufwärts wandert. Die Laichplätze sind nicht mehr weit!

sogar Stinte vereint. Heute sind die Äschen in die Familie der Thymalliden eingeordnet, die Renken in die der Renkenartigen und die Stinte in die der Osmeriden. Neben den Forellen (Gattung *Salmo*, später sehen wir noch, daß hierunter der Atlantiklachs einzuordnen ist) umfaßt die Familie der Salmoniden die Pazifiklachse (*Oncorhynchus*), die Saiblinge (*Salvelinus*), die Huchen (*Hucho*), die Lennoks (*Brachymystax*) und die Weichmaulforellen (*Salmothymus*). Um die Äschen, Stinten und Renken reduziert, bleibt die Familie der Salmoniden eine echte Großfamilie, die insgesamt Hunderte von Arten umfaßt. Alle diese Arten waren ursprünglich nur auf der nörd-

lichen Hemisphäre unserer Erde anzutreffen.

Für zahlreiche Autoren, die sich auf paläontologische, anatomische und physiologische Studien stützen, ist der Atlantiklachs nichts anderes als eine besonders großwüchsige Forelle, eine Spezies, die der Meerforelle nahe steht oder aber den „Süßwasserlachsen", den Seeforellen.

In Anbetracht der verschiedenen Stadien, die diese Fische bei ihrem ganz natürlichen Lebenszyklus zwischen Meer und Süßwasser durchmachen, haben sie im Laufe der Jahrhunderte eine Vielzahl von Namen bekommen. Noch bis zum Ende des 19. Jahrhunderts behaupteten zahlreiche Autoren, daß es

sich bei Blanklachsen, hakenbewehrten Milchnern und Smolts um unterschiedliche Fischarten handelt. Beim Angeln unterscheiden wir zwischen den großen Winterlachsen, den Frühjahrs- und den Sommerlachsen (die Grilse der Engländer). Die nach dem Laichen abgemagerten Lachse heißen vielerorts *Kelt*.

Die Junglachse heißen im englischsprachigen Raum *Parrs*. Sobald diese ins Meer abwandern, sind es Smolts.

DIE GEOGRAPHISCHE VERBREITUNG

So wie für die anderen Arten von Wandersalmoniden stellt sich beim Lachs die Frage, ob er ursprünglich ein Meeresfisch war, der sich erst später

DIE SALMONIDEN   **13**

Biologie

„Bajasse" heißt die Stromschnelle, die dieser Lachs im französischen Fluß Allier überwinden will.

an das Süßwasser angepaßt hat, weil er dort eine für seinen Nachwuchs sichere Kinderstube fand, oder ob die Salmoniden reine Süßwasserfische waren, die vor etwa zwei Millionen Jahren entstanden sind und die erst später den Weg ins Meer, zu mehr Nahrung gefunden haben. Letztgenannte Theorie ist heute die vorherrschende Lehre. Wahrscheinlich sind die langen Eiszeitphasen von vor etwa einer Million Jahren die Ursache für diesen Übergang vom Süß- ins Salzwasser. Nach dem Abschmelzen der gigantischen Eismassen sank der Salzgehalt der Meere spürbar, was einen fortschreitenden Übergang von einem Milieu in das andere ermöglicht hat. Ein Übergang, der unerläßlich war, boten die gefrorenen Flüsse doch immer weniger Nahrung. Gewiß sind damals die meisten Fische eingegangen, aber einige entfernte Vorfahren unserer Forellen, Lachse und Saiblinge müssen in die Mündungsbereiche und in das offene Meer gelangt sein, wo sie zumindest im Sommer ein reiches Nahrungsangebot vorfanden. Ihren Ursprung im Süßwasser haben diese Tiere jedoch nie vergessen. Die Fortpflanzung verlangt von ihnen eine Rückkehr ins Süßwasser, wodurch die zyklisch stattfindenden Wanderungen entstanden sind.

Den meisten Autoren zufolge ist *Salmo salar* wahrscheinlich der älteste gemeinsame Vorfahre der Salmoniden, dem diese Anpassung gelungen ist. Aus ihm haben sich allmählich die Forellen entwickelt, aber auch die Pazifiklachsarten, die sich vor 500 000 bis einer Million Jahren herausgebildet haben. So ist im Nordatlantik der Atlantiklachs – im Rhythmus der Gezeiten – entlang der westeuropäischen sowie auch der ostamerikanischen Küste heimisch geworden. In Amerika lebt er vom US-Bundesstaat Maine bis in den Norden Labradors, in Europa von Nordspanien bis jenseits der russischen Kola-Halbinsel. Üblicherweise werden als Grenzen seiner Verbreitung der portugiesische Fluß Minho und der

Hundslachse beim Ablaichen in Alaska.

Der hohe Norden. Hier mästen sich die Lachse, bevor sie wieder in ihren Geburtsfluß zurückwandern.

Grenzfluß zwischen Europa und Sibirien, der Petchora, angeführt. Auf der amerikanischen Seite stellt Cape Cod die Südgrenze und die Ungaca-Bucht die Nordgrenze dar. Die Wanderrouten der Lachse im Salzwasser sind recht wenig bekannt. Seit etwa 50 Jahren kennt man lediglich einige „Freßzonen", in denen sich die Lachse, die in den verschiedensten Ländern geschlüpft sind, in irgendeiner Lebensphase versammeln. Die bekannteste dieser Freßzonen befindet sich nur unweit vor der Westküste Grönlands, etwas südlich der Davisstraße. Die Irmingersee, die zwischen Grönland und Island liegt, scheint ebenfalls eine solche Freßzone zu sein. In diesen Bereichen sammeln sich sowohl Lachse aus europäischen als auch aus amerikanischen Flüssen. Rund um die Färöer-Inseln und die Lofoten versammeln sich norwegische, schottische und vielleicht deutsche Lachse. Viele Experten halten den Aufenthalt rund um die Färöerinseln nur für eine Pause auf der Wanderung nach Grönland.

Der Atlantik hat noch lange nicht alle seine Geheimnisse preisgegeben. Die Ostseelachse sind viel standorttreuer. Sie verlassen die Ostsee nicht, finden sie hier doch genug Heringe, um ihren Hunger zu stillen. Diese Fische steigen in finni-

sche, schwedische und russische Flüsse auf. Diese Ostseelachse erreichen Rekordgewichte (Berg spricht von

Binnenlachs: Der Sebago-Lachs stammt aus Nordamerika.

Biologie

DAS ALTER DER „SMOLTIFIZIERUNG"

In den Flüssen des nördlichen Québec oder in denen der Kola-Halbinsel, die über sieben Monate im Jahr zugefroren sind, bleiben die Junglachse bis zu sieben Jahre im Süßwasser, ehe sie sich in Smolts verwandeln und ins Meer abwandern. Von der erreichten Größe und nicht vom Alter hängt diese Metamorphose ab. Der kurze arktische Sommer, das knappe Nahrungsangebot der Gewässer in diesen Breiten erlauben den Junglachsen eine Gewichtszunahme von nur 10 bis 20 Gramm im Jahr. Im Südwesten Frankreichs oder in Spanien sind die Flüsse sehr nahrungsreich, so daß hier bereits einjährige Junglachse zu Smolts werden können. In Deutschland reichen zwei bis drei Jahre, in Norwegen und Schottland sind es drei bis vier. Die Fischlein wiegen dann jeweils 50 bis 80 Gramm. Erst damit ist das nötige Gewicht erreicht, um den Gefahren des Ozeans trotzen zu können.

einem 46,5 Kilo schweren Lachs, der in St. Petersburg an der Neva-Mündung gefangen wurde) und sind recht nahe mit den Binnenlachsformen der finnischen, schwedischen und russischen Seen verwandt. Diese Seen sind ein Überbleibsel der letzten Eiszeit. Binnenlachse gibt es auch in Nordamerika, wo diese Fische als *landlocked* bezeichnet werden, was soviel wie „eingesperrt" bedeutet. Im kanadischen Québec sind es die berühmten *Ouananiche* und im US-Bundesstaat Maine die Sebago-Lachse, die sich in dem gleichnamigen See tummeln.

Der gesamte Lebenszyklus dieser „eingesperrten" Lachse findet im Süßwasser statt, wobei die erwachsenen Fische sich in den Weiten der großen Seen mästen. Ihre Beute sind vornehmlich Fische wie Renken, Lauben, Stinte u.v.m.

Norwegische Fjordmündung.

DER ATLANTIKLACHS *(Salmo salar)*

Die Eier werden in einer Kiesgrube vergraben.

VERHALTEN

Jeder hat schon die wunderbare Geschichte vom kleinen Lachs gehört. Im Fluß geboren, macht er sich als winziger Fisch auf in den Ozean, zieht bis nach Grönland und kehrt von dort als herrlich gewachsenes Exemplar zum Ablaichen in seinen Geburtsfluß zurück. So märchenhaft sich das anhört, genau so ist es. Die Rückkehr in seinen Geburtsfluß, ja sogar in den Gumpen, in dem er selbst das Licht der Welt erblickt hat, ist mittlerweile wissenschaftlich ausreichend nachgewiesen.

Die Entwicklungsstadien

Egal, ob in Québec, in Norwegen, Schottland oder in Deutschland, im Zyklus eines Lachslebens gibt es verschiedene Abschnitte, die sich genaugenommen in drei Phasen aufteilen lassen. Auf die Jugend im Süßwasser folgt eine Mastzeit im Meer und dann die Rückkehr in den Geburtsfluß. Der Junglachs schlüpft immer im Süßwasser inmitten eines Kiesbettes, in das die Elterntiere die befruchteten Eier vergraben haben.

Die ersten Lebensmonate verlaufen identisch mit denen der gleichzeitig geschlüpften Jungforellen. Ein ganz genauer Beobachter würde allerdings feststellen, daß die Lachse eindeutig gefräßiger sind. Hauptnahrungsgrundlage sind die unterschiedlichsten Land- und Wasserinsekten, die im und auf dem Wasser treiben, sowie Wirbellose. Nach einem, meist jedoch zwei und mehr Jahren dieser Kur sind die Fischlein 20 bis 25 cm lang und kräftig genug, um selbst mit starker Strömung zurecht zu kommen. Und eines schönen Frühlingstages, meist anläßlich des Mondwechsels im Mai, setzt plötzlich eine Veränderung ein. Hormonell gesteuert beginnt eine regelrechte Metamorphose, die das Aussehen und das Leben dieser Fische grundlegend verändern wird.

Bis dahin waren sie nur schwer von Jungforellen zu unterscheiden – Färbung und Form sind nahezu identisch. In nur wenigen Tagen verwandeln sich die Junglachse in echte kleine Silberbarren. Das Silber erinnert dabei an das leuchtende, gleißende Silber von Meeresfischen wie Sardine und Hering. Gleichzeitig erhält der Körper eine länglichere Erscheinung.

Alle Smolts verlassen gleichzeitig die Gumpen ihrer Geburt und lassen sich dann flußabwärts treiben in den Mündungsbereich zum Meer. Die weitreichenden physiologischen Veränderungen erlauben ihnen dabei einen problemlosen Übergang vom Süß- ins Salzwasser. Bereits wenige Tage nach ihrer Ankunft im Meer verlassen sie schon den Küstenbereich und

Der Junglachs sieht einer Jungforelle zum Verwechseln ähnlich.

Biologie

DIE GEFAHREN DES OZEANS

Im Meer lauern die meisten Gefahren, vorab Kälte und Hunger. In den Freßzonen um Grönland oder den Färöerinseln halten sich über 80% der Lachse in Temperaturzonen von 4°C bis 10°C auf. Wissenschaftlern zufolge haben der Treibhauseffekt und die Erderwärmung einen negativen Einfluß auf die Lachspopulationen. Das Abschmelzen der Polkappen kühlt das Oberflächenwasser ab, die Lachse müssen weiter südlich auf Nahrungssuche gehen. Dort warten aber in Gestalt von Haien, Robben und Walen viel mehr Gefahren auf sie. In den letzten 15 Jahren hat das Jagdverbot von Jungrobben die Bestände in Nordamerika auf zehn Millionen Graurobben heranwachsen lassen. Weil diese Tiere durchaus 30 Kilo Lachs am Tag vertilgen können, versteht man leicht, warum hier ein riesiges Gefahrenpotential für die Wildlachsbestände besteht. Das Problem mit den Robben ist, daß es recht schlaue Tiere sind. Sie brauchen nicht lange, um herauszufinden, daß sie an der Mündung von Lachsflüssen mit nur geringem Kraftaufwand leichte Beute machen können. Ganze Robbenkolonien lauern im Rhythmus der Gezeiten auf die Lachse, denen im verhältnismäßig seichten Wasser nur wenige Fluchtmöglichkeiten bleiben. Gelingt ihnen die Flucht, so sind sie meist schwer verletzt und treten den Aufstieg bereits angeschlagen an.

Die Berufsfischerei fügt mit ihren Netzen den Wildlachsbeständen erheblichen Schaden zu.

machen sich auf, den Atlantik bis nach Grönland zu durchqueren. Denn dort, in den kalten und nahrungsreichen arktischen Gewässern mästet sich die Mehrzahl der europäischen Lachse. Genetisch sind sie auf diese Wanderung programmiert. Dort bleiben sie dann durchschnittlich zwei bis drei Jahre, wobei sie Tag und Nacht aktiv rauben und die Reihen der Krabben, Sprotten, Heringe und Tintenfische lichten. Erst dann werden sie zu den stattlichen Fischen, die wir kennen. Und eines Tages gibt ihnen ein mysteriöses Zeichen das Signal zur Rückkehr in ihren Geburtsfluß, um für Nachwuchs zu sorgen.

Das Laichgeschäft
So zielsicher sie zwei bis drei Jahre zuvor die Freßzonen gefunden haben, so zielsicher finden sie ihren Weg zurück in ihren Geburtsfluß, auch

Telemetrische Verfolgung eines Lachses in Frankreich.

wenn dieser viele tausend Kilometer lang ist. Der Aufstieg ins Süßwasser kann durchaus

über einen riesigen Strom beginnen und in einem kleinen Zufluß viele, viele hundert Kilometer stromauf enden, just in dem Gumpen, in dem sie selbst fünf oder sechs Jahre früher geschlüpft sind. In den tiefsten Stellen warten sie nun geduldig die Laichzeit ab, die je nach Gegend zwischen Mitte November und Ende Dezember eintritt. Während des Aufstiegs ins Süßwasser stellen die Lachse jegliche Nahrungsaufnahme ein. Sie müssen sich in dieser Zeit auf die im Meer angefressenen

WARUM WERDEN DIE LACHSE IMMER KLEINER?

Wissenschaftliche Studien haben ergeben, daß ein Aufenthalt in nur etwas wärmerem Wasser – und sei es ein halbes Grad – die Lachse früher laichreif werden läßt. Dieses Phänomen könnte erklären, warum die meisten Flüsse in den vergangenen Jahren eher kleine Lachse zurückkehren sehen, während die großen Exemplare, jene, die zwei oder drei Winter im Meer verbringen, überall deutlich seltener werden. Sogar die kleinen Sommerlachse, die Grilse, die noch nicht einmal ein Jahr im Meer verbringen,

werden immer kleiner! Ihr Durchschnittsgewicht ist über die vergangenen 20 Jahre etwa in Schottland von über 6 Pfund auf unter 5 Pfund geschrumpft. Auf den Britischen Inseln und in Island gibt es in den letzten Jahren immer öfter Fänge von Grilsen, die sogar unter 3 Pfund wiegen. Darüber hinaus kann es aber auch sein, daß sich einige der vielen entwichenen Zuchtlachse

mit den Wildlachsen kreuzen und der Nachwuchs allmählich verbuttet. In großer Zahl werden seit Ende der 1970er Jahre – zuerst in Norwegen – Lachse in küstennahen Aquakulturen gezüchtet.

Biologie

Männchen entwickeln zur Laichzeit einen ausgeprägten Laichhaken.

Fettreserven verlassen, denn Laichwanderung und Laichgeschäft können durchaus viele Monate in Anspruch nehmen (bei frühzeitig aufgestiegenen Lachsen bis zu einem Jahr!). Diese lange Hungerzeit, verbunden mit den Schwierigkeiten eines Aufstieges in den Fluß, erklärt, warum ein Lachs, der mit 10 Kilo in der Mündung angekommen ist, kurz vor der Laichzeit noch 6 Kilo und danach keine 5 Kilo mehr wiegen kann.

Die ausgemergelten Lachskörper bieten nach dem Laichen ein trauriges Bild. Sie bestehen nur mehr aus Haut und Gräten und sind längst nicht mehr die herrlichen Tiere, als die sie in die Flußmündung zurückgekehrt sind. Jahrhundertelang war man übrigens der Auffassung, daß diese ausgemergelten Körper eine ganz andere Fischart wären. Die meisten Lachse sterben nach dem Laichakt, so groß ist ihre körperliche Erschöpfung. Einigen gelingt es nichtsdestotrotz, sich in eine strömungsgeschützte Ecke zu retten und sich nach und nach wieder zu erholen. Denn nach dem Laichakt kehrt ihr Appetit zurück. Ist der Winter nicht zu hart, so lassen sich die Überlebenden mit der Strömung zurückfallen, wo sie sich erneut auf den Weg in Richtung der Freßzonen Grönlands machen. Sie kehren daraufhin noch ein zweites Mal zum Laichen zurück, wieder in ihren Geburtsfluß und -gumpen. Einigen Ausnahmelachsen, die in recht kurzen Küstenflüssen laichen und nur wenig aufsteigen müssen, gelingt es, diese Reise dreimal zu unternehmen.

Im Gegensatz zu den Pazifiklachsen sterben aber, insgesamt betrachtet, verhältnismäßig wenige Atlantiklachse in ihrem Geburtsfluß selbst. Im Laichfluß findet also kein kollektives Massensterben statt, lediglich der eine oder andere Fisch treibt tot an das Ufer.

Ausgemergelt von einer monatelangen Fastenzeit, einer kräftezehrenden Laichwanderung und dem anschließenden Laichgeschäft versuchen diese Tiere nicht, in den recht strömungsreichen Laichzonen zu verweilen. Sie geben ihr Schicksal in die Hand der Strömung, sie treiben ab, bis in das Meer. Von dort aus begibt sich nur ein Bruchteil von ihnen auf eine neue Reise

Netze in den Mündungsbereichen: Das Ende der Lachse!

Zerstörte Wehranlage, die den Lachsen den Weg zu ihren Laichgründen erleichtert.

nach Grönland. Von der großen Mehrzahl verliert sich erstaunlicherweise jede Spur. Ob sie im Mündungsbereich, in Küstennähe oder weiter draußen im offenen Meer sterben, weiß niemand genau – zu selten taucht ein toter Lachs auf! So bleibt nicht nur vieles über die Lebensweise dieser edlen und prächtigen Fische mysteriös, auch mit ihrem Sterben verhält es sich nicht anders. Wie lange diese stolzen Tiere sich noch in unseren Meeren und Flüssen tummeln, steht in den Sternen. Europaweit werden verschiedenste Wiederansiedelungsprojekte rund um den Lachs gefördert – etwa »Lachs 2000« im Rhein. Diese Projekte verschlingen Unsummen an Geld, während gleichzeitig auch Wasserkraftwerke und Berufsfischer von staatlicher Seite gefördert werden!

DIE MAST IM SALZWASSER

Über das Leben der Lachse im Meer ist noch recht wenig bekannt. Im Gebiet der Färöerinseln wurden verschiedene Lachse mit druckempfindlichen Sendern versehen, worauf man tagelang ihre Spur verfolgen konnte. Das Ergebnis war die Erkenntnis, daß Lachse problemlos schnell auf 150 Meter abtauchen und recht schnell wieder auftauchen können. Tagsüber scheinen sie in Tiefen von etwa 40 Meter aktiv zu rauben, bei Nacht stehen sie lieber in Oberflächennähe. Vor Grönland haben Magenproben saisonbedingt Kleinfische, Krebse und Weichtiere enthalten. Krebse bzw. Krabben scheinen mit Tintenfischen den Großteil der Nahrung auszumachen – ihnen verdanken die Lachse die rote Farbe des Fleisches. Heringe, Sprotten, Stinte, Tobiasfischchen und Jungdorsche sind unter den Kleinfischen die häufigste Beute. Diese sehr fetthaltigen Futterfische erlauben es den Lachsen, in der schönen Jahreszeit, wenn das Oberflächenwasser 8 °C warm wird, monatlich ein Pfund an Gewicht zuzulegen. Insgesamt liegt die Zuwachsrate bei zwei Jahren Grönlandaufenthalt zwischen 6 und 8 Kilo. Nach ihrem dritten Winter wiegen die Lachse zwischen 10 und 12 Kilo, während die Rekordfische vier Jahre im Meer verbringen und mit 15 bis 20 Kilo zurückkehren. Sehr schnellwüchsig sind die Ostseelachse, die die Ostsee nicht verlassen und auch keine weitläufigen Wanderungen unternehmen. Heringe und nicht Krabben (Krill) sind ihre Hauptnahrung. Ihr Fleisch bleibt deshalb weiß.

Die Angeltechniken

Der Atlantiklachs gilt für viele als der König der Fische, entsprechend schrecken viele seiner Anhänger nicht davor zurück, ihm auf der ganzen Welt nachzustellen.

DER SPEISEPLAN DER LACHSE

Der Lachsfang mit der Angel ist grundsätzlich anders als der Fang anderer Fischarten, weil sich die Lachse anläßlich ihres Laichaufstieges nicht mehr ernähren. Sobald sie im Süßwasser sind, stellen sie jegliche Nahrungsaufnahme ein und schöpfen ihre Energie aus den Fett- und Proteinreserven, die sie bei ihrem Aufenthalt im Meer aufgebaut haben. Die Tatsache, daß Lachse im Süßwasser keinerlei Nahrung aufnehmen, hat die Angler immer schon irritiert. Viele waren der festen Überzeugung, daß sich die Lachse im Drill übergeben und deshalb ihr Magen nach der Landung immer leer ist. Wissenschaftler haben mittlerweile nachgewiesen, daß die ins Süßwasser zurückgekehrten Lachse physiologisch nicht zur Nahrungsaufnahme in der Lage sind, auch wenn sie es wollten.

Die Magenschleimhäute und Verdauungssäfte sind so großen Veränderungen unterworfen, daß sie in keinster Weise mehr funktional sind. So kommt es, daß ein Lachs, der sich an einem unserer Köder vergreift, das nicht aus

Dieser Lachs konnte einer Fliege nicht widerstehen.

Hunger tut, sondern nur, um ihn näher „unter die Lupe zu nehmen". Verhaltensforscher führen auch Aggressivität, Gereiztheit, Neugier und Spieltrieb als Ursache für den Biß an. Vielleicht ist es aber auch nur ein Beißreflex, der ihm von seinem Ozeanaufenthalt in Erinnerung bleibt, wo er vor Grönland durch diesen Reflex von einem winzigen Fischlein zu einem stolzen Tier von 10, 12 oder 15 Kilo herangewachsen ist.

So sehr es wahrscheinlich ist, daß die schweren Schwingungen eines Spinnerblattes, einer Tauchschaufel oder die optische Erscheinung einer Krabbe an die Aggressivität der Lachse appellieren, so ist

Mit der Zweihandrute an einem norwegischen Fluß unterwegs.

In der Dämmerungsphase sind die Lachse des öfteren zum Beißen aufgelegt.

es wohl eher Neugier, die einen stattlichen Lachs dazu treibt, mehrere Meter in Richtung einer winzigen Fliege zu huschen, um diese nur wenige Zentimeter unter der Oberfläche sanft zu „pflücken". Bei anderen Gelegenheiten ist es gewiß Gereiztheit, die den Lachs zum Angriff übergehen läßt, etwa wenn ihm stundenlang ständig derselbe Köder vorgeführt wird. Hier erfolgt dann der Biß aus Überreizung.

Erstaunlicherweise saugen die Lachse beim Angeln mit Würmern diese regelmäßig so tief ein, daß das Hakenlösen zu einer schwierigen Angelegenheit wird. Es ist dann schwer zu argumentieren, daß der Fisch in keinster Weise an Nahrungsaufnahme beim Biß gedacht hat, auch wenn er zur Verdauung nicht in der Lage ist! Krabben scheinen ebenso wie Würmer einen Reflex zur Nahrungsaufnahme auszulösen. Ihr Geruch erinnert den Lachs an seine Jagdzüge in den Weiten des Ozeans.

Calderwood, ein alter Fischereiinspektor aus Schottland, ist mit Sicherheit einer der seriösesten Beobachter dieser Fischart, den es je gegeben hat. Er ist sich sicher, daß die Lachse auf ein Wurmbündel nur deshalb hereinfallen, weil es für sie etwas ganz Besonderes ist – so wie sich einige von uns über Austern freuen – oder weil ein quirliges Wurmbündel *Salmo salar* an die leckeren Tintenfischlein aus dem Ozean erinnert.

DIE KÖDERWAHL

Egal, warum der Lachs nun beißt, die Kunst des Anglers besteht darin, jenen Köder auszuwählen, der am ehesten die Laune der anwesenden Fische trifft. Einem frisch aus dem Meer aufgestiegenen Fisch serviert man nicht denselben Köder wie einem, der bereits seit mehreren Wochen im Gumpen steht. Die beißfreudigsten Lachse sind regelmäßig jene, die das Meer gerade erst verlassen haben. Am Saisonende nach einem langen Süßwasseraufenthalt, wenn die Lachse die Laichzonen erreicht haben, sind die Gründe, die sie zum Biß bewegen ganz andere als im Unterlauf mehrere Monate früher. Im Laichgumpen angekommen, beißt der Lachs

Die Angeltechniken

Ruheplätze von Atlantiklachsen in einem Pool

nun vornehmlich, um das Territorium seines zukünftigen Nachwuchses zu verteidigen. Wir dürfen auch nicht vergessen, daß Lachse weite Reisen unternehmen und daß das Erreichen der Laichplätze erheblich vom Zustand des Flusses abhängt. Niedriger Wasserstand und hohe Temperaturen veranlassen die Lachse dazu, sich in die letzten Winkel der Gumpen zu verkriechen. Zum Biß lassen sie sich nun so gut wie überhaupt nicht mehr verleiten.

Im Gegenzug dazu bringt ein Hochwasser nach einer solchen Phase die Lachse wieder auf Trab. Die Wassertemperatur sinkt, und schon ist seitens der Lachse wieder Interesse für unsere Köder da. An jedem Pool spielt der Wasserstand eine ganz entscheidende Rolle, von ihm hängt oft die Angeltechnik ab. Genau hierin liegt das Geheimnis einiger bekannter Lachsangler. So wird verständlich, warum man vielerorts gut damit beraten ist, sich zunächst in Begleitung eines ortskundigen Führers ans Wasser zu begeben. Man muß ihm zuhören können, seine Ratschläge schätzen und ihm vertrauen, denn in den meisten Fällen hängt seine Bezahlung wesentlich vom Grad Ihrer Dankbarkeit ab! In Schottland, Irland und Norwegen gehören die Führer zum Flußbild, die meisten unter ihnen sind selbst hervorragende Angler. Das soll Sie aber nicht daran hindern, nachdem Sie zunächst seine Tips beherzigt und berücksichtigt haben, auch eigene Köder und Techniken auszuprobieren. Immer wieder bringt eine Passage mit einem anderen oder einem untypischen Köder just jene Abwechslung, die der Lachs braucht, um sich zum Biß zu entscheiden.

DAS SPINNFISCHEN

Immer wieder hört man, daß man zum Lachsangeln ganz spezielles und teures Angelgerät brauche. Heute in der Zeit modernster Rutenmaterialien reicht jede Hecht- oder Zanderausrüstung, die 0,30 mm bis 0,35 mm starke Nylonschnur verträgt, bei weitem aus, auch an den großen

Herrlicher „Doppelschlag" vom russischen Ponoi.

DER ATLANTIKLACHS *(Salmo salar)*

Flüssen im Frühjahr. Lediglich ein hoher Wasserstand kann die Verwendung von noch schwererem Gerät unerläßlich machen. Aber auch hierfür sind die Angelgeschäfte mit vielen schwereren Rutenmodellen zu erschwinglichen Preisen gerüstet. An großen, reißenden Lachsflüssen sollte die Rolle mindestens 150 m Nylonschnur mit 0,45 mm Durchmesser fassen. Die modernen Nylonschnüre sind viel tragfähiger als die früheren Generationen, so daß in den meisten Fällen eine gute 0,40 mm Nylonschnur ausreicht, um Lachse auch in heftiger Strömung zu halten.

Großer Milchner, mit der Spinnrute in Norwegen gefangen.

Die Löffel

Zu Saisonbeginn, wenn der Wasserstand hoch ist, gehören längliche Löffel wie der Orkla oder Toby (15 bis 30 Gramm) zu den gängigsten Modellen, besonders an den großen Flüssen.

Der Umgang mit diesen Ködern ist recht einfach. Diese Löffel (Abb.: rechts) muß man nicht zusätzlich beschweren, um große Wurfweiten zu erzielen. Nach dem Wurf hält man sie einfach in der Strömung, wodurch sie quer durch den Fluß zum Angler „schwingen". Je kälter das Wasser und je stärker der Wasserdruck, desto tiefer soll-

te der Löffel seine Bahn ziehen. Eine ganze Reihe von Experten ziehen jedoch leichtere, dünnwandigere Löffel vor, die zusätzlich beschwert werden müssen, aber im Wasser freier und leichter arbeiten. Der Hauptnachteil dieser Köder ist die enorm große Anzahl an Fehlbissen. Ursache dafür ist nicht, wie es schon oft geschrieben wurde, die Hebelwirkung auf die Haken im Drill. Anläßlich der Köderführung „flattern" diese Köder so leicht und frei umher, daß die Lachse sie beim Zustoßen nur schlecht oder unzureichend zu fassen kriegen. Der unregelmäßige Lauf der Löffel ist ihr Reiz, aber auch gleichzeitig die Ursache für diese Fehlbisse. Nur ganz selten erwischen Lachse einen Löffel entlang seiner Längsachse,

so wie es reihenweise mit Devonspinnern geschieht.

Die Spinner

Spinner (Abb.: nächste Seite oben) kommen besonders in kleinen Küstenflüssen zum Einsatz, wo sie die kleinen Devonspinner fast verdrängt haben.

Die Devonspinner

Obwohl das Fischen mit diesen Ködern eine recht umständliche Angelegenheit ist – in erster Linie, weil Devonspinner die Tendenz haben, die Angelschnur stark zu verdrallen –, sind sie für viele erfahrene Lachsangler nach wie vor bevorzugte Köder. Dafür gibt es

mehrere Gründe: Ihr kleines Volumen und hohes Gewicht – das gilt besonders für Modelle aus Metall – erlauben ein problemloses Werfen und tiefes Fischen, was für das Lachsfischen oft angebracht ist. Ihre hohe Rotationsgeschwindigkeit scheint dabei für eine Attraktivität zu sorgen, die anderen Ködern abgeht. Weil sie im Wasser schnurgerade laufen, gibt es nur wenige Fehlbisse, weit weniger als mit Löffeln.

Auf den Britischen Inseln sind Devonspinner schon lange ein Klassiker unter den Lachsködern. Das Besondere der englischen Modelle ist ein aus Holz gedrechselter Körper,

der sie verhältnismäßig leicht macht. Ihr Hauptnachteil ist, daß sie in einem Abstand von 60 bis 80 cm zusätzlich beschwert werden müssen, weshalb sie sich nicht so leicht wie Modelle aus Kupfer oder Messing werfen lassen.

Was aber die Köderaktion betrifft, so arbeiten diese Modelle abwechslungsreicher. Ein wenig wie eine Fliege schweben sie schwerelos durchs Wasser, von den verschiedenen Strömungsadern erfaßt. Sogar bei sehr langsamer Einholgeschwindigkeit, die bei kaltem Wasser unerläßlich ist, bleiben sie viel weniger oft hängen als ihre metallenen Artverwandten. Dafür sorgt der natürliche Auftrieb des Holzes, der den

Devonspinner etwa zehn Zentimeter höher als das Blei hält. Wie bei jedem Devonspinner müssen aber auch hier mehrere Wirbel zur Drallvermeidung vorgeschaltet werden.

Typisch französischer Devonspinner mit seiner Gummischürze.

Die Wobbler

Sind Blinker und Devonspinner die gängigsten Lachsköder, so hindert Sie nichts daran, auch andere Kunstköder auszuprobieren. Wobbler in den Längen von 5 bis 9 Zentimetern bringen außerordentlich gute Ergebnisse. In Skandinavien sind sie beliebte Lachsköder.

Einige Wobblermodelle haben sich auch in schottischen Flüssen hervorragend bewährt (ABU Kynoch). Im Tay bringt dieses Muster etwa die

Akrobatisch: Landen der Lachse mit einer Schwanzschlinge („Tailer").

Hälfte der beim Harling gefangenen Lachse an den Haken. Dabei werden die großen Pools mit Hilfe eines Bootes abgesucht.

Tote Köderfische

Ein Köderfisch auf einem System, besonders wenn am Kopf eine Rhodoid-Scheibe sitzt, ist in geübten Händen ein außergewöhnlich guter Lachsköder. Als Köder eignen sich große Elritzen und Gründlinge, ganz besonders fängig scheint aber die Schmerle zu sein. Erkundigen Sie sich aber immer, ob die Verwendung dieser Köderfische erlaubt ist.

An allen öffentlich zugänglichen Stellen, wo die Lachse täglich mit Kunstködern aller Art „bearbeitet" werden, macht diese Art von Naturköder oft den ganzen Unterschied.

Die Würmer

Diese Köder sind besonders bei hohem, gefärbtem Wasserstand ratsam, vielerorts sind es deshalb typische Frühjahrsköder. Mit Würmern gelingt es häufig, selbst solche Lachse erneut zu einem Biß zu verleiten, die bereits Bekanntschaft mit einem Haken gemacht haben, sich aber von ihm befreien konnten. Für dieses Spiel ist stellenweise

Dieser isländische Lachs wurde das Opfer eines Wobblers.

zwei oder drei Tage Geduld notwendig, erstaunlicherweise funktioniert es aber immer wieder.

Das Wurmbündel bietet man dabei ganz einfach auf Grund an, möglichst in ganz unmittelbarer Nähe des Lachses. Deutlich effektiver ist ein aktives Fischen mit dem Wurmbündel, bei dem man den Kö-

der über den Poolgrund „rollen" läßt, ein wenig wie beim Wurmfischen auf Forellen. Ein Lachsbiß auf Würmer ist immer etwas Besonderes. Zunächst hält der Köder in seiner Drift nur ein wenig inne, dann folgen einige kurze Rucke an Ort und Stelle: Der Lachs kaut auf den Würmern herum, mehrere Dutzend Sekunden kann dieses Spiel dauern. Dann setzt er sich langsam stromauf in Bewegung, jetzt ist die Zeit für den Anhieb gekommen!

Ein auf Wurmköder gehakter Lachs kommt nur selten im Drill vom Haken ab. Nichtsdestotrotz sollte das verwendete Gerät solide sein, weil

Das Wurmfischen ist besonders bei hohem Wasserstand fängig.

Die Angeltechniken

man den Fisch immer wieder von Hindernissen wegdrillen muß.

Die Krabben

Eine große Krabbe oder kleine Garnele ist ein ganz vorzüglicher Lachsköder, so gut, daß er vielerorts sogar verboten ist. In hindernisreichen Flüssen mit viel Ufervegetation sind Krabben als Köder wegen ihrer großen Empfindlichkeit nicht angebracht. Nach jedem Hänger muß man erneut montieren, eine lästige Angelegenheit, bei der man schnell mehr Zeit mit dem Montieren als mit dem Angeln verbringt. In begradigten Flüssen oder über ausgedehnten Kiesbänken stellt sich das Problem jedoch nicht. Sobald sich das Wasser ein wenig erwärmt und 9° bis 10°C erreicht hat, läßt dieser Köder kaum einen Lachs gleichgültig. Auch dann nicht, wenn diesen Fischen schon hunderte Spinnköder serviert wurden! Zwar stürzen sie sich nicht immer sofort auf die Krabbe oder Garnele, dafür verraten sie sich dem Angler gerne, indem sie just dort, wo der Köder gerade geführt wurde, an der Oberfläche buckeln oder rollen.

Die Krabben lassen sich in einem mit Glycerin gefüllten Glas ans Wasser mitnehmen. Wer möchte, kann sie sogar schon im Vorfeld auf das System montieren. Das System ist recht einfach, die Krabbe wird auf eine Schiene aus Klavierdraht mit zahlreichen Wicklungen eines dünnen Kupferdrahtes fixiert. Für diesen Zweck kann man auch elastisches Schnurmaterial nehmen. Die Bebleiung sitzt idealerweise mindestens einen Meter vor dem System an einem Seitenarm.

DAS FLIEGENFISCHEN

Ganz im Gegensatz zur üblicherweise vorherrschenden Meinung ist das Fliegenfischen auf Lachs eine relativ einfache Angelegenheit. Schon nach einer kurzen Übungsphase und Eingewöhnungszeit von wenigen Tagen hat man bereits in seiner ersten Saison beste Chancen, zum Erfolg zu kommen und einen dieser herrlichen Fische zu landen.

In der Praxis ist der Umgang mit einer Zweihandrute nämlich viel einfacher als die Handhabung einer Einhandrute. Ganz besonders mit den modernen Materialien, die uns heute zur Verfügung stehen (Kohlefaser und Kunststoffschnüre). Die eigentliche Angeltechnik ist rudimentär: Die Fliege wird drei Viertel

---

Montage einer Krabbe oder Garnele auf ein System

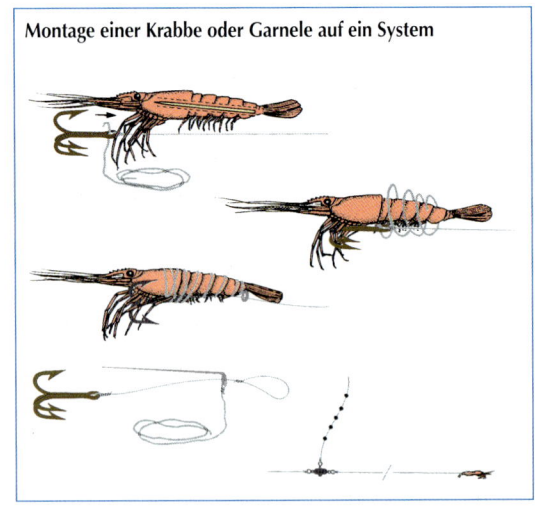

*Mit der Fliegenrute am Pooleinlauf:
Hier sind die Lachse oft am bissigsten.*

stromab am anderen Ufer plaziert, worauf man sie quer durch den Fluß schwingen läßt. Die Fliege legt dabei einen Halbkreis zurück.

Das Gerät

Wenn Sie Ihre ersten Schritte an einem eher kleinen Fluß machen, dann reicht eine 12 Fuß lange Rute, die für eine Wurfschnur der Klasse 9 geeignet ist, völlig aus. Wer schon einige Erfahrung mit dem Naßfliegenfischen auf Großforellen mit Einhandruten (9 bis 11 Fuß) hat, der kann auch dieses Gerät verwenden. Das Vorfach sollte allerdings 0,28 bis 0,30 mm stark sein. An weitläufigen Flüssen brauchen Sie dagegen eine mindestens 15 Fuß lange Rute und eine Wurfschnur der Klasse 10 bis 12. Nur diese

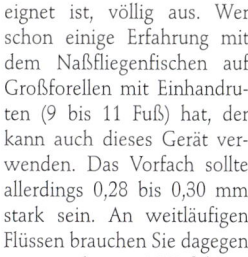

Ein Atlantiklachs aus Québec, der sogleich mit dem Marker versehen wird.

Die Angeltechniken

Die nordamerikanischen Angler bevorzugen beim Fliegenfischen Einhandruten.

Gerätekombination erlaubt Ihnen das Erreichen des gegenüberliegenden Ufers, ohne daß Sie sich überanstrengen müssen.

Die Angelpraxis

Das Schwierigste für den Anfänger ist es, den

richtigen Zeitpunkt für den Anhieb abzupassen. Hier gibt es von Fisch zu Fisch erhebliche Unterschiede: So sehr beim Naßfliegenfischen auf Forellen ein schneller Anhieb unerläßlich ist, so sehr muß man sich beim Lachsfischen zusammenreißen und mit ein klein wenig Verzögerung anhauen. In der Sekunde des Bisses läßt man idealerweise die Finger von der Spule, so daß der Lachs ganz von selbst einige Wicklungen Schnur abziehen kann – gerade soviel,

wie er braucht, um sich im Wasser zu drehen. Wer erst dann die Rute hebt, hakt den Lachs meistens sicher.

Die Wahl der Fliege ist unserer Auffassung nach von völlig sekundärer Bedeutung, wesentlich ist die Führung. Es gibt abertausende Lachsfliegenmuster alleine auf den britischen Inseln! Moderne Lachsangler greifen allerdings nur mehr auf ganz einfache, aus Tierhaaren gebundene Muster zurück, egal, ob in Schottland, Island, Québec oder in Karelien. Besonders begehrt sind Haare vom Eich-

DER ATLANTIKLACHS *(Salmo salar)*

Ganz schön stolz!

hörnchen und Dachs.
Bei den Fliegen kommt
es auf drei Prinzipi-
en an, die es zu re-
spektieren gilt. Der
erste Grundsatz lautet: Klares
Wetter, helle Fliege; dunkles
Wetter, dunkle Fliege. Der
zweite Grundsatz gibt an: Je
höher die Wassertemperatur
ist und bereits 18° bis 19°C
erreicht hat und je niedriger
und klarer das Wasser ist, desto kleiner sollte das Fliegenmuster gewählt werden. Der
dritte und letzte Grundsatz

ist fundamentaler Natur: Es
fängt nur eine Fliege, die im
Wasser ist!

*Irland bleibt nach wie vor ein bei
Lachsanglern begehrtes Reiseziel.*

Biologie

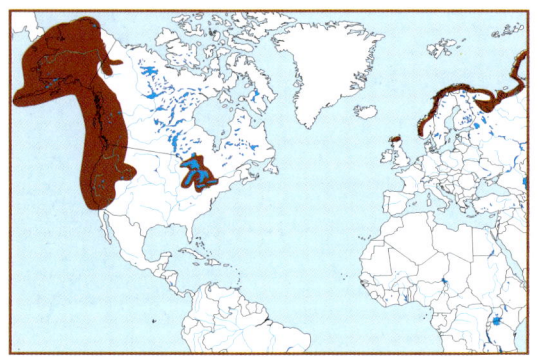

BESCHREIBUNG
Die Pazifiklachse wurden von den ersten englischen Siedlern in Britisch Kolumbien, Kanada, so getauft, weil sie vom Aussehen und ihrer Lebensweise her dem Atlantiklachs ungemein ähnlich sind. *Oncorhynchus* (was soviel wie „krumme Nase" heißt und auf die Hakenbildung der Kiefer zur Laichzeit anspielt) ist seit

Der verzögerte Anhieb

Beim Biß läßt der Angler aus der rechten Hand ein oder zwei Schnurklänge gehen, bevor er den Anhieb setzt.

1741 der Name der fünf Pazifiklachsarten. Ihr Namensge-
ber war der deutsche Naturforscher Wilhelm Steller, der
Vitus Bering auf der ersten Er-
forschungsreise entlang der
pazifischen Ostküste beglei-
tete. Finanziert wurde dieses
Unternehmen von Katharina
der Großen, der russischen
Kaiserin. So kommt es, daß
die Namen aller Pazifiklachsarten nur phonetische Über-
tragungen der russischen Namen dieser Fischarten sind.
Entlang der sibirischen Küste
kannten die Einheimischen
diese Fische jedoch schon
sehr lange.

So ist beispielsweise *Tshawytscha* die Bezeichnung für den
Königslachs auf der Halbinsel
von Kamtschatka. Ebenso
sind *Nerka, Kisutch, Keta* und
Gorbusha die russischen bzw.
sibirischen Namen der weiteren vier Pazifiklachsarten, die
ebenfalls entlang des nord-

Herrlicher Königslachs aus der Karluk (Kodiak/Alaska).

Durham Ranger.

Helle Fliege für klares Wasser.

amerikanischen Kontinen-
tes vorkommen. Auf der
asiatischen Seite
gibt es noch zwei
weitere Arten: *Oncor-
hynchus masu* und *Oncor-
hynchus biwa*. Eigentlich muß
man seit 1989 noch eine weitere Art in die Liste der Pazifiklachse einordnen, nämlich

Dunkle Fliege für getrübtes Wasser.

Biologie

Frisch aufgestiegener Rotlachs aus dem Kenai (Alaska).

die Regenbogenforelle, die von nun ab *Onchorhynchus mykiss* heißt.

Für zahlreiche Autoren und Paläontologen sind die *Oncorhynchus*-Lachse die Salmoniden der letzten Generation und damit – evolutionstechnisch gesehen – die am weitesten entwickelten, auch wenn diese Fische nach dem Ablaichen unweigerlich sterben. Ihr ferner Vorfahre muß irgendeine *Salmo*-Art sein, vollzogen hat sich die getrennte Entwicklung aber erst nach dem Abspalten der asiatischen und amerikanischen Kontinentalplatten vor Hunderten von Millionen Jahren. Das Bindeglied zwischen den beiden Gattungen *Salmo* und *Oncorhynchus* ist gewiß eine

der beiden japanischen Lachsarten (*Masu* oder *Biwa*), die wie der Atlantiklachs und im Gegensatz zu den Pazifiklachsen nach dem Prozeß des Ablaichens nicht unbedingt sterben.

Im Meer sind die Pazifiklachse herrliche, kraftvolle und silberblanke Raubfische. Wie bei der Mehrzahl der im Freiwasser (pelagisch) lebenden Räuber (Thune, Marline usw.) ist ihr Rücken deutlich dunkler als die hellen Flanken. Den Rücken überziehen zahlreiche dunkle Tupfen vom Kopf bis zum Schwanz. Kaum im Süßwasser, verdunkelt sich die Körperfärbung schnell. Je näher der Laichakt rückt, desto mehr nehmen die Fische eine rötliche Färbung an, wobei annähernd alle Rottöne vertreten sind: von Rostrot bis zum grellem Orangerot!

Wie bei fast allen Salmonidenarten sind auch bei den Pazifiklachsen die männlichen Tiere prachtvoller gefärbt als die weiblichen.

Die Königslachse *(Oncorhynchus tshawytscha)* stellen die stattlichsten Exemplare. Immer zahlreicher sind die europäischen Angler, die sich zum Fang dieser prächtigen Fische nach Nordamerika aufmachen. Es ist verhältnismäßig gängig, Königslachse von 30, 40, ja sogar 50 oder 60 Pfund zu fangen. Der größte bis dato gefangene Königslachs wurde von Berufsfischern gefangen. Er brachte unglaubliche 57 Kilo bei einer Länge von 1,52 m auf die Waage. Der Rutenrekord liegt bei 44 Kilo, ein Koloß, der 1985 im Kenai (Alaska) gefangen wurde.

Vier Silberlachse, auf Fliege gefangen.

DIE PAZIFIKLACHSE *(Oncorhynchus)*

Der Buckellachs ist wegen seiner auffälligen Körperform leicht zu identifizieren.

GEOGRAPHISCHE VERBREITUNG

Diese Lachse unternehmen weitläufige Wanderungen im Nordpazifik, wobei sie durch die Beringstraße bis in das arktische Eismeer vorstoßen. Es befinden sich aber auch vor Japan und im Ochotskischen Meer Freßzonen.

In den Flüssen findet man Pazifiklachse vom Süden Kaliforniens bis zum Kap Hope, in Alaska nördlich der Beringstraße. Auf der asiatischen Seite wandern sie in Flüsse vom Norden Hokkaidos (Nordjapan) bis in die Bucht von Anadyr in Sibirien.

Heute, nach umfassenden Besatzmaßnahmen gibt es auch im Südpazifik Silber- und Königslachse, insbesondere um Neuseeland, vor der Küste Chiles und entlang der Antarktis. Zur Jahrhundertwende gab es verschiedene Versuche, diese Fische auch andernorts heimisch werden zu lassen, sogar im Mittelmeerraum. Königslachs-Smolts, die in Paris vorgezogen wurden, hat man damals in die Aude, in die Rhône und in den Var entlassen sowie in zahlreiche kleine Küstenflüsse von Korsika. Von diesen Fischen ward nie mehr etwas

gesehen, wahrscheinlich waren sie in diesem warmen und sehr salzigen Meer ziemlich verloren und sind schnell verkommen. Im Gegenzug dazu sind in die Seine ausgesetzte Junglachse mit Gewichten um die 10 Kilo im Seine-Unterlauf wieder gefangen worden, unmittelbar unterhalb von Wehranlagen, die einen weiteren Aufstieg vereiteln. Aber im Gegensatz zu den Neuseeländern und Chilenen, die sich weiter intensiv um Besatzmaßnahmen bemühten, gab es seitdem keinen Pazifiklachsaufstieg in europäische Gewässer mehr. Erst vor

DIE SALMONIDEN   35

Biologie

Der sehr kurze Karluk-River auf der Kodiak-Insel in Alaska bietet gute Aussichten auf frisch aufgestiegene, silberblanke Königslachse.

ruchsvermögens wieder. So gelangen sie in dessen Mündungsbereich, in den Fluß selbst und schließlich in genau den Gumpen, in dem sie drei bis acht Jahre zuvor geschlüpft sind.

In den Meeren dehnen sich ihre Wanderungen bis auf 18 000 Kilometer aus.

Das Laichgeschäft

Im Süßwasser kann es bereits wenige Kilometer stromauf der Salzwassergrenze zum Laichgeschäft kommen, aber auch über 2000 Kilometer stromauf, wie das früher im

Silberlachse im Hochzeitskleid.

verhältnismäßig kurzer Zeit ist es den Amerikanern gelungen, Königs- und Silberlachse in spektakulären Mengen in ihren großen Seen (Michigan und Erie) heimisch zu machen. Das Ergebnis dieser Besatzmaßnahmen hat bei weitem sogar die kühnsten Erwartungen übertroffen. Heute werden dort jährlich Hunderttausende dieser herrlichen Fische von Sportfischern gelandet. Diese Lachse sind annähernd so groß wie ihre Artverwandten aus dem Meer. Sie werden in der Regel beim Schleppfischen in den Seen oder aber anläßlich ihrer Laichwanderungen in den Zuflüssen gefangen.

VERHALTEN
Das Wandern

Die Pazifiklachse verbringen zwischen einem und sechs Jahre (Königslachse) im Meer, bevor sie wieder in ihren Geburtsfluß zurückwandern, dort ablaichen und sterben. Das „Homing", d.h. die zielgerichtete Rückkehr in ihren jeweiligen Geburtsfluß, funktioniert mindestens genauso gut wie beim Atlantiklachs. Die Trefferquote liegt bei über 99%.

Nur wenige von Tausenden von Fischen verirren sich anläßlich dieser Wanderung. Entlang der Küsten finden sie ihren Geburtsfluß dank ihres ganz außergewöhnlichen Ge-

Columbia-River der Fall war. Der eigentliche Laichakt kommt dem des Atlantiklachses ziemlich nahe. Das laichreife Weibchen schlägt mit ihrer Schwanzflosse eine Laichkuhle aus, und die befruchteten Eier werden sogleich im Kies vergraben. Je nach Wassertemperatur brauchen die Larven zwischen sieben und elf Wochen zum Schlüpfen. Solange der Dottersack noch nicht aufgebraucht ist, bleiben die Larven im Schutz des Kiesbettes (wie bei *Salmo salar*). In den Tagen bzw. innerhalb der Woche nach dem Laichakt sterben die Elterntiere unweigerlich, wobei sie noch vor Eintritt des Todes schon stark verwest aussehen können.

Dieses traurig anmutende Ende kann durchaus auch als evolutionstechnische Anpassung betrachtet werden. Die kalten Flüsse Alaskas mit ihrem felsigen Untergrund sind regelmäßig recht nahrungsarm. Die massenhaft verwesenden Körper der Elterntiere sorgen dafür, daß im Fluß beim Schlüpfen der Larven ausreichend Plankton entsteht, um den Jungfischen durch die ersten Lebensmonate zu helfen.

Im Süßwasser ernähren sich die Junglachse ausschließlich von Insekten. Im Meer folgen die erwachsenen Lachse den Herings- und Stintschwärmen, aber auch den Ansammlungen von Tintenfischen, die im Pazifik sehr groß sein können. Krabben und Garnelen machen ebenfalls einen Teil der Nahrung aus.

Hundslachs, der mit der Fliegenrute an einem Fluß mit vielen Bären gefangen wurde. Den Hinweis auf die Bären liefert das Verteidigungsspray an der Jacke.

Die Angeltechniken

Pazifiklachse sind im Süßwasser sehr wahrscheinlich noch weniger beißfreudig aufgelegt als ihre Verwandten aus dem Atlantik. Dennoch stehen die Chancen gut: wesentlich ist, in der richtigen Tiefe zu angeln.

Europäische Angler, die für den Fang von Königs-, Silber- und Buckellachsen nach Alaska oder Kanada gereist sind, haben schnell festgestellt, daß die für den Atlantiklachs üblichen Techniken auch bei den Pazifiklachsen sehr gute Ergebnisse bringen, zumindest beim Spinnfischen. Wie bei *Salmo salar* muß man die Pazifiklachse bei zunehmender Verweildauer im Süßwasser eher zum Biß provozieren, als auf irgendeinen Reflex zur Nahrungsaufnahme zu warten. Ganz anders sieht es im Salz- oder Brackwasser aus, wo die Amerikaner diesen Fischen vor allem vom Boot aus

Streamer, der als Krabbenimitation dienen kann.

Dieser Hundslachs hat auf ein Lachseierimitat gebissen.

Typisch amerikanischer Lachslöffel.

Rotlachs, der auf einem Löffel gefangen wurde.

nachstellen, in riesigen Fjorden, die *Sounds* heißen und in denen die Lachse noch aktiv auf Raubzug gehen, solange sie nicht in den Laichfluß aufgestiegen sind. Die beste Angeltechnik besteht im Schleppen von Heringen oder von Hering-Löffel-Kombinationen in unterschiedlichen Tiefen.

Die Königs- und Silberlachse – die Hauptbeute der Sportfischer – sind in den „Sounds" noch in Bestform, sowohl was ihren Kampfgeist betrifft, als auch hinsichtlich ihres äußerst schmackhaften Fleisches. Kaum im Süßwasser angelangt, ändert sich das schnell. Innerhalb weniger Wochen bleibt ihnen nur mehr ihre Körpermasse, die sie im Drill einsetzen können, der Kampfgeist ist dahin. Weil sie immer noch in den Hauptströmungsadern der großen Flüsse stehen, nimmt ihr Drill auch an 0,45 mm Nylonschnur immer noch einen gewissen Zeitraum in Anspruch, er hat aber nichts mehr mit dem Drill eines frisch aufgestiegenen Fisches zu tun. Zum Fliegenfischen sind tiefsinkende Schnüre angebracht, denn im Gegensatz zum Atlantiklachs, der auch nach mehreren Monaten Süßwasseraufenthalt eine Fliege noch an der Oberfläche pflückt, nehmen Königslachse eine Fliege nur dann, wenn sie auf ihrer Höhe „schwebt".

Biologie

Ausländische Bezeichnungen

Englisch: brown trout.
Französisch: truite fario.
Spanisch: trucha marron.

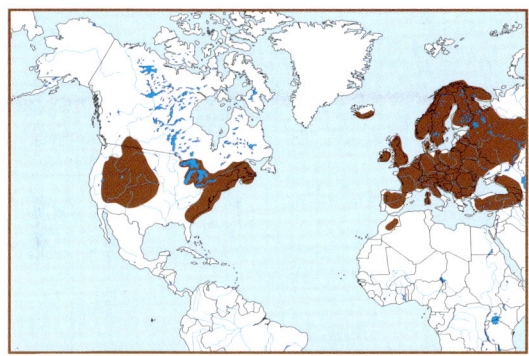

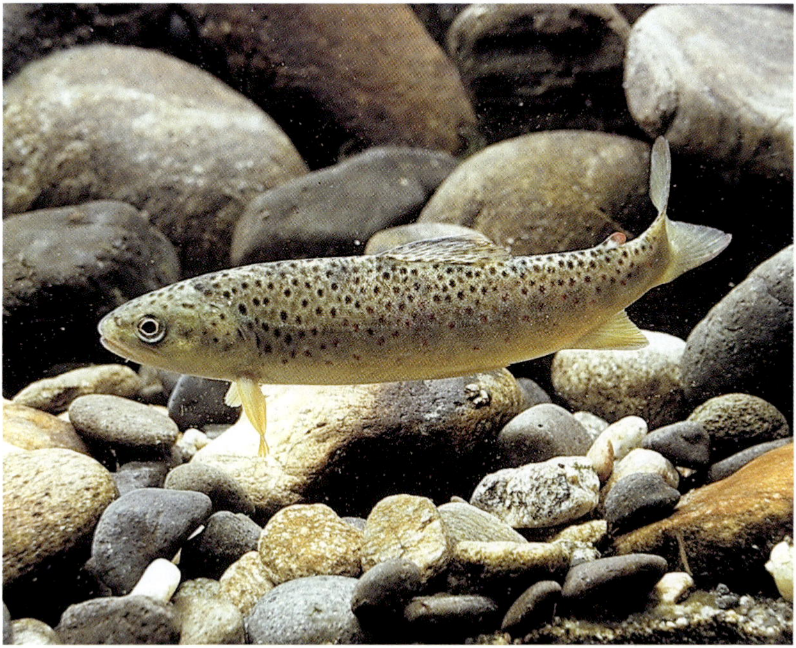

DIE BACHFORELLE (*Salmo trutta fario*)

Die prachtvolle Zeichnung ist für Bachforellen charakteristisch.

BESCHREIBUNG

Der Name „*Trutta*" taucht in der Literatur erstmals gegen 1555 auf, und zwar in einem Buch von Pierre Belon (Le Mans) über *Die Natur und Vielfalt der Fische mit ihren naturgetreuen Portraits*. Eingehend werden nicht nur die Forelle, sondern auch die Lachsforelle beschrieben. *Trutta* kommt offensichtlich von dem lateinischen Wort *tructa*. Nach Vavon, der Sir Herbert Maxwell zitiert, ist dieser Name wiederum aus dem Griechischen abgeleitet worden, und zwar von *troktes*, was sich in etwa mit „gefräßig" übersetzen läßt. Demnach scheint die Forelle also ein gefräßiger Fisch zu sein. Wer die Gelegenheit hatte, eine große Bachforelle beim Rauben in einem Elrit-zenschwarm zu beobachten, wird sich dieser Betrachtungsweise ohne weiteres anschließen. Die Nachfolger von Lacepedes am Pariser Museum für Naturwissenschaften, Valenciennes und Cuvier, haben diesbezüglich übrigens noch eins draufgesetzt. Sie bezeichneten die Bachforelle nämlich als *Salmo ferox* („Wilde Forelle").

Unter den zahlreichen wissenschaftlichen Namen, mit denen man die Bachforelle im Laufe der Zeit bezeichnet hat, ist wahrscheinlich der mittlerweile völlig in Vergessenheit geratene Name *Salmo variabilis* der passendste. Nur wenige Fische bieten so unterschiedliche Erscheinungsbilder, wie die Bachforelle. Die Unterschiede in Größe, Fär-bung und Aussehen können immens sein. Schon Lacepedes war das aufgefallen, der alleine in der Gegend vom Seine-Unterlauf etwa sechs bis acht verschiedene Forellenstämme ausmachte, Forellen von unterschiedlicher Größe und mit gänzlich verschiedenartigen Schuppenkleidern. Noch deutlicher werden die morphologischen Unterschiede, wenn man etwa Bachforellen verschiedener Länder vergleicht.

Gewöhnlich sind der Rücken, die Flanken und die Kiemendeckel mit schwarzen Tupfen unterschiedlicher Größe und Form überzogen. Die Tupfen können rund, aber auch kreuzförmig sein. Die berühmten roten Tupfen können vorhanden sein, aber

Frisch aus der Strömung ...

Bauch weiß, gelb oder eine Mischung aus diesen Farben. Die Flossen sind meist gelblich-braun, sie können aber auch grau oder braun sein.

Über eine Jahrhunderte während Evolution hat jede Gegend, oft jeder Fluß seinen eigenen Bachforellenstamm hervorgebracht. Diese Fische sind auf das Beste an ihr Gewässer angepaßt. Die Bodenbeschaffenheit, die Höhe, das Gefälle, auch die Temperaturschwankungen, das Hauptnahrungsangebot und eine ganze Reihe weiterer Faktoren wurden bei dieser Anpassung berücksichtigt.

Diese enorme Vielseitigkeit im Erscheinungsbild darf uns aber nicht darüber hinwegtäuschen, daß es sich bei der Bachforelle (*Salmo trutta fario*),

auch völlig fehlen. Manchmal sind sie groß, meist klein und gelegentlich in weiß eingefaßt. In anderen Fällen sind sie nur verschwommen vorhanden (Korsika). Die Färbung des Rückens reicht von schwarz bis zu hellem Grün bei einigen Stämmen, er kann aber auch blaugrau oder braun sein. Die Flanken können silbrig, perlmuttfarben, golden oder gelblich sein. Der

Forellen sind scheu, weshalb man immer auf größte Diskretion achten muß.

bei der Seeforelle (*Salmo trutta lacustris*) und bei der Meerforelle (*Salmo trutta trutta*) nur um verschiedene ökologische Formen ein und desselben Fisches handelt, nämlich der Bachforelle.

DIE GEOGRAPHISCHE VERBREITUNG

Tatsache ist, daß Bachforellen von Island (war mit Europa verbunden) bis nach Afghanistan heimisch sind, dazu die britischen Inseln und Skandinavien bevölkern sowie den Mittelmeerraum (Atlas in Nordafrika), Zentraleuropa, Osteuropa und Kleinasien.

Die Bachforelle hat sehr wahrscheinlich die Meerforelle als Vorfahren. Vom Meer aus hat sie die verschiedenen Gegenden kolonisiert, vom

DIE BACHFORELLE *(Salmo trutta fario)*

Atlantik aus, vom Ärmelkanal und von der Nord- und Ostsee aus. Über die Zuflüsse gelang es ihr, in das Landesinnere vorzudringen und sich dort anzusiedeln. Ihrem Vordringen in die Oberläufe war ursprünglich lediglich durch nicht passierbare Wasserfälle ein Ende gesetzt, Wehranlagen gab es keine.

Heute sind sich alle Ichtyologen einig, daß dieser Vorfahre aus dem Meer überall den Grundstock für neue, standorttreue und „eingesperrte" Stämme gebildet hat. Diese unterschiedlichen Formen sind hauptsächlich ab dem Ende der letzten Eiszeit entstanden.

Die Forellen des Mittelmeerraumes müssen allesamt von der Meeresform der *Macrostigma* abstammen, die im Mittelmeer sehr wahrscheinlich noch vor der letzten Eiszeit zu Hause war. Erst danach hat es sich zu sehr erwärmt. Heute bleiben als Erinnerung an diese Art nur die aus ihr hervorgegangenen verschiedenen Bachforellenstämme aus dem Wassereinzugsgebiet des Mittelmeeres, allesamt sehr charakteristisch gefärbte Fische.

Sind sämtliche Forellen der Schwarzmeerzuflüsse (*Salmo trutta labrax*) letztlich nur Unterarten von *Salmo trutta trutta*,

so sind dagegen die Forellen des Kaspischen Meeres – ein riesiger Binnensee aus Süßwasser – eine ganz eigene Art. Diese Fische erinnern von ihrem Aussehen ungemein an die verschiedenen Binnenlachsstämme Rußlands und

Die Bachforelle ist der typische Bewohner schnell fließender, klarer und kalter Gewässer. Dieser Bergbach ist dafür ein ausgezeichnetes Beispiel.

Schwedens (Landlocked). Für einige Wissenschaftler sind die Forellen des Kaspischen Meeres nichts anderes, als eine Unterart des Atlantiklachses. Sie untermauern ihre Theorie mit der Tatsache, daß das Kaspische Meer vor der letzten Eiszeit mit dem Weißen Meer und insofern mit dem Eismeer in Verbindung stand. Der Verbindungs-

weg waren die heutigen Flußtäler und -ebenen der Wolga (Süden), Dvina und Petchora (Norden). Die letzten beiden Flüsse werden noch heute von *Salmo salar* aufgesucht. Heute könnte man recht problemlos geneti-

sche Studien betreiben und diese Theorie entsprechend schnell bestätigen oder verwerfen, nur sind leider die letzten der Forellengiganten aus dem Kaspischen Meer verschwunden: Umweltverschmutzung, Überfischung und Gewässerverbauung haben ihnen den Garaus bereitet. Gibt es in Asien noch die afghanischen Forellen des Pa-

Bachforelle mit großen, rotorangenen Tupfen, die in Korsika gefangen wurde: Ganz gewiß eine Macrostigma!

mir? Die Engländer haben es schließlich fertiggebracht, vor über hundert Jahren dort Forellen aus der Themse auszusetzen. Gewiß sind daraus Hybriden mit der heimischen Forelle entstanden ...

In Jugoslawien und in Italien sind die berühmten Marmorata-Forellen um Haaresbreite vor dem Aussterben bewahrt worden, allerdings lediglich mit enorm großem Aufwand. Den prächtigen Marmoratas waren die Besatzmaßnahmen mit Bachforellen nach dem Ersten Weltkrieg zum Verhängnis geworden, schnell fand man in den Flüssen nur mehr kleinwüchsigere Hybriden statt großer Marmoratas. Die echte korsische *Macrostigma* scheint mittlerweile verschwunden zu sein. Ursache dafür sind auch hier die Besatzmaßnahmen mit stammfremden Bachforellen, Forellen atlantischer und dänischer Stämme. Über zwanzig Jahre hindurch wurden die verschiedensten Bäche und Flüsse mit diesen „Ausländern" besetzt.

Sogar in Marokko sieht es so aus, als hätten die übereifrigen Beamten der französischen Forst- und Fischereiverwaltung zu Zeiten des Protektorats unüberlegte Besatzmaßnahmen mit Bachforellen französischer Stämme durchgeführt. Damit haben sie dazu beigetragen, daß die meisten *Macrostigma*-Biotope des Atlas zerstört wurden. In Sizilien und Sardinien sieht es leider nicht besser aus. Dort schlägt übertriebene Wilderei negativ zu Buche, nichtsdestotrotz bleiben einige weit abgelegene Rinnsale auf beiden Inseln, wo dieser Stamm der Bachforelle überlebt haben soll.

Und was bleibt ansonsten europaweit von den verschiedenen Bachforellenstämmen? War es nicht die enorme genetische Variabilität, die der Bachforelle überall geholfen hat, sich ihrem Biotop so optimal anzupassen? Machte sie nicht einst den großen Schatz der europäischen Salmonidenfischerei aus?

Ein halbes Jahrhundert unüberlegte sog. Besatzmaßnahmen – letztlich nichts anderes als das Auskippen degenerierter und oft kranker Mastforellen – haben fast überall den Wildstämmen den Garaus bereitet. Das geschah über genetische Vermischung und durch Weiterleitung von Krankheiten und Parasiten. Wissenschaftler haben schon längst nachgewiesen, daß das Erbgut der sich wild durch-

DIE BACHFORELLE *(Salmo trutta fario)*

einander paarenden Wild-
stämme weitaus reicher ist
als jenes der Laichtiere von
Fischzuchten. Diese Tiere
sind nämlich in den mei-
sten Fällen nur Nachkom-
men ganz weniger Tiere, die
in der Zucht über Generationen hinweg immer wieder
selbst gekreuzt wurden. Noch
dazu haben scheinbar alle
Zuchtforellen einen gemein-
samen Ursprung. Heute gilt
als sicher, daß die Stämme,
die seit nunmehr über hundert Jahren in industriel-
len Mengen weitergezüchtet
werden, allesamt dänischer
Natur waren (Ostsee- oder
Nordseeforellen). Die Nachkommen dieser Fische bilden
den Grundstock der meisten
europäischen Fischzuchten.
Das Ergebnis sind Forellen

*Bachflohkrebse färben, sofern sie in
großen Mengen vertilgt werden, das
Fleisch der Forellen rötlich.*

*Die Wasserform einer Eintagsfliege,
die die Forelle liebt: Ecdyonum ist in
schnellem Wasser zu Hause.*

mit Stummelflossen, über
Blutverwandtschaft degene-
rierte Tiere, von Krankheiten
geschwächt, die aber trotzdem immer wieder in Ge-
wässer gekippt werden.

VERHALTEN

Einzelgänger seit Schlüpfen
im Kiesbett, behauptet die
Bachforelle ein Territorium,
dessen Ausmaße direkt vom

Alter und besonders der
Größe des Fisches abhängen.
Bachforellen haben Raub-
und Ruheplätze, meist liegen
diese nicht allzu weit voneinander entfernt. Regelmäßig
spielt die Strömung bei der
strategischen Wahl dieser
Stellen eine große Rolle. Der
Speiseplan der Bachforellen
ist sehr vielseitig und abwechslungsreich. Bachforellen ziehen aus allem, was sie
an Vertilgbarem finden, ihren
Nutzen. Während der ersten
beiden Lebensjahre stehen
besonders Insekten (Floh-
krebse), Krebse und anderes
Kleingetier (Würmer, Egel,
Kaulquappen, Fischbrut etc.)
auf dem Speiseplan.
Erwachsene Forellen fallen
immer noch über Wasserin-
sekten (Larven, Nymphen,
Imagos) und Landinsekten
(Heuschrecken, Grillen, Käfer) sowie über allerlei Wirbellose (Würmer, Krebse,
Wasserschnecken, Egel etc.)

*Dieser Fisch steigt im Oberflächenfilm
– er ernährt sich von Aufsteigern.*

DIE SALMONIDEN   **45**

Biologie

her, zögern aber nicht davor zurück, Kleinfische jeder Art (Elritzen, Gründlinge, Koppen, Jungforellen etc.) erbarmungslos zu jagen und sie auch in den letzten Winkeln noch aufzuspüren. Halford berichtet von einer mit der Fliege gefangenen dreipfündigen Forelle, die im Rachen einen kompakten Propfen Sherry Spinners (sehr kleine Eintagsfliegen) sitzen hatte. Im gedehnten Magensack saßen zudem noch fünf ausgewachsene Flußkrebse, wovon der größte 12 cm lang war! Vavon zitiert den Fall einer 350 Gramm schweren Forelle, in deren Magen sich die Reste von 47 Elritzen in unterschiedlichen Verdauungsstadien befanden; in einer änderen vergleichbarer Größe steckten acht intakte Maifliegen, 50 Feldgrillen und eine enorme Hornisse ...

Gewöhnlich hängt der Speiseplan sehr eng vom jeweiligen Hauptnahrungsangebot ab. Ziel der Forellen ist es, sich den Magen mit möglichst wenig Aufwand vollzuschlagen.

DAS LAICHGESCHÄFT

Je nach geographischer Höhe und Breite findet das Laichgeschäft zwischen Mitte November und Anfang Januar statt. Regelmäßig erfolgt zuvor eine Wanderung in weiter

DAS SCHLÜPFEN EINER FORELLE

Befruchtetes Ei.

Die Larve beginnt, sich in der Eihülle zu bewegen.

Die Eihülle reißt, der Kopf erscheint.

Die Larve windet sich.

Nach und nach befreit sich die Larve von der Eihülle.

Die Eihülle liegt nun neben der geschlüpften Larve.

Auffällig an den Larven ist der große Dottersack.

Der Brutfisch hat sich in das Bodensubstrat gerettet.

Dieser Jungfisch hat seinen Dottersack bereits aufgebraucht.

DIE BACHFORELLE *(Salmo trutta fario)*

stromauf gelegene Flußabschnitte. Diese Wanderung kann einige 100 Meter lang sein, aber auch viele Kilometer. Milchner und Rogner wandern dabei entweder den Flußlauf selbst oder aber einen Zufluß hoch, bis sie genau das Substrat gefunden haben, das sie für die Eiablage brauchen. Wie bei den Lachsen ist es das Weibchen, das eine Laichkuhle mit dem Schwanz gräbt. Unmittelbar nach der Eiablage befruchtet das Männchen diese Eier und vergräbt sie. Derart begraben, vor Licht und Räubern geschützt, brauchen die Jungforellen zum Schlüpfen bei 4 °C bis 5 °C Wassertemperatur mindestens drei Monate. Bis zum vollständigen Aufbrauchen des Dottersacks bleiben die Jungforellen noch in ihrem Kiesbett. Eine Forelle von einem Kilo produziert etwa 2000 orangefarbene Eier, deren Durchmesser bei 4 mm bis 6 mm liegt.

Findet das Laichgeschäft unter normalen Bedingungen statt (Bodensubstrat, Wasser, Klima), dann schlüpfen ca. 80% der Eier, was ein beachtlicher Prozentsatz ist. Solange sich die Eier oder Larven mit Dottersack im Bodensubstrat befinden, sind sie verhältnismäßig sicher. Nur einige Wasserinsekten können ihnen ge-

Vibert-Box mit befruchteten Eiern.

fährlich werden. Die Natur verrichtet hier ihre Aufgabe sehr gut selbst, sie hat nicht auf das Erfinden der Vibert-Boxen gewartet, damit die Forellen wachsen und sich vermehren. Leider beginnen die

Probleme mit dem Verlassen des Kiesbettes. Von den Jungforellen, die das Kiesbett verlassen, erreichen durchschnittlich keine 5% das Jahresende. Danach liegt die Überlebensrate jährlich bei etwa 30 bis 50% bis zum fünften Lebensjahr – ein „normaler" Befischungsdruck vorausgesetzt.

DIE RÄUBER

Die heikle Phase im Forellenleben liegt demnach im ersten Lebensjahr. So sehr die Forelle als erwachsenes Tier zum perfekten Räuber wird, so haben die Forellenlarven und Jungforellen eine Vielzahl an-

Eisvögel fressen gelegentlich auch Forellenbrut.

Biologie

DIE KLASSIFIZIERUNG

Man zählte das Jahr 1758, als der bekannte schwedische Naturforscher Carl von Linné in der zweiten Auflage von *„Systema Naturae"* (sein gigantisches Werk über die Klassifizierung der Arten) *Salmo trutta* als dritte Art der Gattung Salmo anführt. Den ersten Platz besetzte natürlich der Atlantiklachs *Salmo salar*, aber auf den zweiten setzte Linné *Salmo eriox*, eine von der Zuordnung her „zweifelhafte" Art, die sowohl zu den Meer- oder Seeforellen als auch zu den Lachsen gehören kann. Das offensichtliche Problem des Naturforschers bei der Klassifizierung war, daß er sich immer wieder an der Definition der Art *Trutta* und ihrer verschiedenen Formen stieß. Die Familie der Salmoniden, die über 100 einzelne Arten aufweist, läßt sich in insgesamt sechs Gattungen unterteilen:
1. *Salmo* (Forellen und Atlantiklachse)
2. *Oncorhynchus* („Forellen" und Lachse des Pazifik)
3. *Salvelinus* (Saiblinge)
4. *Hucho* (Huchen)
5. *Brachymystax* (Lennoks)
6. *Salmothymus* (Weichmaulforellen).
Neben dieser Familie stehen heute die Thymalliden (Äschen), die keine Salmoniden im engen Sinne sind, sowie die Renkenartigen und die Osmeriden (Stinte). Früher wurden diese Arten alle zu den Salmoniden gezählt, heute gehören sie lediglich in die Ordnung der salmoniformen Fische. Innerhalb der Gattung *Salmo* gibt es noch eine ganze Reihe weiterer Forellenarten neben der Bachforelle. Es handelt sich dabei um Arten, die im Meer, in Bächen oder Seen leben. Eines haben aber alle

Je nach Biotop kann die Körperzeichnung sehr unterschiedlich ausfallen.

derer Feinde, lauter Tiere, kaum größer als sie selbst, die im und am Wasser leben. Dazu gehören Libellenlarven, Elritzen, Koppen, Aale, ja sogar die eigenen Elterntiere. Vom Ufer droht ihnen hauptsäch-lich vom Eisvogel Gefahr. Otter, dort wo es sie noch gibt, bleiben auch für erwachsene Forellen eine Gefahr.
Heute gesellen sich leider noch zwei weitere Feinde hinzu, die vielerorts hoff-nungslos Überhand nehmen und die Reihen der erwachsenen Forellen ganz beträchtlich lichten können. In kleinen und mittleren Wasserläufen, sowie in großen, sofern diese nicht zu tief sind (was für vie-

Große Bachforelle mit ihren charakteristischen Tupfen.

diese Forellenarten gemeinsam, sie haben alle in der „Alten Welt" ihren Ursprung: In Europa, Asien oder gar Afrika. So ist das beispielsweise bei *Salmo trutta macrostigma*, der Maghreb-Forelle, der Fall, die früher einmal rund um den ganzen Mittelmeerraum gängig war (Marokkanischer Atlas, Algerien, Tunesien, Sizilien, Sardinien und Korsika). Im Adriabecken gab es einmal häufig eine großwüchsige Forellenart, die Marmorata-Forelle: *Salmo trutta marmoratus*, die in den Po-Zuläufen und in einigen jugoslawischen Flüssen (Neretva) unglaubliche Gewichte von über 30 Kilo erreichte. Rund um das Schwarze Meer stieg *Salmo trutta labrax* zum Laichen in die verschiedenen Zuflüsse auf, in die Ströme Zentraleuropas, der Türkei und Rußlands. Im Kaspischen Meer soll ebenfalls eine Forellenart gelebt haben, die phänomenale Gewichte erreichte, *Salmo trutta caspius*. In östlicher Richtung, d.h. in Richtung Zentralasien, liegt der Aralsee, der jämmerlich zusammengeschrumpft ist. Zu Bewässerungszwecken wurde dem ursprünglich viertgrößten See der Erde rigoros Wasser entzogen. Dem von 10 auf 36 Promille gestiegenen Salzgehalt fiel auch *Salmo trutta aralensis* zum Opfer. In Afghanistan tummelte sich in Amu-Darya die östlichste Art, *Salmo trutta oxianus*.

Die Macrostigma-Forelle hat auffallende, orangerote Tupfen.

le Äschen- und Forellenflüsse charakteristisch ist), entnehmen Reiher zahlreiche Forellen, verletzen aber leider noch deutlich mehr von ihnen tödlich. So gehen viele wertvolle Laichfische verloren.

In mittelgroßen und großen Flüssen sowie in Seen, stellen Kormorane eine neue Gefahr dar. Bis in die letzten Winkel verfolgen diese Vögel die Fische. Ihre Opfer sind Forellen bis zu einem Pfund. Kormorane treten in Schwärmen auf und haben es besonders im deutschsprachigen Raum geschafft, einige der bekanntesten Äschen- und Forellenreviere innerhalb weniger Jahre vollständig zu zerstören.

Die Angeltechniken

Als sehr vielseitiger Räuber ist die Forelle in der Lage, in allen erdenklichen Wasserschichten auf die Pirsch zu gehen. Entsprechend kommen unterschiedlichste Techniken zum Fang von Forellen in Betracht.

Neben dem Schwarzbarsch ist die Bachforelle mit Gewißheit die Nr. 1 unter den Sportfischen dieser Welt. Hierfür gibt es eine ganze Reihe von Gründen, zunächst geographische: Über Besatzmaßnahmen ist es gelungen, diesen Fisch in nahezu allen Ländern der Welt heimisch zu machen, so daß man ihn heute nicht nur auf der nördlichen Erdhemisphäre findet, sondern auch auf der südlichen, in gemäßigten und sogar in tropischen Gegenden, sofern es ausreichend kühle und sauerstoffreiche Gewässer gibt. Innerhalb nur eines Landes kann man Forellen in fast allen Biotopen antreffen, in kleinen Küstenflüssen und in reißenden Bergbächen, in großen Flachlandflüssen und in kleinen Rinnsalen, in Naturseen und in künstlich angelegten Seen und immer öfter auch in ehemaligen Kiesgruben. Es gibt aber auch kulturelle und historische Hintergründe. Die ersten Angelbücher sind ganz wesentlich den Forellen gewidmet, und ein erheblicher Teil der Angelgeschichte ist rund um diese Fischart entstanden, etwa das Fliegenfischen. Darüberhinaus spielen auch noch kulinarische und gastronomische Aspekte eine Rolle: Auch wenn die Forellen nach ihrem Fang immer öfter wieder in

Das Matchfischen ist in Bergseen eine sehr erfolgversprechende Forellentechnik.

DIE BACHFORELLE *(Salmo trutta fario)*

ihr Element freigelassen werden („Catch and Release"), müssen wir anerkennen, daß ihr Fleisch außergewöhnlich fein und wohlschmeckend ist und ganz gewiß zur Beliebtheit dieser Fische beigetragen hat. Für die Forelle sprechen aber auch rein praktische und technische Argumente in Form einer Vielzahl von Angeltechniken: Das Stippfischen, das Spinnfischen, das Fliegenfischen, das Naturköderangeln und das Kunstköderangeln.

Das Tip- und Spürangeln auf Forellen erfordert viel Gefühl.

DAS SPÜRFISCHEN

Diese recht eigene Art der Stippfischerei erlaubt es, einen Naturköder unter der Rutenspitze oder weit davor auf höchst diskrete Art anzubieten, indem man ihn mit der Strömung so natürlich wie möglich abtreiben läßt. In schnellfließenden Gewässern leben die meisten Bewohner nur von Beute, die von der Strömung mitgeführt wird. Die Strömung serviert den Forellen ihr Mahl „frei Haus": Larven, Krebstiere, Würmer, Insekten oder verwundete Kleinfische. Das Spürfischen ist jene Technik, mit der man einen Köder auf die natürlichste Art in jeden Forelleneinstand treiben lassen kann. Im Gegenzug zur klassischen Stippfischerei trägt hier keine

Pose den Köder. Eine Pose würde im seichten, klaren Wasser zu sehr auffallen und die Köderdrift verlangsamen. Darüber hinaus ist der Gewässergrund in den meisten Forellenbächen- und flüssen zu uneben, weshalb man mit einer Pose die Schwierigkeit

hätte, die Angeltiefe richtig einzustellen. Um die genaue Position ihres Vorfaches und Köders zu erkennen und die Köderdrift akkurat mitverfolgen zu können, verwenden die Meister des Spürfischens statt Posen nur winzig kleine unscheinbare Bißanzeiger.

DAS WURMFISCHEN

Das Spürangeln mit einem großen Wurm ist besonders zu Saisonbeginn bei hohem Wasserstand empfehlenswert. Das verwendete Gerät ist dann ein wenig schwerer als die übrige Saison. Ein Durchmesser der Hauptschnur zwischen 0,18 und 0,22 mm scheint ideal. Die besten Würmer sind jene, die man in der lockeren Ufererde der Bäche findet, typisch ist ihre rosa-violette Färbung. Sie sind zäher als Tauwürmer und bewegen sich mehr am Haken. Man kann sie an einem großen Einzelhaken N° 6 bis 8 anbieten oder aber an einer Stewartmontage aus zwei Einzelhaken N° 10.

Die Angeltechniken

In so klarem Wasser muß man sich als Angler sehr diskret verhalten.

auf der Wasseroberfläche) die Abdrift gut mitverfolgen läßt. Diese optische Verfolgung der Abdrift ist äußerst wichtig, denn im Gegensatz zur weitläufigen Annahme sollte der Anhieb bei dieser Technik noch vor dem Moment erfolgen, in dem man den kleinen Toc! des Bisses wahrnimmt. Man muß den Biß an der Hauptschnur „ablesen".

Beim kleinsten Widerstand oder gar Zug bläst die Forelle den Köder nämlich augenblicklich wieder aus. So kommt es, daß der Anhieb bereits beim geringsten Anzeichen auf einen Biß erfolgen muß und nicht irgendwie verzögert.

Früher knoteten sie hierzu zwei bis drei Wollfädchen auf ein bis zwei Metern Länge über dem Haken verteilt in die Hauptschnur. Heute ersetzen farbige Miniaturperlen aus Styropor, die auf die Hauptschnur gefädelt werden, diese Fädchen sehr vorteilhaft. Mit ihrer Hilfe läßt sich nicht nur die Abdrift des Köders hervorragend kontrollieren, sondern der Köder auch sehr grundnah anbieten. In diesem Sinne sind auch die modernen, fluoreszierenden Angelschnüre eine echte Bereicherung bei dieser Angeltechnik, weil sich mit ihnen auch unter denkbar schlechten Sichtverhältnissen (Spiegelungen

Das Gerät

Bei dieser Technik ist das akkurate Austarieren der Montage von allergrößter Bedeutung. Weil sich die äußeren Bedingungen wie Strömung und Tiefe von Stelle zu Stelle laufend ändern, ist es wichtig, seine Montage den jeweiligen Gegebenheiten anzupassen – und entsprechend ein wenig mehr Blei hinzuzufügen oder aber zu entfernen. Spürangeln haben meist sehr weit vom Rohling abstehende Rutenringe oder aber es sind Ruten mit Schnurinnenführung.

Ihre Länge liegt bei etwa 3,5 m (zum Fischen in Bächen) oder bei 6 m (große, weite Flüsse). Einige der Teleskopmodelle sind längenverstellbar, wodurch man die Rute immer auf die Ideallänge für das zu befischende Gewässer

Die linke Hand hält die Schnur und nimmt dabei die meisten Bisse wahr.

DIE BACHFORELLE *(Salmo trutta fario)*

einstellen kann. Die Rolle hat lediglich ein Verkürzen oder Verlängern der Hauptschnur zur Aufgabe. Man kann auf sehr einfache Multirollenmodelle zurückgreifen, mittlerweile scheinen sich jedoch sehr kleine Stationärrollen bei den Experten dieser Technik durchgesetzt zu haben. Mit diesem Rollentyp lassen sich an weitläufigen Flüssen nämlich auch Würfe machen und damit Abdriften auf Distanz. Darüber hinaus machen die herrlich fein einstellbaren Bremsen der modernen Stationärrollen das Fischen mit diesen Instrumenten zum Genuß. Sogar recht große Forellen lassen sich so mit relativ leichtem Gerät bändigen.

Die Schnur muß nämlich immer so dünn wie nur möglich gewählt werden, damit der Strömungsdruck auf die Hauptschnur sich nicht zu negativ auf die Abdrift des Köders auswirkt. Die Köderdrift muß immer so natürlich wie möglich anmuten. Je nach Wasserstand ist die Hauptschnur 0,12 bis 0,16 mm dick und das Vorfach 0,10 bis 0,12 mm. Einige Experten gehen in sehr klarem Wasser gelegentlich bis auf 0,08 mm herunter.

Dieser Angler ist gerade im südfranzösischen „Parc du Mercantour" auf Forellenpirsch.

Die Hakengröße wird so gewählt, daß sie proportional ideal zum jeweils verwendeten Köder paßt. Dort, wo beispielsweise Maden als Köder erlaubt sind, stellt ein Haken N° 16 bis 20 die Ideallösung dar. Größere Wasserlarven wie etwa Köcherfliegenlarven, Steinfliegen- und Maifliegenlarven, Bienenlarven und Angelraupen vertragen dagegen deutlich größere Haken, hier sind z.B. Größen von N °12 bis 14 angebracht.

Das Angeln mit einem kleinen, lebendigen Köderfisch läßt sich auch mit einer kleinen Pose praktizieren. Das aktive Posenfischen auf Forelle ist eine Abwandlung vom Spürangeln. An Großforellenflüssen läßt sich so äußerst effektiv zu Werke gehen. Idealer Köderfisch ist eine kleine Elritze, die man am besten an ihren Lippen anködert. Achten Sie aber immer darauf, ob das Angeln mit lebendem Köderfisch auch erlaubt ist.

Die Angeltechniken

*Ultraleichtes Spinnfischen: Königs-
disziplin in hindernisreichen Bächen.*

*Spinner der Größen 0 und 1 zählen zu
den Klassikern unter den Ködern zum
ultraleichten Spinnfischen.*

DAS SPINNFISCHEN

Drei Kategorien des Spinnfi-
schens kommen beim Forel-
lenangeln in Frage, das ultraleichte, das leichte und das
mittelschwere Spinnfischen.
Das ultraleichte Spinnfischen
auf Forellen ist eine außerordentlich spannende Angelegenheit und besonders bei
niedrigem Wasserstand – etwa zur Sommerzeit – sehr
fängig. Es können dabei winzige Naturköder (Würmer, Insekten, Kleinelritzen), aber
auch Miniaturkunstköder (0,2
bis 0,5 Gramm) angeboten
werden. Die modernen Ny-
lonschnüre ermöglichen das
Verwenden sehr dünner
Durchmesser, meist liegt er
zwischen 0,10 und 0,14 mm.

Ultraleichtes Spinnfischen ist
eine höchst präzise Angeltechnik, die besonders an
kleinen und mittelgroßen
Bächen tolle Ergebnisse produziert. Die nächste Katego-
rie darüber ist das leichte
Spinnfischen, seit etwa 100
Jahren bestimmt die am meisten praktizierte Angeltechnik auf Forellen. Mit ihrer Hilfe wurden mit Sicherheit so
viele Forellen überlistet wie
mit allen anderen Forellentechniken zusammen!

Das Gerät

Das Angelgerät muß Kunst-
und Naturköder in Gewich-
ten von drei bis acht Gramm
werfen können. Die Ruten
sind gewöhnlich zwischen
1,8 und 2,5 m lang. Zum Wat-
fischen, d.h. wenn man die

Stellen im Wasser stehend an-
wirft, reicht eine 1,2 bis 1,5 m
lange Rute aus. König unter
den Kunstködern ist bei dieser
Technik ein auf seiner Achse
beschwerter Spinner. Nahezu
unerläßlich ist dabei der Aglia
N° 2, Klassiker von Mepps,
der 4,5 Gramm wiegt. Einige
Angler schwören auf ein sil-
briges Spinnerblatt, andere
auf ein goldenes. Beide fangen
sehr gut. Die besten Spinnerblätter sind aber jene, die ein
wenig oxydiert sind oder die
man mit einem Feuerzeug
oder Streichholz „abgedun-
kelt" hat.
Devonspinner waren früher
sehr beliebte Spinnköder, sind
heute aber ein wenig aus der
Mode geraten. Ihr Haupt-
nachteil ist, daß sie die dünne
Angelschnur stark verdrallen
und damit arg in Mitleidenschaft ziehen. Kleine Wobbler
von 4 bis 7 cm Länge haben
dagegen eine wichtige Rolle,
sie sind so fängig, daß sie stellenweise einen toten Köderfisch am System überbieten

DIE SEEFORELLE *(SALMO TRUTTA LACUSTRIS)*

Seeforellen sind nichts anderes als die Seeform der Bachforelle. Diese Unterart hat mit Gewißheit die Rekordgewichte unter den europäischen Salmoniden hervorgebracht. Aus Österreich sind Netzfänge von bis zu 40 Kilo schweren Exemplaren verbürgt! Im gesamten Voralpenraum waren Seeforellen von über 20 Kilo keine Seltenheit, obwohl auf diesen Fischen auch schon vor 100 Jahren recht großer Befischungsdruck durch die Berufsfischerei lastete. Irgendwann nahm dieser Druck jedoch zu sehr zu, hinzu gesellten sich Umweltprobleme und Gewässerverbauung in den Laichflüssen dieser Fische. Staustufen und Wehranlagen vereitelten ihnen einen Aufstieg zu ihren Laichplätzen. Das außergewöhnliche Wachstum dieser Fische wurde durch Unmengen an Futterfischen in den Seen ermöglicht. In allen Voralpenseen lebten zahlreiche Lauben, Rotaugen, Barsche und Renken. Die Zehn-Kilo-Marke konnte bereits nach vier oder fünf Jahren Aufenthalt im See erreicht

sein. Die Jungfische bleiben gewöhnlich zwei Jahre in ihrem Geburtsfluß, bevor sie sich zu Smolts (wie beim Lachs oder der Meerforelle) umwandeln und in den stromab gelegenen See wandern. Die Gmundner Traun in Österreich ist der Auslauf des Traunsees. Sie war einst weltweit berühmt für ihre „Lachserl", die Seeforellen des Traunsees, die hier untypischerweise in den Seeauslauf kamen, um abzulaichen. Das hölzerne Wehr an der Marienbrücke war damals eine der begehrtesten Angelstellen. Charles Ritz und Hans Gebethsroiter sind

nur zwei der Namen, die untrennbar mit diesem legendären Fluß verbunden sind. 1968 vereitelte eine Staustufe bei der Marienbrücke den Seeforellen den Zugang zu ihren Laichgründen. Seitdem ist der wilde Seeforellenstamm des Traunsees ausgestorben. So wie am Traunsee hat nahezu jedes europäische Seeforellengewässer seine eigene tragische Geschichte zu erzählen ...

Diese enorme Seeforelle wurde beim Schleppen auf dem südfranzösischen See von Serre-Poncon gefangen. Ein prachtvolles Exemplar, einem Lachsfang zumindest ebenbürtig.

Die Angeltechniken

DIE MARMORATA *(SALMO TRUTTA MARMORATA)*

Herrliche Marmorata aus dem italie-nischen Tarano. Sie fiel auf eine beim Spürangeln gefischte Bienenmade herein. Die Marmorata gehört zu den in ihrem Bestand gefährdeten Fischen.

gen, waren nichts Außergewöhnliches! Umweltverschmutzung, Gewässerverbauung, Wilderei und Besatz-maßnahmen mit Bachforellen haben die-se Fische nahezu voll-ständig ausgerottet. Bachforellen kreuzten sich gerne mit Marmoratas, und es war bald fast unmöglich, noch reinrassige Exemplare zu finden. In einem schwer zugängli-chen Tal der Soca in Slowenien entdeckte man noch einige letzte reinrassige Exemplare. Den Bachforellen war

es nie gelungen, bis zu ihnen vorzudringen. Von diesem Bestand gehen alle bis heute durchgeführten Besatzmaß-nahmen aus. Den Italienern ist es dabei gelungen, die Marmorata in den Oberläufen des Adige wieder heimisch werden zu lassen. Gefischt wird auf diese Großforellen mit Köderfischen und recht großen Kunstködern. Große Marmoratas sind nämlich rei-ne Raubforellen. Die heute oft kleinen Exemplare fallen auf herkömmliche Forellentechniken herein.

Die charakteristische Zeichnung einer Marmorata. Auf dem Kiemendeckel sitzt immer eine völlig dissymetrische Marmorierung.

Vor einem Jahrhundert lebten diese Fische noch zahlreich in den Zuflüssen des Adriabeckens. Ihr Verbrei-tungsgebiet erstreckte sich vom Nordosten Italiens über Jugoslawien bis nach Albanien. Marmoratas wur-den oft über zehn Kilo schwer. Auch Exemplare, die mehr als das Doppelte wo-

DIE BACHFORELLE *(Salmo trutta fario)*

Der Morgensprung hat mit seinen aufsteigenden Nebeln immer etwas Magisches an sich.

DAS FLIEGENFISCHEN

Das Fliegenfischen ist in den vergangenen Jahrzehnten stark in Mode gekommen. Dazu beigetragen hat auch, daß viele dem Fliegenfischen eigene Probleme durch die Entwicklung neuer Materialien erheblich reduziert wurden. Das Fliegengerät ist auch günstiger geworden, so daß mehr Angler Zugang zu dieser

können. In jedem Fall überbieten sie in puncto Fängigkeit in Formalin konservierte Köderfische. Weichplastikköder werden nur wenig zum Fang von Forellen eingesetzt, was ein Fehler ist. Gummifische und die klassischen „Fragezeichentwister" erbringen nämlich ausgezeichnete Ergebnisse! Der beste Spinnköder ist und bleibt dagegen der tote Köderfisch auf einem System. Eine tote Elritze ist für den Fang einer großen Wildforelle der Idealköder, egal, ob auf einem System mit Rhodoidscheibe oder Bleikopf. Schließlich erlaubt das leichte Spinnfischen auch den Einsatz einer Wasserkugel mit Fliegenzug. Hiermit lassen sich Fliegen auch dort anbieten, wo man sie mit der Flie-

genrute nicht hinbekommt. Mittelschweres Spinnfischen ist den großen Flußforellen vorbehalten. Die Köder wiegen 8 bis 15 Gramm (Spinner N° 3 & 4, Wobbler von 7 bis 9 cm, große Elritzen, Gründlinge...) und werden in einiger Distanz geführt, weshalb eine längere Rute ratsam ist: 2,5 bis 3 m. Auch der Schnurdurchmesser steigt, Nylon von 0,26 mm kann angebracht sein.

Naßfliege, die eine Köcherfliegenlarve imitiert, die „Palaretta".

Das Nymphenfischen auf Sicht gehört zu den ganz großen Herausforderungen des Fliegenfischers.

In so klarem Wasser muß der Angler seine Fliege sehr gefühlvoll aufsetzen.

Technik fanden. Die Tatsache, daß Fliegenfischen eine eminent sportliche, ästhetische und sogar ökologische („Catch and Release") Angeltechnik ist, hat viel dazu beigetragen, daß es gerade bei jüngeren Anglern so beliebt wurde. Klammert man das Streamerfischen aus (näheres dazu siehe unter·dem Stichwort Reservoirfischen im Kapitel über die Regenbogenforelle), so bleiben für den Forellenfang im wesentlichen drei Fliegentechniken.

Die Naßfliege

Diese Technik ist die älteste der Fliegentechniken, hat aber seitdem nichts von ihrer Fängigkeit eingebüßt. Die Fliegen sollen hierbei Insekten imitieren, die just im Begriff sind zu ertrinken. Klassisches Naßfliegenfischen findet gewöhnlich mit Würfen statt, die drei Viertel stromab auf das gegenüberliegende Ufer gerich-

tet sind. Die Fliege schwingt dann quer zur Strömung im Halbkreis zum Angler zurück. In schnellem, hurtigem Wasser braucht man die Fliegen nicht zu führen. Im Gegensatz dazu ist es durchaus sinnvoll, bei glatter Wasseroberfläche der Fliege oder dem Fliegenzug mit der linken Hand noch ein wenig Leben einzuhauchen.

Das Angeln mit dem Fliegenzug erlaubt es, gleichzeitig mit zwei oder drei Fliegen zu angeln. Die Fliege an der Vorfachspitze ist am größten bzw. die am wenigsten beschwerte. Darüber kommt ein klassisches Naßfliegenmuster, am besten eines mit flach auf dem Rücken liegenden Flügeln und Hecheln vom Rebhuhn oder Huhn. Schließlich kommt die oberste Fliege,

So sieht eine in Strömung perfekt angebotene Fliege aus.

die „Springerfliege". Sie heißt deshalb so, weil sie ständig in unmittelbarer Oberflächennähe bleibt. Als Springerfliege ist ein klassisches, ungefettetes Trockenfliegenmuster ideal. Je nach der Fließgeschwindigkeit und dem Wurfwinkel schwingen diese drei Fliegen in unterschiedlichen Tiefen durch die Strömung.

Ein herrlicher Fang aus der Loue (Frankreich).

Die Farbkomposition der einzelnen Naßfliegen ist außerordentlich wichtig, denn im Gegensatz zur Trockenfliege, die die Forelle nur durch den spiegelnden Oberflächenfilm inspizieren kann, kann derselbe Fisch bei einer im Wasser treibenden Naßfliege die letzten Details genauestens unter die Lupe nehmen. Je nachdem von welchen Insekten sich die Fische an einem ganz bestimmten Tag ernähren, ist die eine oder andere Farbe erfolgreicher. In schnellem, hurtigem Wasser fühlt sich der Biß wie ein kleiner Ruck im Handgelenk an, er kann sich aber auch durch steten Zug am Vorfach verraten. Ist die Wurfschnur gestrafft, so hakt sich der Fisch in den meisten Fällen selbst. In träger, behäbig dahinfließender Strömung sieht es leider nicht ganz so einfach aus. Hier muß der Angler permanent genau jene Stelle im Blick haben, an der gerade sein Fliegenzug treibt. Eine Verwirbelung, eine reflektierende Fischflanke, ein kurzes Innehalten der Wurfschnurspitze, all das sind Anzeichen für einen Biß, die beim Angler einen Anhieb auslösen sollten.

Morgens schlüpfen weitaus weniger Insekten als anläßlich des Abendsprunges.

Anders als man annehmen könnte, sind die besten Wurfschnüre zum Naßfliegenfischen Schwimmschnüre. Es ist vorteilhaft, sie möglichst auffällig gefärbt (fluorgrün, orange) auszuwählen, denn viele Bisse lassen sich nur an einem kurzen Zucken der Wurfschnurspitze bemerken. Die Rute sollte mindestens 2,7 m (9 Fuß) lang sein und eine progressive Aktion haben. Eine solche Aktion vermeidet, daß sich bei den Würfen die verschiedenen Fliegen des Zuges ineinander verwickeln.

Die Trockenfliege

Im Falle der Trockenfliege versucht man, mit einer schwimmfähigen, gefetteten Fliege ein auf dem Oberflächenfilm treibendes Insekt zu imitieren. Nachgeahmt werden entweder frisch geschlüpfte Insekten (Subimago) oder fertig ausgehärtete Flugformen, die zur Eiablage zum Wasser zurückkehren (Imago) und absterben.

Die Angeltechniken

Größte Diskretion ist einer der wichtigsten Faktoren, um beim Trockenfliegenfischen erfolgreich zu sein.

DIE BACHFORELLE *(Salmo trutta fario)*

Herrliche Bachforelle, die eine Trockenfliege genommen hat.

Seit über 100 Jahren stehen sich zwei Schulen gegenüber: Die Anhänger des exakten Imitates, die die Nahrungstierchen der Forellen bis in das kleinste Detail mit größter Präzision nachahmen, und jene, die sich mit einigen Gruppenmustern zufrieden geben. Letztere Angler sind der Auffassung, daß die Präsentation der Fliege weitaus entscheidender als ihr Aussehen ist. Die Angelpraxis zeigt, daß auf beiden Seiten ein Stück Wahrheit liegt.

Einzige Ausnahme ist das Trockenfliegenfischen in einem reißenden Gebirgsbach, wo den Forellen schlichtweg keine Zeit bleibt, die Fliege genau unter die Lupe zu nehmen. In weiten, träge dahinfließenden Flachlandflüssen ist es dagegen wichtig, daß einige Hauptmerkmale des Fliegenmusters just an jene Insekten erinnern, die gerade schlüpfen. Diese Merkmale beziehen sich auf Form, Färbung und „Buschigkeit" der Trockenfliege. Gleichzeitig muß sie perfekt angeboten werden und möglichst natürlich mit der Strömung dahintreiben. Beim Angler setzt so

etwas ein gewisses Minimum an entomologischen Kenntnissen voraus, er sollte in der Lage sein, die vier großen Insektengruppen, von denen sich die Forellen an der Oberfläche ernähren, voneinander zu unterscheiden. Die Eintagsfliegen, die Köcherfliegen, die besonders abends schlüpfen, die Midges und Landinsekten wie die Ameise oder die Heuschrecke.

Ein Blick in die überreich ausstaffierten Fliegenboxen einiger Fliegenfischer genügt, um zu beweisen, daß es auch

heute noch viele Anhänger des ganz genauen Imitates gibt. Eigentlich müßten etwa 20 verschiedene Muster völlig ausreichen, um überall mit nahezu allen erdenklichen Situationen zurecht zu kommen. Erwähnenswert sind bei den Trockenfliegen die Federn vom Entenbürzel. Sie verfügen über einen ungeheuren Auftrieb, herrlichen Glanz und eignen sich bestens, um überraschend echt wirkende Gruppenmuster zu binden. Über das Fliegenbinden sind bereits Hunderte von Büchern verfaßt worden, weshalb wir

Die Angeltechniken

uns auf die Bemerkung beschränken, daß das Fliegenbinden nichts Kompliziertes an sich hat und daß der Fang einer Forelle mit einer selbstgebundenen Fliege einen besonderen Reiz ausübt.

Was das Gerät betrifft, so haben wir gesehen, daß Kohlefaser und Kunststoffschnüre diese Fischerei immens vereinfacht haben. Je nach Gewässer (Bach, mittelgroßer oder großer Fluß) ist die Rute zwischen 7 und 9 Fuß lang (2,10 bis 2,70 m) und für eine Schnur der Klassen 3 bis 6 geeignet. Wie bei allen Techniken der Fliegenfischerei dient die Rolle nur als Schnurreserve und sollte so leicht wie möglich gewählt werden.

Die hohe Tragkraft moderner Angelschnüre erlaubt es, mit sehr dünnen Vorfachspitzen zu angeln: 0,10 bis 0,12 mm. Bei langen Vorfächern ist es wichtig, sie in Schlangenlinie auf das Wasser zu legen, da-

Die Forellen stehen in diesem Kratersee an den tiefsten Stellen.

mit die Fliege in der Strömung nicht gleich zu furchen beginnt. Das Furchen ist der Hauptgrund, warum die Fische die Fliegen verweigern.

Der Emerger oder Aufsteiger

Beim mittlerweile sehr beliebten Fischen mit Aufsteigern handelt es sich um eine Technik, die ein Zwischending vom Trocken- und Naßfliegenfischen ist. Es geht dabei darum, im oder unmittelbar unter dem Oberflächenfilm eine Imitation anzubieten, die ein Insekt darstellt, das am Ende seines Wasserlarvenstadiums angelangt ist und seine Nymphenhülle gerade verlassen will. Emerger fettet man entsprechend nicht, sie werden aus Materialien gebunden, die sie im Oberflächenfilm schwimmfähig machen. Einmal mehr erweisen sich Entenbürzelfedern als unumgängliches Bindematerial (dt. Markenname CDC). Darüber hinaus sind die weichen grauen Fibern ein

perfektes Imitationsmaterial für die noch nicht ausgebreiteten und noch weichen Flügel frisch geschlüpfter Insekten. Den Biß verrät oft nur eine Verwirbelung, aber kein Kringel wie beim Trockenfliegenfischen. Manchmal durchbrechen beim Biß auch Rücken- und Schwanzflosse des Fisches die Oberfläche.

Nymphenfischen auf Sicht

Auf der Erkenntnis aufbauend, daß 80% der Wasserinsekten noch als Larven von den Forellen vertilgt werden, haben Skues und Sawyer ab den 30er Jahren eine Technik

Klassische Nymphe.

entwickelt, die Fliegenfischen auch ohne Oberflächenaktivität ermöglicht.

Ganz im Gegensatz zum „blinden" Durchkämmen des Flusses beim Naßfliegenfischen ist das Nymphenfischen auf Sicht eine echte Jagd, die sich auf Fische richtet, die man zuvor genau geortet hat. In Grundnähe oder im Mittelwasser nehmen diese Fische Nymphen, d.h. die

Zum Nymphenfischen auf Sicht bedarf es äußerst klaren Wassers – und Pol-Brillen!

Wasserlarvenform vieler Fluginsekten oder aber Kleinkrebse. Wie beim Trockenfliegenfischen wird stromauf bis quer zur Strömung geangelt. Der Angler muß beim Nymphenfischen auf Sicht weitaus diskreter und umsichtiger vorgehen, die Fische lassen sich auch schlechter ausmachen – Äschen und Forellen verraten nun keine Kringel mehr! Je nach Tiefe und Fließgeschwindigkeit kann es erforderlich sein, mit beschwerten Nymphen zu fischen, um auf die Höhe der aktiven Fische zu kommen. Das bekannteste Nymphenmuster ist und bleibt die berühmte *Pheasant Tail* von Sawyer. Diese Nymphe besteht lediglich aus einigen Wicklungen von zwei bis drei Fasanenstoßfibern, die mit ein wenig Kupferdraht beschwert wird. Diese Art von Gruppenmuster, in verschiedenen Größen gebunden, imitiert die Mehrzahl der Eintagsfliegenlarven, die in Kalk- oder Flachlandflüssen heimisch sind. In großen Flüssen oder tiefen, schnellfließenden Karstgewässern kann der Gebrauch von deutlich schwereren Mustern angebracht sein. Die Kunst des Nymphenanglers auf Sicht besteht darin, dem georteten Fisch die Nymphe an der Wurfschnur so zu servieren, daß sie mit der Strömung schnurgerade und in der richtigen Höhe auf ihn zutreibt. Sobald er der Auffassung ist, daß die Nymphe durch das Sichtfenster des Fisches treibt, hält er mit der Rute kurz inne, um die Nymphe leicht ansteigen zu lassen. Gelingt ihm dieses Spiel, dann stehen die Chancen gut, daß der Fisch reflexartig nimmt. Nur ein langes Vorfach aus dünner Schnur (mindestens vier Meter, wobei die Vorfachspitze über 1,5 m lang ist und aus 0,08, 0,10 oder 0,12 mm Nylonschnur besteht) erlaubt es der Nymphe, zügig abzutauchen und natürlich dahinzutreiben. Die Ruten sollten mindestens 9 Fuß (2,7 m) lang sein und über eine Spitzenaktion verfügen.

Überall dort, wo man die Fische im Wasser nicht sehen kann, weil dafür die Sichtverhältnisse nicht ausreichen, bleibt einem nur „blind" mit der Nymphe zu angeln. Den Biß erkennt man an einem Rucken oder am Innehalten der Wurfschnurspitze in ihrer Abdrift.

Imitation einer Zuckmückenlarve.

Biologie

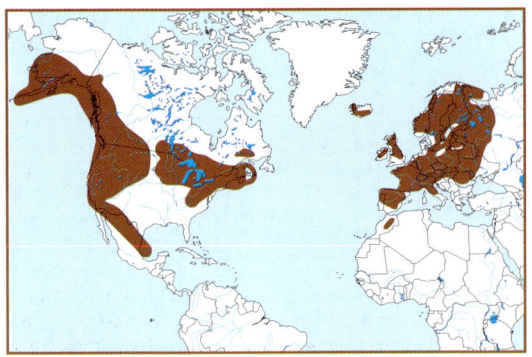

BESCHREIBUNG

Die Regenbogenforelle wurde bereits vor über 100 Jahren in mehr als 50 Ländern ausgesetzt. Über diesen Fisch gibt es zahlreiche wissenschaftli-che Studien, sowohl über sei-ne Wild- als auch über seine Zuchtformen. So könnte man meinen, daß nur wenig über diesen Fisch verborgen ist – und trotzdem hat er noch 1989 seinen Familiennamen gewechselt. Seitdem schreibt der internationale Kode der zoologischen Nomenklatur vor, daß die alten Bezeich-nungen *Salmo gairdneri* oder

*Die Regenbogenforelle ist mir Sicherheit einer der weltweit am meisten gezüchteten Fische.
Dänemark ist für seine vielen Regenbogenforellenzuchten bekannt.*

Stark gezeichneter Regenbogenmilchner.

Salmo irideus keine Existenzberechtigung mehr haben. Von nun ab zählt die Regenbogenforelle nicht mehr zu den Forellen, sondern zu den Lachsen der Gattung *Oncorhynchus*. Entsprechend wurde sie auf *Oncorhynchus mykiss* umgetauft. Der alte Name wird uns allerdings noch lange Jahre immer wieder über den Weg laufen, und sei es in alten Veröffentlichungen. *Salmo gairdneri* hatte Richardson 1936 diesen Fisch zu Ehren von Dr. Meredith Gairdner getauft, der die wesentliche Klassifizierung aller Fische des gigantischen Columbia-Beckens im amerikanischen Westen vorgenommen hatte. Der Name *Salmo irideus* taucht ebenfalls in vielen deutschen Publikationen auf. Er sollte an das metallisch irisierende rosa Band entlang der Flanken der Regenbogenforellen erinnern. Die Details dieser wissenschaftlichen Namensänderung verdienen es, bekannt zu werden. 1989 kamen russi-

sche und amerikanische Wissenschaftler anläßlich eines Kongresses der internationalen Sozietät für die zoologische Nomenklatur darin überein, daß die Regenbogenforellen von Kamtschatka und Sibirien letztlich dieselbe Fischart sind, wie die Regenbogenforellen von Alaska, British Kolumbien und Kalifornien. Weil die Regenbogenforellen von Kamtschatka als erste „getauft" wurden und bereits 1792 den Namen *Salmo mykiss* (Walbaum) bekamen, setzte sich die wissenschaftliche Regel durch, daß die alte Bezeichnung weiter verwendet wird. Zur Änderung des Gattungsnamens – von *Salmo* zu *Oncorhynchus* – haben anatomische, genetische und physiologische Betrachtungen geführt. Der von Linné bereits 1758 vorge-

schlagene Name *Salmo* gilt von nun ab nur für Salmoniden, deren Ursprung um das Atlantikbecken liegt, sowohl auf europäischer als auch auf amerikanischer Seite.

Auf der pazifischen Seite des amerikanischen Kontinentes gibt es zwischen Mexiko und Alaska so viele verschiedene Regenbogenformen, wie es Bachforellenformen von Limerick bis Novosibirsk gibt.

Die berühmten Steelheadforellen sind das Gegenstück der Regenbogenforellen zu den ins Meer wandernden Bachforellen, den Meerforellen: Diese Wanderfische ziehen oft weit in den Nordpazifik – sie legen fast 10 000 km zurück – bevor sie mit einer vergleichbar hohen Treffer-

Als vielseitiger Räuber schreckt die Regenbogenforelle auch vor Kleinfischen nicht zurück.

Biologie

Das charakteristische Schuppenkleid einer Regenbogenforelle, bei dem ein rosafarbener, metallischer Streifen entlang des Seitenlinienorganes verläuft.

quote wie die Lachse in ihren Geburtsfluß zurückfinden. Die Kamloopsforelle ist eine Seeform der Regenbogenforelle, die über 25 Kilo schwer werden kann. Sie lebt in einigen Seen von Britisch Kolumbien. In Europa sind den Anglern meist nur die häßlichen Regenbogenforellen bekannt, die überall als „Angelfische" eingesetzt werden. Diese Fische sind durch viele Generationen Zucht degeneriert, ihre Flossen verkrüppelt, das Schuppenkleid blaß und Bauch und Körper voller Krankheiten und Parasiten. Seit Jahrzehnten kippen Fischereiverwaltungen europaweit solche Fische in riesigen Mengen in die Gewässer. Diese degenerierten Fische aus Betonbecken und Massentierhaltung haben so gut wie nichts mehr mit ihren wildlebenden Vorfahren gemeinsam. Sie schaffen es noch nicht einmal, sich zu vermehren! Echte Regenbogenforellen sind nämlich ganz herrliche Tiere, deren Aussehen

und Form stark an die Bachforelle erinnert. Die jeweilige Beschaffenheit des Schuppenkleides hängt – wie bei der Bachforelle – stark von der jeweiligen Art und Form ab. Gewöhnlich ist das Schuppenkleid silbrig und wie die Rücken-, Schwanz- und Afterflosse mit schwarzen Tupfen überzogen. Entlang der Seitenlinie verläuft ein mehr oder weniger deutlich ausgeprägter rosafarbener, metallisch anmutender Streifen, dem der Fisch seinen Namen

verdankt.

Bei nahender Geschlechtsreife kann dieser Streifen fast die gesamte Flanke der Milchner ausfüllen und dabei besonders leuchtend und brillant wirken. Bei den Seeformen (Kamloops) fällt die schwarze Sprenkelung des Schuppenkleides geringer aus, der Fisch macht einen recht silbrigen Eindruck und erinnert damit an eine Seeforelle.

Die Wanderform, die Steelheadforelle, sieht bei ihrer frischen Rückkehr aus dem Meer fast wie ein Silberbarren aus. Die rosa Färbung, die später sogar in ein violett übergeht, bildet sich erst mit zunehmender Aufenthaltsdauer im Süßwasser. Insgesamt wirkt bei den Regenbo-

Regenbogenforellen können über 10 Kilo schwer werden.

DIE REGENBOGENFORELLE *(Oncorhynchus mykiss)*

Klassisches Regenbogenforellenbiotop in Nordamerika.

genforellen der Kopf proportional zum Körper nicht ganz so massiv, wie das etwa bei den Bachforellen der Fall ist. Das Maul ist ebenfalls nicht so weit gespalten.

GEOGRAPHISCHE VERBREITUNG

Die Wanderformen und die standorttreuen Formen der Regenbogenforelle haben ihren Ursprung in den Wasserläufen, die sich vom Norden Mexikos bis nach Alaska auf der amerikanischen Seite in den Nordpazifik ergießen, sowie in jenen Wasserläufen, die auf der asiatischen Seite bis nach Kamtschatka hinunter in dieses Meer münden. Seit dem Ende des 19. Jahrhunderts wurden diese Fische zur Zucht und für Besatzmaßnahmen über den ganzen Globus verteilt. Ab 1870 wurden Regenbogenforellen inmitten der Vereinigten Staaten ausgesetzt, daraufhin in die Region der großen Seen und schließlich in Kanada. Ein Jahrzehnt später erhält Europa die ersten Kontingente Regenbogenforellen. Heute gibt es fast überall Regenbogenforellen, sie werden mittlerweile in fünf Kontinenten gezüchtet. In Afrika kann man sie in Marokko, Kenia, Südafrika, Simbabwe, Äthiopien und sogar auf Madagaskar fangen. In Asien wurden Flußläufe des Kaschmir, auf Ceylon, in China, in Japan und in Korea mit ihnen besetzt. Eine der erfolgreichsten Besatzmaßnahmen fand im Südpazifik statt, in Neuseeland und Australien. Regenbogenforellen kann man heute sogar auf Hawaii und in Neuguinea fangen. In Zentral- und in Südamerika wurden Regenbogenforellen in Costa

Biologie

Rica, Ecuador, Peru und Bolivien ausgesetzt und heimisch. Ganz besonders erfolgreich, ja, alle Erwartungen übertroffen haben diese Besatzmaßnahmen in Argentinien und Chile. Heute machen sich entsprechend zahlreiche Angler, die auf Regenbogenforellen in Rekordgrößen aus sind, gerne auf den Weg in die südliche Erdhemisphäre.

Die ersten Regenbogenforellen scheinen um 1880 in Deutschland angekommen zu sein. 1892 gelangten die ersten nach Frankreich, diese kamen aber sehr wahrscheinlich nicht direkt aus den Vereinigten Staaten, sondern entstammten der Nachzucht aus Deutschland. Nach Shaperclaus wurden damals drei Regenbogenforellenarten miteinander gekreuzt und diese Kreuzung scheint noch heute der genetische Grundstock der europäischen Zuchtregenbogner zu sein. Diese drei Arten waren die Shasta-Regenbogenforelle aus Kalifornien, die Steelheadforelle und die sog. Beardsleii-Regenbogenforelle. Über weitere Kreuzungen haben die europäischen Züchter versucht, großwüchsige Arten hervorzubringen, die hohe Wassertemperaturen vertragen und Krankheiten gegenüber recht unempfindlich sind.

Frisch geschlüpfte Jungforelle, die Eihülle liegt neben ihr. Der Dottersack ermöglicht den Jungfischen in den ersten Tagen das Überleben.

VERHALTEN

Das Geheimnis ihres Triumphzuges durch die verschiedensten europäischen Gewässer scheint ganz wesentlich seinen Ursprung in der Tatsache zu haben, daß die Regenbogenforellen insgesamt weniger anspruchsvoll sind als die Bachforellen, sowohl in bezug auf die Wassertemperatur als auch auf dessen Sauerstoffgehalt.

Wenn man weiß, daß diese beiden Faktoren ganz eng miteinander verbunden sind, versteht man leicht, warum die Regenbogenforellen für viele stillstehende Gewässer die bessere Wahl sind (Reservoirs). Hier fehlt oft ein Zufluß, der dafür sorgt, daß auch zu den wärmsten Momenten des Jahres das Wasser noch ausreichend kühl und sauerstoffreich bleibt. Im Sommer schnellen dort die Temperaturen oft auf 24°C bis 25°C

hoch, so daß es wichtig war, Forellen zu finden, die das verkraften. Ist es sehr heiß, dann schwimmen die Regenbogenforellen in kompakten Trupps ungemein aktiv umher – wie Haie unmittelbar unter der Oberfläche –, wobei sie möglichst viel Wasser durch ihre Kiemen schleusen. Während sich Bachforellen ab etwa 20°C nur mehr sehr apathisch verhalten (außer einige Stämme des Mittelmeerraumes) und sich nicht mehr ernähren, nehmen Regenbogenforellen auch bei 23°C oder gar 24°C noch Nahrung auf. Bachforellen finden mit zunehmendem Alter immer mehr Gefallen an einer Diät aus Futterfischen, werden nachtaktiver und ernähren sich vornehmlich in Grundnähe, wohingegen auch große Regenbogner noch Insektenfresser bleiben, die gerne tagsüber in Oberflächennähe auf Raubzug gehen. Für den Angler ist dieses Verhalten sehr vorteilhaft, denn die Regenbogenforellen sind sehr tagaktive Fische, die schon bei dem kleinsten Schlupf aktiv werden.

Wie die Bachforellen sind auch die Regenbogenforellen in der Lage, sich auf das jeweils größte vorhandene Nahrungsangebot einzustellen. Von Biotop zu Biotop kann sich dieses Nahrungsangebot erheblich ändern, die Forellen passen sich aber immer wieder an. Große Regenbogner sind zwar eindeutig Fischfresser, allerdings geht ihr Interesse für Insekten deshalb nicht verloren. Sie steigen sogar noch nach kleinsten Insekten, was bei großen Bachforellen fast ausgeschlossen wäre. Von Natur her laichen Regenbogner im zeitigen Frühjahr ab. In der nördlichen Erdhemisphäre kommt es meist im März oder April dazu. Der eigentliche Laichakt ist mit dem der Bachforelle nahezu identisch. Pro Kilo Körpergewicht produziert ein Regenbogenrogner etwa 1500 bis 2000 Eier.

Regenbogenforellen werden massenhaft in Zuchten produziert.

Die Angeltechniken

Das Reservoirfischen und alle seine Techniken sind in England entstanden. Mittlerweile hat diese Fischerei auch auf dem europäischen Kontinent zahlreiche begeisterte Anhänger gewonnen.

Überall, wo die Regenbogenforelle heimisch gemacht werden konnte, gilt sie unter Anglern als außergewöhnlicher Sportfisch. Sie lebt problemlos mit Bachforellen zusammen, das beweisen weltweit Tausende Fließgewässer. Für den Angler und ganz besonders für den Fliegenfischer wartet die Regenbogenforelle gegenüber der Bachforelle mit

Der Fisch zeigt „weiß", gleich ist er zur Landung bereit.

Ein steigender Fisch ist ausgemacht. Nun muß man schnell und richtig handeln: Weit genug in die richtige Richtung werfen.

einer ganzen Reihe von Vorzügen auf. Die Regenbogenforelle ist mehr in Oberflächennähe auf Nahrung aus, so daß auch noch große Ex-

emplare gezielte Beute beim Trockenfliegentischen werden können. Im Drill bieten wilde Regenbogenforellen – nicht die oft degenerierten Mastfische – weitaus mehr als Bachforellen. Sie ziehen nicht nur mehr, sie sind auch schneller und sehr sprungfreudig, so daß der Drill einer großen Regenbogenforelle zu einem spektakulären Ereignis wird. Eine nur ein Kilo schwere Regenbogenforelle kann anläßlich ihrer ersten Flucht bis tief in das Backing der Spule rennen! In weitläufigen Gewässern sind Fluchten von über 60 m keine Seltenheit, ja, fast schon üblich.

DAS RESERVOIRFISCHEN

Herrliche Regenbogenforelle vom Stamm der Kamloops-Forellen, die hier in einem der schönsten Reservoire Frankreichs gefangen wurde: Im Lac de la Landie.

Seitdem diese Angelei auf den britischen Inseln so beliebt wurde, hat sie auch international viel an Bedeutung gewonnen. Hauptbewohner dieser „Reservoirs" – Wasserspeicher – sind Regenbogenforellen. Reservoirs sind Biotope, die sich radikal von Fließgewässern unterscheiden. So kommt es, daß hier auch ganz andere Techniken und Gerätschaften zum Einsatz kommen. Ein blutiger Anfänger kommt beim Reservoirfischen oft schneller zurecht als ein alter Hase, der bereits mehrere Saisons Flußfischerei auf Wildsalmoniden hinter sich hat!

Beim Reservoirangeln kommt dem Werfen eine besonders große Bedeutung zu: Man muß weit, schnell, oft und lange werfen. Weit, weil die Forellen – besonders jene, die schon einmal gehakt wurden – sich gerne außerhalb der durchschnittlichen Wurfweiten aufhalten (15 bis 20 Meter). Schnell muß man werfen, weil die Fische in diesen großen Gewässern unstet umherziehen und nicht wie im Fluß punktgenau stehen: Gewöhnlich hat man nur wenige Sekunden Zeit, um seine Fliege einem im Freiwasser ausgemachten, kreuzenden Fisch anzubie-

ten. Ist keine Oberflächenaktivität festzustellen – im Sommer bei zu hohen und im Winter bei zu niedrigen Temperaturen –, muß man das Wasser blind abfischen und nach aktiven Fischen absuchen. Dabei sollte man mit viel Geduld und möglichst systematisch zu Werke gehen.

Bei schlechtem Wetter

Bei sehr schlechtem Wetter kann eine 10 Fuß (3 m) lange Rute für Wurfschnüre der Klassen 7 oder 8 ratsam sein, ideal erscheint uns dagegen eine 9 Fuß (2,7 m) lange Rute für Schnüre der Klassen 6 und 7. Mit ihr kommt man fast das ganze Jahr über beim

▶▶

Schöne Forelle aus einem Reservoir. Mit dem Boot gelangt man an Fische, die außer der Wurfweite von Uferanglern aktiv sind.

Die Angeltechniken

Zwei Angelexperten, die am Lac de la Landie ihr Glück vom Boot aus auf die Probe stellen.

▶▶ Reservoirangeln bestens zurecht. Im Juni lassen sich damit kleinste Zuckmückenlarven vorsichtigen Fischen präsentieren, die unmittelbar unter der Oberfläche kreuzen, und im November kann man mit derselben Rute einen dicken Muddler Minnow 20 Meter vom Ufer entfernt servieren! Will man beim Reservoirangeln erfolgreich sein, so muß man täglich mit mindestens zwei bis drei verschiedenen Wurfschnüren ans Wasser ziehen: Schwimmschnur,

Sinkschnur und der Intermediate-Schnur (Schwebschnur). Mit deren Hilfe kann der Angler seine Fliege auch immer just dort servieren, wo die Fische gerade stehen. Ändern sie ihren Standort im Laufe des Tages, kann er sich darauf einstellen. Prinzipiell eignen sich alle klassischen Wurfschnüre, egal, ob Keulenschnur, Parallelschnur oder eine Schnur mit sinkender Spitze, wesentlich ist, daß der Angler die Geheimnisse des Doppelzuges kennt, um seinen Köder auch wirklich weit genug auszubringen.

Bei schönem Wetter

Im Sommer hat das Oberflächenwasser von Reservoirs die Tendenz, schnell zu warm für Salmoniden zu werden. In den oberen Etagen findet dann keine Nahrungsaufnahme mehr statt. Dennoch bleiben die Regenbogner in tiefen Gewässern aktiv, allerdings dann in der Tiefe und nicht

mehr im Oberflächenwasser. Sie rauben dann in jener Schicht, die von Hydrobiologen als Hypolimnion bezeichnet wird (kaltes Tiefenwasser im Gegensatz zum Epilimnion, dem warmen Oberflächenwasser). Ideal zum tiefen Anbieten einer Fliege sind sehr schnellsinkende Schnüre (Extra-fastsinking) mit einem kurzen Vorfach (Maximal ein Meter Monofilament mit 0,18 bis 0,25 mm Durchmesser). Im Winter erwärmt sich das Oberflächenwasser lange vor dem Tiefenwasser, so daß es sogar mitten im Januar zu einem Insektenschlupf kommen kann. Die Forellen brauchen dann meistens nicht lange, um ihren Weg in die obersten Etagen zu finden. Für den Angler ist es nun an der Zeit, seine Sinkschnur gegen eine Schwimmschnur auszutauschen. Beim Reservoirangeln ändern sich die äußeren Bedingungen nicht nur von Saison zu Saison, sondern oft auch innerhalb eines Tages. Besonders oft kommt es im Frühjahr und Herbst dazu. Frühmorgens, bevor das Oberflächenwasser zu warm ist, tummeln sich die Fische in den obersten Schichten, um sich mit fortschreitender

DIE REGENBOGENFORELLE *(Oncorhynchus mykiss)*

Stunde immer mehr in die Tiefe zurückzuziehen. Abends ereignet sich das genau umgekehrte Phänomen. So kommt es, daß man gegen Frühjahrsende und Herbstbeginn ganz außergewöhnlich gute Abendsprünge erleben kann, an denen die gesamte Wasserfläche des Reservoirs zu kochen beginnen kann. Überall steigen die Fische. Wie beim Flußangeln dient auch hier die Rolle nur als Schnurreserve, sie sollte lediglich leicht, robust und funktional sein. Egal, für was für eine Rolle Sie sich entscheiden, für 50 Meter Backing sollte unter der Wurfschnur noch Platz sein. Automatikrollen sind gänzlich ungeeignet, denn die Regenbogner sind zu rasant, als daß ausreichend schnell Schnur „nachgefüttert" werden kann. Was die Vorfächer betrifft, so gibt es nichts Besonderes zu vermerken, außer daß, wie wir bereits gesehen haben, das Vorfach an einer sehr schnellsinkenden Wurfschnur möglichst kurz gewählt werden sollte. Zum Trockenfliegen- und Nymphenfischen braucht man dagegen sehr lange

Vorfächer, besonders bei ruhigem Wetter. Zum Reservoirfischen gibt es heute besonders aus England riesige Kollektionen aus Hunderten von Mustern, Dutzende Bücher wurden bereits diesem Thema gewidmet. Wie beim gewöhnlichen Flußfischen kommt man allerdings mit einer Palette von etwa 20 verschiedenen Mustern bestens zurecht, unter allen Bedingungen. Streamer und Reizfliegen fangen in England mehr als drei Viertel der Reservoirforellen. Der Umgang mit diesem Fliegentyp ist sehr einfach, nach dem Wurf holt man sie mit ruckartigem „Strippen" der linken Hand ein. Dabei sucht man das Oberflächen-, das Mittel- und das Tiefenwasser möglichst systematisch ab. Streamer sind eigentlich als Imitationen von Futterfischen (Elritzen, Stichlinge, Lauben) gedacht. Muddler Minnows und ihre Abwandlungen sind in Reservoirs sehr fängig, wobei allerdings noch längst nicht erwiesen ist, daß die Fische beißen, weil sie der Annahme sind, daß es sich bei der Fliege um einen Futterfisch

handelt. Gerade in kleinen Größen gebunden, imitieren viele Streamer auch große Larven und andere große Wasserinsekten. Reizfliegen sind auffällig gefärbte Fliegen, die kein natürliches Vorbild haben. Beim Reservoirfischen sind diese Fliegenmuster besonders an windigen Tagen sehr fängig. Es ist wichtig, daß der Angler sie möglichst ruckartig und abgehackt durchs Wasser führt. Entscheidet man sich für Versuche mit naturgetreuen Insektennachahmungen, so sollte man diese so realistisch wie möglich auswählen. Den Forellen bleibt nämlich im stillstehenden Wasser von Reservoirs genug Zeit, ihr potentielles Opfer lange und genau unter die Lupe zu nehmen. Das gilt auch für die Köderführung! Die Fliege muß optimal präsentiert und geführt werden.

Anhieb mit einem Aufsteiger. Der Fisch hängt!

Die Angeltechniken

Inmitten der herbstlichen Pracht tauchen die ersten Zuckmücken (Chironomen) auf dem Wasser auf – eine Chance, die sich dieser Reservoir-Experte nicht entgehen läßt.

DAS SPINNFISCHEN

In der ursprünglichen Heimat der Regenbogenforellen, insbesondere in den Flüssen des weiten amerikanischen Westens, ähnelt ihr Fang mit der Fliegen- und Spinnrute sehr dem von wilden Bachforellen. Dieselben Kunstköder (Spinner, Wobbler, Weichplastikköder) und Fliegen (Trocken- und Naßfliegen, Nymphen) können auf dieselbe Art und Weise gefischt werden. Naturköder (Würmer, Insekten, Kleinfische usw.) bringen ausgezeichnete Ergebnisse, sind aber vielerorts verboten. Im Gegensatz zu einer unter vielen deutschen Anglern verbreiteten Meinung, Regenbogner wären dumme Fische, die auf jede Art von Köder springen, sieht die Wirklichkeit ganz anders aus. Wo immer ein hoher Befischungsdruck auf ihnen lastet, werden Regenbogenforellen zu äußerst selektiven Fischen, die sich schnell genauso schwierig anstellen, wie die scheuesten Bachforellen. Nur sehr dünne Vorfachspitzen mit winzigen Entenbürzelfliegen, die perfekt präsentiert sein müssen, haben eine Chance, etwa im berühmten amerikanischen Yellowstone Park die so scheuen Regenbogenforellen zum Biß zu verleiten.

In Bayern, Österreich, aber auch im fernen Neuseeland und in Patagonien verhält es sich an Flußläufen, in denen sich Regenbogenforellen vermehren und natürlich erhalten, nicht anders.

Die kleine Königin
Nordamerikas ist gelandet –
das höchste, für einen
Reservoir-Angler.

Biologie

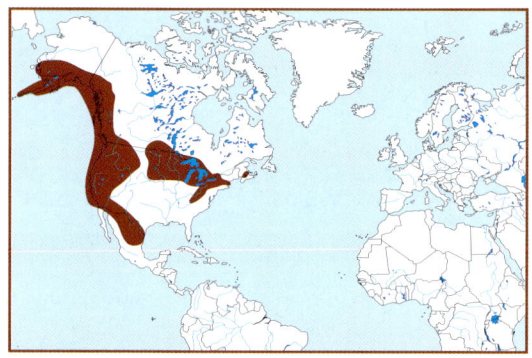

BESCHREIBUNG

Die Steelhead-Forelle ist bei den Regenbogenforellen das Gegenstück zur Meerforelle bei den Bachforellen, das, was die Biologen als eine „Wanderform" der Spezies bezeichnen. Die Steelhead-Forelle teilt ihr Leben zwischen Aufenthalten im Süß- und Salz-wasser. Im Meer gedeiht sie und wächst heran, kehrt zum Laichen jedoch in ihren Geburtsfluß zurück.

Beim Einsetzen der Laichwanderung in den Fluß sind Kopf und Rücken dieser Forellen stahlblau gefärbt. Dieser Färbung verdanken sie ihren Namen. Die Flanken sind gleißend silbrig und mit schwarzen, kreuzförmigen Punkten übersät. Mit fortschreitender Dauer des Süßwasseraufenthaltes verdunkelt sich das Schuppenkleid, und es entsteht der für die Regenbogenforellen so charakteristische rosafarbene, metallene Streifen entlang des Seitenlinienorganes. Beim Ablaichen ist der Streifen fast schon violett verfärbt. Das Durchschnittsgewicht der Steelhead-Forellen schwankt ungemein, so wie bei uns das Gewicht der Atlantiklachse oder Meerforellen. Entlang des nordamerikanischen Kontinents nimmt das Gewicht dieser Forellen von Süden

Der Kiemendeckel mit den malvenfarbigen metallischen Reflektierungen erinnert daran, daß es sich bei dieser „falschen" Forelle um ein Mitglied der Familie der Pazifiklachse handelt.

DIE STEELHEAD-FORELLE *(Oncorhynchus mykiss)*

Einer der Leitfische in den europäischen Reservoirs, deren Akklimatisierung nur mit großem Aufwand gelang, die anadrome Wanderform der Regenbogenforelle: Die Steelhead-Forelle, von der so viele Angler träumen.

nach Norden zu. So kommt es, daß ein fünf bis sechs Kilo schweres Exemplar in Oregon oder Kalifornien als „kapital" gilt, während im Bundesstaat Washington oder in Britisch Kolumbien das Doppelte dieses Gewichtes recht häufig erreicht wird. Der Rutenrekord liegt bei 42 lbs (ca.19 Kilo) und wurde im Süden Alaskas aufgestellt. Es sollen von Indianern mit Netzen und Speeren aber schon Brocken von über 25 Kilo gefangen worden sein. Entlang der asiatischen Küste scheinen die Durchschnittsgewichte der Steelhead-Forellen in etwa vergleichbar zu sein. Auch hier gibt es stolze Exemplare von über 30 Pfund.

GEOGRAPHISCHE VERBREITUNG

Wilde Steelhead-Forellen findet man in Amerika vom Süden Kaliforniens bis nach Alaska und von Kamtschatka bis nach Sibirien auf der asiatischen Seite des Pazifiks. Nahezu alle kleinen Küstenflüsse haben dort ihren *Run* (Aufstieg) an Steelheads. Sie ziehen aber auch in lange, weitverzweigte Flußsysteme, wo über 1000 Kilometer zu ihren Laichplätzen zurückzulegen sind. Meerforellen wandern weniger weit. Der Columbia-River und der Amur sind Beispiele für überlange Wanderwege, die Steelhead-Forellen in Kauf nehmen.

Nach Besatzmaßnahmen nahezu rund um den Globus sind lediglich aus Neuseeland und Chile *Runs* von Steelhead-Forellen bekannt. Jene Regenbogenforellen, die man gelegentlich vor Irland, England, Schottland und Norwegen im Meer fängt, sind Regenbogenforellen aus Zuchtanlagen. Gerade die Ostsee birgt heute mehr Regenbogenforellen als je zuvor. Bei diesen Fischen handelt es sich nicht um anadrom lebende Steelhead-Forellen, wie sie eingangs beschrieben wurden, sondern um Mastfische,

Frisch gefangene Steelhead-Forelle aus einem Fluß in Britisch-Kolumbien.

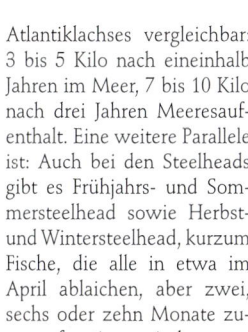
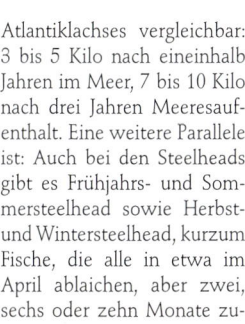

die aus Zuchten entwichen sind. Erwähnenswert ist die gigantische Arbeit, die amerikanische Wissenschaftler und Fischereibiologen an den großen Seen der USA geleistet haben. Es gelang ihnen in Seen wie dem Lake Michigan, die Steelhead-Forellen und Pazifiklachse heimisch zu machen. Zu Millionen steigen diese Fische mittlerweile in die umliegenden Laichflüsse auf, Heerscharen von Sportanglern reisen herbei – und zufrieden wieder ab!

VERHALTEN

Paradoxerweise hat das Leben einer Steelhead-Forelle mehr Parallelen zum Leben eines Atlantiklachses, als zu dem einer Meerforelle. Die jungen Steelheads verweilen ein bis vier Jahre nach dem Schlüpfen in ihrem Geburtsfluß, bevor sie sich zu Smolts umwandeln und in Richtung Ozean ziehen. Dort bleiben sie dann ein bis vier Jahre, ehe sie zum Laichen zurückkehren. Ihre Wanderungen im Meer dienen fast ausschließlich der Nahrungsaufnahme (Kleinfische, Krebse und

Weichtiere) und führen sie vergleichbar weit umher wie die Lachse. Die Reise kann bis in Tausende Kilometer Entfernung zum Laichfluß gehen. Eine im Oregon markierte Steelhead-Forelle wurde mitten i... Pazifik, in 4000 Kilometer Entfernung, von einem japanischen Kutter gefangen. Meerforellen hingegen bleiben lieber in unmittelbarer Küstennähe. Manchmal leben sie mehrere Jahre in nur wenigen Kilometern Entfernung zur Mündung ihres Laichflusses. Irgendwie schrecken sie vor dem Durchkreuzen der hohen See zurück.

Auch die Laichwanderungen der Steelheads können enorme Ausmaße annehmen. In den Snake River stiegen bis zum Bau einer Stauanlage um das Jahr 1900 Steelheads auf, die schon über 1600 Kilometer hinter sich hatten. Heute halten wahrscheinlich die Steelheads vom riesigen Amur an der chinesisch-russischen Grenze den Rekord. Das „Homing", d.h. das zielgenaue Zurückkehren in den Geburtsfluß, scheint bei den Steelhead-Forellen vergleichbar gut wie bei den Atlantiklachsen zu funktionieren. Ebenso ist die Wachstumsgeschwindigkeit mit der des

Atlantiklachses vergleichbar: 3 bis 5 Kilo nach eineinhalb Jahren im Meer, 7 bis 10 Kilo nach drei Jahren Meeresaufenthalt. Eine weitere Parallele ist: Auch bei den Steelheads gibt es Frühjahrs- und Sommersteelhead sowie Herbst- und Wintersteelhead, kurzum Fische, die alle in etwa im April ablaichen, aber zwei, sechs oder zehn Monate zuvor aufgestiegen sind.

Die Überlebensrate nach dem Laichgeschäft ist bei den Steelheads mit der der Atlantiklachse vergleichbar, etwa 10 bis 20% kehren ein zweites Mal zum Laichen zurück. Wie die Atlantiklachse stellen auch die Steelheads im Süßwasser die Nahrungsaufnahme ein. Wenn sie einen Köder nehmen, dann aus Aggressivität oder Neugier. Und wenn sie ein Bündel Lachseier verschlucken – mit Gewißheit der beste Köder –, dann tun sie das nur in Erinnerungen an frühere Zeiten.

Die Angeltechniken

Die Steelhead-Forelle ist sehr wahrscheinlich die in Nordamerika begehrteste Trophäe. Im Drill entfacht diese Fischart Kräfte, bei denen kein anderer Salmonide mithalten kann.

Das Steelheadfischen mit der Fliegenrute ist in Nordamerika sicher die Königsdisziplin unter den Angeltechniken, ein wenig wie das Atlantiklachsangeln in Europa. Die wenigen Angler, die das Glück hatten, beide Arten zu fangen, halten die Steelhead-Forelle sogar für die größere Herausforderung, sie ist zumindest im Drill der stärkere Fisch. Die Aggressivität beim Biß und die lange erste Flucht stehen in keinem Vergleich zu dem, was ein Atlantiklachs zu bieten hat. Was die Sprünge und die Luftakrobatik betrifft, so hat auch hier die Steelhead-Forelle mit Abstand die Nase vorn. Sogar die großen Brocken von über zehn Kilo sind zu spektakulären Lufteinlagen fähig, die jeden frisch aufgestiegenen Sommerlachs des Spey vor Neid erblassen lassen würde.

Ein großer Teil der enorm hohen Wertschätzung der Steelhead-Forellen hat in der Tatsache seinen Ursprung, daß die Amerikaner diesen Fischen mit viel leichterem Gerät nachstellen als den Atlantiklachsen.

Meist verwenden sie Einhandruten der Klassen 7 oder 8. Was die Kampfkraft betrifft, so ähnelt der Drill einer Steelhead stark dem Drill einer Meerforelle (*Salmo trutta trutta*) desselben Gewichtes. Schon beim Biß wird Ihnen die Wurfschnur aus den Fingern gerissen, während die Forelle – im Gegensatz zum Lachs, der kurz verharrt und dann meist stromauf prescht – mit Vollgas flußabwärts

Gedeckte Fliegen, die aber dennoch grelle Flecken aufweisen, stimulieren Steelhead-Forellen zum Biß.

Eine grandiose Landschaft, wie sie für den amerikanischen Westen typisch ist: Das Reich der Steelhead-Forellen.

prescht, zumindest in über 90% der Fälle. Dieser wesentliche Unterschied im Fluchtverhalten, bei dem die Meer- und Steelhead-Forelle stromab und die Atlantiklachse stromauf preschen, erklärt, warum bei gleicher Größe der gedrillten Fische vom Angler so enorme Unterschiede zwi-

DIE STEELHEAD-FORELLE *(Oncorhynchus mykiss)*

DIE GOLDFORELLE *(ONCORHYNCHUS AGUABONITA)*

Die Golden Trout der amerikanischen Angler ist mit Gewißheit einer der schönsten Süßwasserfische, zumindest einer der am prachtvollsten gefärbten. Sie ist eine Form der Regenbogenforelle, die ihren Ursprung in Berggewässern Kaliforniens in über 2000 Meter Höhe hat. Diese Art wurde erfolgreich auch in anderen Gegenden besetzt, etwa in den Bergseen von Idaho, Wyoming und Washington. Es ist die einzige Salmonidenart, die das typische Schuppenkleid von Jungforellen auch als ausgewachsenes Tier beibehält. Auf jeder ihrer Flanken sitzen etwa zehn Tupfen, die an einen Fingerabdruck erinnern. Unter diesen Tupfen verläuft ein purpurner Streifen entlang des Seitenlinienorganes. Die Körperfärbung erinnert an gleißendes Gold, schwarze Tupfen sitzen lediglich auf der Rücken- und Schwanzflosse. Die anderen Flossen sind orangerot mit einem perlmuttfarbenen Rand. In ihrer natürlichen kalifornischen Heimat werden diese Fische nur selten über ein Kilo schwer, während die in Wyoming heimisch gemachten Exemplare dieser Art locker das Doppelte davon erreichen. Der Fang dieser schönen Forellen erfolgt auf dieselbe Art und Weise wie der anderer Forellenarten in Bergseen, egal, ob man nun mit Kunst- oder Naturködern angelt.

Die „Goldforellen", die es vielerorts in Europa gibt, sind leider nur eine blasse Erinnerung an Oncorhynchus aguabonita. Diese „Goldforellen" sind lediglich die Albinoform der Regenbogenforelle.

Die Steelhead-Forellen steigen manchmal sehr weit in den Oberlauf auf, dorthin, wo das Wasser am sauerstoffreichsten ist.

schen den einzelnen Arten empfunden werden.

Einige amerikanische Wissenschaftler stellen sich mittlerweile sogar die Frage, ob diese erstaunlichen Fische, die auch bei 3 °C Wassertemperatur zur Oberfläche aufsteigen und eine Trockenfliege nehmen können (auch wenn das dann mit Sicherheit nicht die beste Technik ist), nicht über ganz eigene, physiologische Eigenschaften verfügen. Sie vermuten, daß Steelhead-Forellen beim Anhieb besonders stark Adrenalin ausschütten, was ihnen zumindest in der ersten Drillphase erlaubt, ihre Körpertemperatur zu erhöhen.

Alle Techniken, die für den Fang von Atlantiklachsen ge-

eignet sind, eignen sich auch für den Fang von Steelhead-Forellen, auch das Krabben- und Wurmfischen. Den Winter über kommen dieselben Kunstköder zum Einsatz, etwa Spinner oder Löffel. Lachs- oder Forelleneier sind allerdings der mit Abstand fängigste, ein fast schon tödlicher Köder, der zu Recht an den meisten kanadischen und nordamerikanischen Flüssen verboten ist. Während früher zum Steelhead-

fischen mit der Fliegenrute nur Sinkschnüre verwendet wurden, kann man momentan eine andere Tendenz feststellen. Sogar im Winter angeln immer mehr amerikanische Angler nicht unbedingt „trocken", zumindest aber mit einer gefetteten Schnur (Greased Line), ganz so wie in Schottland im Sommer auf die Lachse geangelt wird.

Wie zum Lachsfischen gibt es auch zum Steelheadfischen Hunderte verschiedene Fliegenmuster, auch wenn das eigentliche Muster völlig egal ist. Wesentlich ist auch hier die Präsentation. Alle Lachstechniken mit der Zweihandrute können direkt zum Steelheadfischen übernommen werden. Angler, die gut

Schöne Steelhead-Forelle, die nach einem spektakulären Drill gelandet werden konnte.

DIE CUTTHROAT-FORELLE *(ONCORHYNCHUS CLARKI)*

Die „Forelle mit geschnittener Kehle" verdankt ihren Namen dem blutroten Fleck, den sie unter dem Kopf unmittelbar hinter den Kiemendeckeln hat. Insgesamt ist sie oliv-braun gefärbt, wobei Kopf und Schwanz eine Vielzahl kleiner Punkte übersäen. Im Gegensatz zur Annahme vieler Angler stellen die Cutthroat-Forellen keine spezielle Form der Regenbogenforelle dar, sondern sind eine eigene Fischart für sich. Es gibt in den Flüssen von Kalifornien bis nach Alaska sogar eine Wanderform, die ins Meer zieht. Im Landesinneren deckt sich das natürliche Verbreitungsgebiet dieser Fische ziemlich genau mit jenem der Regenbogenforelle. Cutthroat-Forellen können in stillstehenden Gewässern genauso wie in fließenden leben. Die Seeformen waren es übrigens, die immer schon die Rekordgewichte dieser Art hervorgebracht haben. In Kalifornien und Nevada gab es Exemplare von über 20 Kilo! In den Flüssen liegt das Durchschnittsgewicht bei etwa 1,5 Pfund, einige außergewöhnliche Exemplare erreichen 2,5 bis 3 Kilo. Gefischt wird auf sie wie auf die übrigen Forellenarten (Regenbogner und Bachforellen). Die Cutthroat-Forellen scheinen dabei etwas weniger scheu zu sein, ganz egal, ob man nun mit Kunst- oder mit Naturködern auf sie angelt. Es ist diese Fischart, die zu unrecht mit den Regenbogenforellen verwechselt wird, der es zu verdanken ist, daß für viele Angler letztere Fische als „dumm" und einfach zu fangen gelten. Der Drill der Cutthroat-Forellen hat nämlich nichts Spektakuläres an sich. Deutlich stärker und schwerer zu fangen sind allerdings jene Exemplare, die gerade frisch aus dem Meer aufgestiegen sind.

mit dem Doppelzug zurechtkommen, haben auch mit Einhandruten Erfolg und eine Menge Spaß. Der Doppelzug ist für Angler mit einer Einhandrute deshalb besonders wichtig, weil man mit den an großen Flüssen oft unerläßlichen schweren Wurfschnüren ausschließlich mit dieser Technik entsprechend weit werfen kann.

Mit einer gewaltigen Flucht zieht die gehakte Steelhead-Forelle stromab.

Biologie

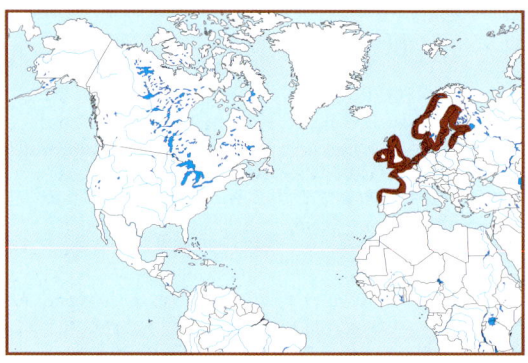

BESCHREIBUNG

Die Meerforelle (*Salmo trutta
trutta*) ist aus zoologischer
Sicht derselbe Fisch wie die
Bachforelle (*Salmo trutta fario*).
Für die Wissenschaft ist die
Meerforelle wie auch die Seeforelle (*Salmo trutta lacustris*)
lediglich eine Wanderform
der Bachforelle. Vergleicht
man an einem norddeutschen
oder dänischen Fluß jedoch
die dort lebenden Bachforellen mit einer frisch aufgestiegenen Meerforelle, dann
scheint es schwer glaubhaft,
daß es sich um genetisch
identische Fische handelt.
Beide Forellen, die aus dem-
selben Schlupf sein können,
haben offensichtlich nichts
gemeinsam. Während die eine vierjährig gerade mal 400
Gramm wiegt und rote Tup-
fen hat, kann die andere bereits 4 Kilo wiegen und ganz
silbrig gefärbt sein (mit einigen schwarzen, kreuzförmigen Punkten). Mit der fortschreitenden Dauer des Süßwasseraufenthaltes verdunkelt sich die Erscheinung der
Meerforelle, bis sie schließlich kupferfarben, dann braun
und kurz vor dem Laichakt
schließlich dunkelbraun ist.

Ein Fisch aus der Touques, einem kleinen Küstenfluß der Normandie (Frankreich).

GEOGRAPHISCHE VERBREITUNG

Mit Ausnahme des ge-
samten Mittelmeer-
raumes findet man
Meerforellen in nahe-
zu allen Flüssen, in de-
nen Bachforellen le-
ben und die sich in den
Atlantik, in den Är-
melkanal, in die Nord-
see, in das Weiße
Meer, in die Barentsee

oder in die Ostsee ergießen. So kommt es, daß von Island im Westen, Finnland im Norden, der Kola-Halbinsel im Osten bis nach Portugal im Süden von Natur her überall Meerforellen heimisch waren (vor der Zerstörung ihrer Laichgewässer und dem Zerstören der Stämme). Heute leben die größten Bestände an Meerforellen um die Britischen Inseln und Skandinavien. In Spanien erholen sich die Gewässer Asturiens nach einem wirklich erschreckenden Bestandseinbruch erst allmählich wieder. Auch in Frankreich und Deutschland sieht die Situation mit den vielen Lachsprogrammen besser als früher aus. Meerforellen sind flexibler als die Lachse, weshalb sie beispielsweise Fischleitern und -treppen besser als Lachse annehmen und verwenden.

VERHALTEN

Ganz genau wie der Atlantiklachs verbringt die Meerforelle ihre Existenz in zwei völlig unterschiedlichen Biotopen: im Fluß und im Meer. Nachdem sie ihre ersten beiden Lebensjahre im Fluß verbracht hat, wo sie nichts von den anderen jungen Bachforellen unterschieden hat, verwandelt sich die kleine Meerforelle schließlich in einen Smolt. Es

findet eine regelrechte Metamorphose statt, die den kleinen Fisch für ein Leben im Salzwasser tauglich macht. Innerhalb von weniger als einer Woche verwandelt er sich zum silberblanken Fisch, dessen gesamte Körperform ein wenig länglicher wird, während das Auge sich vergrößert.

Auch das Verhalten ändert sich grundsätzlich. War die Meerforelle bis dato standorttreu, so wird sie beim nächsten Mondwechsel zum Wanderfisch, der dem Ruf des Ozeanes folgt und sich stromab dem großen Abenteuer entgegen treiben läßt.

Einmal im Meer angelangt, wissen wir über die Lebensweise der Meerforellen nur wenig, noch viel weniger als beispielsweise über den Atlantiklachs. Während letzterer sehr weit umherzieht und auch vor dem Durchkreuzen des Atlantiks nicht zurückschreckt, scheinen die Meerforellen eher in der Nähe der Küste zu bleiben, oft unweit der Mündung ihres Geburtsflusses.

Wanderung und Speiseplan

In den ersten Monaten ihres Aufenthaltes im Meer scheinen sich die Meerforellen hauptsächlich von Wirbellosen zu ernähren: Würmer,

Krabben, Krebse, kleine Weichtiere. In einigen Flüssen steigen die Fische, die diese im Mai verlassen haben, bereits im August zum Laichen wieder auf. Sie wiegen dann 300 bis 400 Gramm. In England heißen diese Fische *Finnocks*. Andere bleiben den ganzen Sommer und darauffolgenden Winter im Meer, um erst nach einem ganzen Jahr wieder aufzusteigen. Diese Fische wiegen meist zwischen einem und zwei Kilogramm.

Ab einem Körpergewicht von ca. 500 Gramm jagen die Meerforellen aktiv in Rudeln umher. Sie konzentrieren sich bei diesen Beutezügen auf Kleinfische: Stinte, Sandaale, Sprotten, Heringe usw.. Einige Meerforellenstämme bleiben zwei bis drei Jahre im Meer, ehe sie ihren ersten Laichaufstieg antreten. Das Durchschnittsgewicht liegt dann bei fast 3 Kilogramm. Meerforellen, die erst nach vier Jahren Meeresaufenthalt zurückkehren, können problemlos schon bei ihrer ersten Wanderung über 8 Kilogramm wiegen.

Im Gegensatz zu den Lachsen stellen die Meerforellen im Süßwasser die Nahrungsaufnahme nicht gänzlich ein, allerdings reduzieren sie ihre Ernährung auf ein striktes Mi-

Biologie

nimum. Sie sind dann besonders nachtaktiv. Auf ihrem Speiseplan stehen Kleinfische und Insekten. Gibt es Hochwasser, dann können sie sich auch tagsüber ernähren.

Im Juli, August und September sind die Meerforellen nur in den schwärzesten Momenten der Nacht unterwegs, eine Vorliebe haben sie dabei für mondlose Nächte. So erfolgreich das Fischen bei Sonnenuntergang sein kann, Meerforellen sind scheu. Wurden sie tagsüber beunruhigt, so sind sie abends nicht unbedingt beißfreudig. Am besten sind deshalb regelmäßig die ersten Stunden vor Tagesanbruch. Ab Mitte September, wenn die Nächte kälter und länger werden, ändert sich das Beißverhalten. Nun sind die Fische kurz nach Sonnenuntergang am aktivsten.

Das Ausmaß des *Runs* (Aufstieg) ist stark unterschiedlich. So müssen die meisten deutschen, dänischen, schwedischen und norwegischen Meerforellen nur eine verhältnismäßig kurze Wanderung hinter sich bringen, um ihre Laichgründe zu erreichen. Oft sind diese Wanderungen gerade einmal 30 bis 50 Kilometer lang, gelegentlich sogar noch kürzer. Am weitesten scheinen die Meerforellen der tschechischen Dunajec zu wandern. Von der Ostsee aus müssen diese Forellen über tausend Kilometer zurücklegen, um ihre Laichgründe zu erreichen. Im 19. Jahrhundert mußten auch die Meerforellen des Rheins ganz ordentliche Strecken zurücklegen, bis sie schließlich mitten in Deutschland oder an der Schweizer Grenze ihre Laichgründe erreicht hatten.

Das Laichgeschäft

Der Laichakt findet im Winter statt. Die Meerforellen laichen dabei auf genau dieselbe Art und Weise ab wie Bach- oder Seeforellen.

Der Mündungsbereich eines norwegischen Fjordes: Hier hausen Meerforellen.

Die Angeltechniken

Meerforellen sind anadrome Wanderfische, die gerne in den Dämmerungsphasen aktiv sind. Entsprechend hat man frühmorgens oder am späten Abend die besten Fangaussichten.

Der Schwanzwurzelgriff ist bei den Meerforellen eine viel heiklere Angelegenheit als bei den Lachsen.

Auf den britischen Inseln und in Skandinavien genießt das Meerforellenangeln denselben Stellenwert wie das Lachsangeln. In Deutschland sind die Chancen in einer Vielzahl von kleinen Küstenflüssen mittlerweile recht gut, ideal ist es, wenn auch das Nachtangeln erlaubt ist. Wichtig ist, daß das Fischen zumindest in den zwei Stunden nach Sonnenuntergang und in den zwei Stunden vor Sonnenaufgang erlaubt ist. Die Bestände sind aber meist noch so schwach, daß man die gefangenen Fische unbedingt zurücksetzen sollte.

DAS FLIEGENFISCHEN

Von allen Salmoniden ist mit Sicherheit die Meerforelle jene Art, die Licht am wenigsten mag. Auch wenn sich Meerforellen im Gegensatz zum Lachs im Süßwasser noch ernähren, so gehen sie dann aber ausschließlich

Die Angeltechniken

Herrliche, in Patagonien gefangene Meerforelle.

nachts auf Raubzug. Tagsüber hat man besonders bei angetrübtem, hohem Wasserstand mit einem Wurm, einer toten Elritze auf einem System, einem Wobbler oder Blinker eine Chance auf einen Meerforellenbiß. Das Fliegenfischen mit der Naß- oder Trockenfliege ist sogar oder besonders bei Niedrigwasser erfolgreich und damit die ideale Technik für den Sommer und den Frühherbst. Allerdings sollte insbesondere bei Nacht gefischt werden.

Im Hochsommer ist eine sehr spannende Fischerei auf Meerforellen möglich. Man läßt idealerweise mitten in der Nacht eine dicke, buschige Fliege (Große Sedge oder Palmer) im Oberflächenfilm furchen, möglichst unmittelbar am Ufer entlang – die dann oft mit einem spektakulären und lautstarken Biß gepackt wird.

Vorsicht vor einem vorschnellen Anhieb, der geht meist ins Leere. In kühlen Nächten muß man die Meerforellen tiefer suchen, erst recht dann, wenn die Lufttemperatur unter der Wassertemperatur liegt. Als Fliegen eignen sich alle möglichen Muster, vorausgesetzt sie sind schwarz. Variieren Sie Größe und Buschigkeit und versuchen Sie, das zu den jeweiligen Bedingungen passende Muster zu finden (Wasserstand, Gewässergröße, Sichtigkeit des Wassers usw.). Auf Haken der Größen 8 bis 10 gebundene Fliegen lassen sich fast an jedem Meerforellengewässer mit Erfolg einsetzen. Die besten Muster bzw. jene, mit denen man am wenigsten Fehlbisse hat, werden auf einen Zwillingshaken oder besser noch auf einen Drilling *(Esmond Drury)* gebunden. Ein Büschel Fibern vom schwarzen Eichhörnchenschweif, vom Marder oder Mauswiesel *(Stoat Tail)* dachförmig auf einen Hakenschenkel gebunden, und fertig ist die beste Meerforellenfliege. Wer mehr Muster kennenlernen möchte, kann gerne nach London oder ins schottische Edinburgh reisen und sich die komplette Meerforellenfliegensammlung besorgen, wie sie in den fünfziger Jahren im Katalog des Hauses „Hardy" präsentiert wurde. In drei Größen kann man sich über 2500 verschiedene Muster kaufen, die, in einem halben Dutzend Schachteln von „Wheatley" aufbewahrt, geradezu hinreißend aussehen und zahlreiche Ihrer Freunde vor Neid erblassen lassen werden.

Die Angelpraxis

Das Nachtfischen läßt sich leider nicht improvisieren. Es ist ganz wesentlich, bei Tageslicht die zu befischenden Stellen in Augenschein zu nehmen. Beim nächtlichen Angeln sollten Sie sich immer möglichst weit vom Ufer aufhalten und nach Möglichkeit im Sitzen oder Knien angeln.

Werfen Sie dabei so diskret wie es geht. Bei Nacht stellen sich nämlich auch die größten Meerforellen in ganz seichtes Wasser, etwa an den Ein- oder Auslauf eines Pools und in die Strömungsränder. Bei hellem Sonnenschein sollten Sie es vermeiden, Schatten auf das Wasser zu werfen. Halten Sie sich immer so geduckt wie möglich und bewegen Sie sich auf Samtpfoten. Vermeiden Sie es bei niedrigem Wasserstand besonders im Juli und August, ins Wasser zu gehen, das würde sämtliche Meerforellen in einem Umkreis von zehn Metern in helle Alarmbereitschaft versetzen.

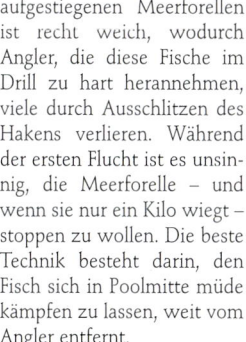

Klassische manuelle Fliegenrolle

Alles sollte bei dieser Angelei unter dem obersten Gebot der Diskretion stattfinden. Müssen Sie beispielsweise nach einem Hänger neu montieren und brauchen Sie dazu das Licht einer Lampe, dann ziehen Sie sich zuerst einmal mehrere Meter vom Gewässer zurück. Wenn der Lichtkegel auch nur wenige Sekunden über das Wasser schwingt genügt das, um die Forellen zu vergrämen. Das Angeln inmitten der Nacht hat etwas Spannendes und Emotionales

an sich. Beim Biß entreißt Ihnen dessen Brutalität die Schnur aus den Fingern, die so selbstgehakte Forelle rast stromab und springt dabei wild umher. In großen Flüssen kann sie bei dieser ersten Flucht durchaus 50 m Schnur von der Rolle reißen. Das Maulgewebe der frisch aufgestiegenen Meerforellen ist recht weich, wodurch Angler, die diese Fische im Drill zu hart herannehmen, viele durch Ausschlitzen des Hakens verlieren. Während der ersten Flucht ist es unsinnig, die Meerforelle – und wenn sie nur ein Kilo wiegt – stoppen zu wollen. Die beste Technik besteht darin, den Fisch sich in Poolmitte müde kämpfen zu lassen, weit vom Angler entfernt.

Erst nach der dritten oder vierten Flucht, die noch immer von Sprüngen unterbrochen ist, kann man beginnen, den Fisch heranzudrillen. Stets muß man aber auf eine erneute Flucht gefaßt sein. Sehr praktisch zum nächtlichen Landen der Fische ist ein geräumiger Kescher mit langem Stiel. Ist die Nacht ausreichend klar, sollte man es

vermeiden, den Fisch im Augenblick der Landung mit einem Lampenschein zu blenden und zu erschrecken. Die Schnur ist nun kurz und sehr gespannt, eine jähe und kraftvolle letzte Aktion des Fisches hat schon vielen Meerforellen wieder zur Freiheit verholfen. Zeit für die Lampe ist es erst, wenn der Fisch sicher im tiefen Netzsack liegt. Im Schein der Lampe sieht man dann einen der wahrhaft schönsten Fische, die das Wasser hervorbringen kann.

Dieser Angler fischt an einer Flußmündung, an der sich Meerforellen zum Aufstieg versammelt haben.

Biologie

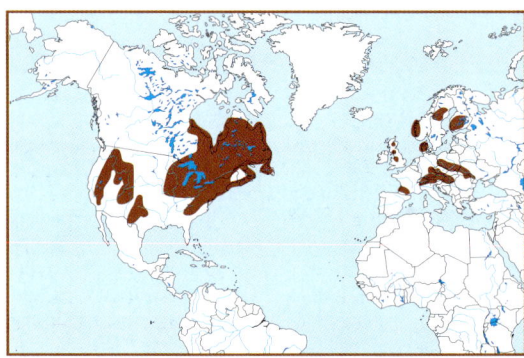

AUSLÄNDISCHE BEZEICHNUNGEN

Englisch: book trout, brook char, speckled trout.
Französisch: saumon de fontaine.
Italienisch: salmerino di fontana.
Spanisch: trucha fontinalis.

BESCHREIBUNG

Die Amerikaner bezeichnen diesen Fisch als „Bachforelle", die Franzosen als „Quelllachs", selten wurde ein Fisch mit so unpassenden Namen getauft. Wie keiner dieser beiden Namen verrät, handelt es sich weder um einen Lachs noch um eine Forelle, sondern um einen Saibling. *Salvelinus fontinalis* ist ein naher Verwandter vom Seesaibling und eine Unterform des arktischen Saiblings.

Verwirrend wird es in Québec, wo dieser Fisch je nach Gegend Rotforelle, Tupfenforelle oder gar Forelle mit kantiger Flosse heißt. Natürlich waren es die ersten Einwanderer, die aus Europa kamen

Der Bachsaibling stellt enorm hohe Ansprüche an die Wasserqualität.

DER BACHSAIBLING *(Salvelinus fontinalis)*

Bachsaiblinge leben räuberisch und können im Wasser einigen Schaden anrichten.

und bei diesen Fischen eine bestimmte Ähnlichkeit in Form und Färbung zur Bachforelle fanden. Der Bachsaibling ist mit Gewißheit einer der schönsten Süßwasserfische überhaupt. Kaum ein Fisch ist so prächtig und auffallend gefärbt. Rücken und Flanken sind grün-oliv, der Bauch schimmert cremefarben, ja, leicht rosa bis ganz orange bei einigen Exemplaren. Die Schwanz-, After-, Bauch- und Brustflossen sind rötlich, ihr erster Strahl auffallend mit einem weißen und schwarzen Streifen der Länge nach überzogen. Am charakteristischsten für den Bachsaibling sind aber wahrscheinlich die unregelmäßig blaßgrünen Marmorierungen auf dem Rücken und die kleinen, blaumrandeten Tupfen auf den Flanken.

Wie der Seesaibling so legt auch das Bachsaiblingmännchen zur Laichzeit ein herrliches Hochzeitskleid an. Die Farben fallen greller aus, der Bauch wird auffällig rot. Bachsaiblinge werden nicht besonders groß. Sogar in seiner ursprünglichen Heimat gilt ein pfündiger Fisch als groß. Paradoxerweise werden die größten Exemplare sehr weit nördlich gefangen, im kanadischen Labrador. Der Rekordsaibling stammt von dort. Er wog 4,87 Kilo und war gewiß über 30 Jahre alt.

GEOGRAPHISCHE VERBREITUNG

Das natürliche Verbreitungsgebiet des Bachsaiblings ist im Gegensatz zu dem der anderen Saiblingsarten ganz genau bekannt. Es beschränkt sich auf den Nordosten des amerikanischen Kontinentes. Die westliche Grenze liegt im Bereich der Großen Seen, Richtung Osten reicht das Saiblingsreich bis nach Georgia entlang der gesamten Appalachen-Kette. Im Norden lebt diese Art bis in die Hudson und Ungava-Bucht. Auf Grönland hat es nie Bachsaiblinge gegeben.

Vor mehr als 100 Jahren wurde diese Fischart bereits erfolgreich in anderen Teilen der Welt ausgesetzt. Das geschah in den Vereinigten Staa-

Das Königreich der Bachsaiblinge: Bergseen!

Ein erfolgreicher „Dreischlag" am Victor-See im kanadischen Québec: Bachsaibling (rechts), Seesaibling (Mitte) und ein Binnenlachs, der Ouananiche.

ten und in Kanada, aber auch in Europa, auf dem südamerikanischen Kontinent (Argentinien/Chile) und in Neuseeland. Um das Jahr 1880 gelangten die ersten Bachsaiblinge zusammen mit den ersten Regenbogenforellen nach Deutschland.

VERHALTEN

Der Bachsaibling liebt vor allem kaltes, reines und sauerstoffreiches Wasser. In seiner ursprünglichen Heimat gedeiht der Bachsaibling überall dort am allerbesten, wo ihm nahezu das ganze Jahr über recht stabile Wassertemperaturen zwischen 8 °C und 10°C zur Verfügung stehen. Ideal ist es für diesen anspruchsvollen Fisch, wenn das Wasser auch im Sommer nicht die 12 °C übersteigt. Der Speiseplan der Bachsaiblinge ist dem der Forellen sehr ähnlich. Der Jungfisch, der seinen Dottersack aufgebraucht hat, ernährt sich zunächst vornehmlich von Miniaturkrebsen aus dem Zooplankton (Daphnien, Corepoden), anschließend wird er zum Insektenfresser. Auf seinem Speiseplan stehen dann fast ausschließlich Wasserlarven. Ist der Fisch erwachsen, wird sein Speiseplan wieder vielfältiger: Insekten (Larven und Imagos), Krebse, Weichtiere, Egel und natürlich Kleinfische, die ebenfalls im kalten Wasser heimisch sind (Koppen, Elritzen, Jungsalmoniden, sogar der eigene Nach-

wuchs wird verspeist). In seinem nördlichsten Verbreitungsgebiet kommt es im Herbst zum Laichgeschäft, während es weiter südlich im Winter stattfindet.

Die Laichfische unternehmen dabei eine kurze Laichwanderung zu ihren Laichgründen. Wie immer bei den Salmoniden gräbt auch hier das Weibchen die Laichkuhle. Sie schlägt sie mit ihrer Schwanzflosse aus. Das Männchen steht etwas dahinter und hält seine Mitbewerber in Schach. Wie die Forellen, so produzieren auch die Saiblinge pro Kilo Körpergewicht 1000 bis 2000 Eier, deren Inkubationszeit je nach Wassertemperatur zwischen 50 und 140 Tagen beträgt.

Die Angeltechniken

*Bachsaiblinge sind aktive Räuber, die weit
weniger scheu und selektiv als Forellen sind.
Sie sind deshalb einfacher zu fangen.*

Gefräßig und wenig umsichtig wie er nun einmal ist, läßt sich der Bachsaibling recht leicht fangen. Sämtliche Forellentechniken eignen sich für seinen Fang, vom Spürangeln mit Naturködern (Würmer, Insektenlarven) über das Spinnfischen mit Kunstködern oder Köderfischen, bis hin zu allen Varianten des Fliegenfischens. Findet ein Insektenschlupf statt, steigen Bachsaiblinge auf viel weniger selektive Art und Weise als Forellen. Fehlen in Seen, Reservoirs und in großen Flüssen die schlüpfenden Insekten, so bleibt immer noch das überaus fängige Streamer-fischen. In den Vereinigten Staaten und in Kanada ist der Muddler Minnow in all seinen Varianten (auch grell gefärbte) mit Gewißheit der am häufigsten verwendete Saiblingsköder. Diese Muster erzielen allerdings auch in Europa ganz ausgezeichnete Ergebnisse. In der Praxis sieht

Ein Bachsaibling-Rogner, der mit einem Streamer gefangen wurde, im prachtvollen Hochzeitsgewand. Dieser Fisch ist zum Besetzen von Reservoirs beliebt, nicht nur wegen seines herrlichen Aussehens, sondern auch wegen seines soliden Appetites.

Die Angeltechniken

Europaweit (Spanien, Frankreich, Schweiz, Norditalien) wurden zahlreiche, sehr hoch gelegene Bergseen (über 2000 m) mit Bachsaiblingen besetzt. Leider wachsen diese Fische wegen des geringen Nahrungsangebotes nur sehr langsam.

Das Matchfischen ist an Bergseen eine äußerst fängige Technik, weil man die Bachsaiblinge auf sehr große Entfernung befischen kann.

es sogar so aus, daß die meisten Streamer, auch die besonders auffällig und grell gefärbten, die besten Ergebnisse erzielen.

Auch wenn die Saiblinge mit Gewißheit jene Salmoniden sind, die man am einfachsten zum Biß verleiten kann, so kämpfen sie im Drill wie wahre kleine Teufel. Ist das Gerät proportional zu ihrer Größe gewählt, kann der Drill etwas andauern. In Anbetracht der recht bescheidenen Größe dieser Fische sollte man es beim Fliegenfischen vermeiden, ihnen mit schwererem Gerät als den Schnurklassen 4 oder 5 und 0,20 mm Vorfachspitzen nachzustellen. Zu guter Letzt noch ein kulinarischer Hinweis: Alle Saiblinge verfügen über ein äußerst feines und wohlschmeckendes Fleisch.

DER BACHSAIBLING *(Salvelinus fontinalis)*

Bachsaiblinge leben auch im Fließwasser, wo sie sich beim Spürangeln, Spinn- und Fliegenfischen fangen lassen.

Biologie

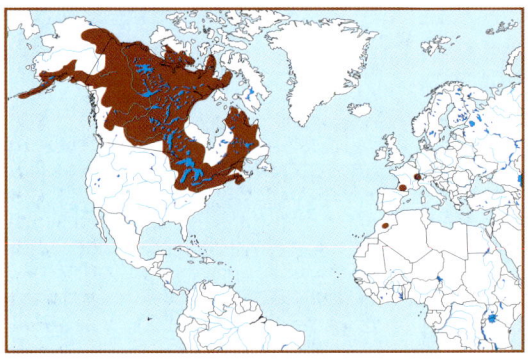

**AUSLÄNDISCHE
BEZEICHNUNGEN**

*Englisch: lake trout.
Französisch: cristivo-
mer.*

BESCHREIBUNG

Der amerikanische Name dieser Fischart ist völlig unpas-
send. Es handelt sich beim
Namaycush nicht um eine Forellenart, sondern um eine
Saiblingsart (Gattung *Salvelinus*), und zwar um diejenige,
die Rekordgewichte erreicht.
Zahlreiche europäische Berg-
gewässer wurden mit diesen

Fischen besetzt (Frankreich,
Deutschland, Österreich und
Schweiz).
Von seiner Erscheinung her
erinnert dieser Fisch stark an
eine Forelle. Am meisten hebt
ihn von dieser Fischart sein
stark V-förmig gespaltener
Schwanz ab. Je nach Größe
und Alter der Exemplare
weist die Färbung sehr große

Unterschiede auf. Meist ist
der Körper grau-blau oder
grau-grün und mit mehr oder
weniger kreisförmigen Tupfen überzogen.

GEOGRAPHISCHE
VERBREITUNG

Während die Gattung *Salvelinus* eine holoarktische Verbreitung hat (d.h., daß diese
Fische auf der gesamten nördlichen Hemisphäre in Höhe
des Polarkreises leben), gab es
von Natur her den Namay-
cush-Saibling nur in Nordamerika. Von allen Salmo-
niden hat er gegenüber dem
Salzgehalt im Wasser die geringste Toleranz. So kommt
es, daß man ihn in Nordamerika weder auf Neufundland
noch auf Vancouver-Island
antrifft. Die Beringstraße war
eine unüberwindliche Ver-
breitungsgrenze.

Der Namaycush-Saibling wurde vor über hundert Jahren nach Europa gebracht.

DER NAMAYCUSH-SAIBLING (*Salvelinus namaycush*)

Sein Aussehen erinnert an einen echten Raubfisch, ganz besonders das weit gespaltene Maul.

VERHALTEN

Der Namaycush-Saibling ist ein recht eigenartiger Salmonide, und das aus einer Vielzahl von Gründen. Er verträgt nicht den geringsten Salzgehalt im Wasser und ist ausschließlich in Seen zu Hause. Gleichzeitig hält er den Rekord der Salmoniden im Tieftauchen: Im Großen Bärensee in Kanada wurden Namaycush-Saiblinge in Netzen gefangen, die in 460 m Tiefe ausgelegt wurden. Zusammen mit dem Huchen sind sie sicherlich die Salmonidenart, die am besten sehr kaltes Wasser verträgt. Über viele Monate sind ihre Gewässer mit Eisschichten überzogen, manchmal über neun Monate im Jahr. Ihre bevorzugten Wassertemperaturen liegen bei 8 °C bis 9 °C. In Oberflächennähe hält sich der Namaycush nur kurz nach Abschmelzen des Eises auf. Sobald sich die obersten Wasserschichten im Sommer etwas erwärmen, sucht der Namaycush-Saibling Zuflucht in

der kühlen Tiefe, deren Dunkelheit er ebenfalls schätzt. Eine weitere Besonderheit ist: Er ist zusammen mit dem Huchen die langlebigste Salmonidenart.

Eine Untersuchung der „Otolithen" (Gehörknöchelchen) hat ergeben, daß die großen Exemplare über 60 Jahre alt sind. Diese Art der Altersbestimmung ist viel zuverlässiger als das Auswerten von Schuppen. Wie alle in kaltem Wasser beheimateten Fische ist ihr Wachstum sehr langsam, was diese Fische aber trotzdem nicht daran hindert, zusammen mit Huchen und Königslachs die absoluten Rekordgewichte für Salmoniden aufzustellen. Der größte auf sportliche Art und Weise gefangene Namaycush-Saibling wurde in Kanada gefangen. Er wog stolze 65 Pfund. Ebenfalls in Kanada wurde 1961 ein Brummer von 47 Kilo mit dem Netz gefangen.

Während seiner ersten Lebensjahre lebt der Namaycush-Nachwuchs von Zooplankton. Ab einem Körpergewicht von etwa einem Pfund entwickeln sie sich zu reinen Raubfischen, wobei sie über alle Fische herfallen, die kleiner als sie selbst sind, der eigene Nachwuchs eingeschlossen.

Auch das Laichgebaren dieser Fische ist für Salmoniden untypisch. Der Namaycush-Saibling ist der einzige Salmonide, bei dem das Weibchen keine Laichkuhle mit der Schwanzflosse ausschlägt, in die die befruchteten Eier begraben werden. Die Eier werden lediglich über steinigem Grund in der Hoffnung ausgestoßen, daß diese in den Ritzen und Spalten während der Inkubationszeit schon ein sicheres Plätzchen finden werden.

Abgelaicht wird im Herbst in Tiefen von 2 bis 20 Meter, stellenweise aber auch in Tiefen von bis zu 100 Meter. Ihre Geschlechtsreife erreichen diese langlebigen Fische recht spät, erst mit 7 oder 8 Jahren. Je weiter nördlich man sich begibt, desto öfter wird man auf Namaycush-Bestände treffen, die nur alle zwei bis drei Jahre ablaichen.

Der Namaycush mit dem für ihn charakteristischen Schuppenkleid.

Die Angeltechniken

Der Namaycush-Saibling ist die wahrscheinlich gefräßigste Saiblingsart. Weil er darüber hinaus das Traumgewicht von 30 bis 40 Kilo erreichen kann, ist er einer der begehrtesten Sportfische Nordamerikas!

In den sehr weitläufigen Seen Nordamerikas wird auf die Namaycush-Saiblinge hauptsächlich sehr tief geschleppt. Fast immer kommen Löffel oder Wobbler zum Einsatz. Außer in den zwei bis drei Wochen nach der Eisschmelze braucht man sich keinerlei Mühe zu geben, die Köder in weniger als zehn Meter Tiefe zu präsentieren. Eher sind Angeltiefen zwischen 30 und 60 Meter angebracht. Diese Fischerei ist langwierig und wenig abwechslungsreich. Auch der Drill eines so tief gehakten Fisches gestaltet sich nicht besonders sportlich. Die großen Druckunterschiede beim Empordrillen haben zur Folge, daß sich die Gase der Schwimmblase enorm ausdehnen und der Fisch allmählich erstickt. Dabei gibt er noch ein paar Kopfstöße von sich, das war's auch schon. Hingegen in Oberflächennähe gehakt, sind sie tolle und ausdauernde Kämpfer.

In Frankreich und in der Schweiz, wo Namaycush-Saiblinge erfolgreich in vielen Bergseen ausgesetzt wurden, werden sie vornehmlich beim Spinnfischen vom Ufer (Köderfischsystem, Wobbler, Blinker) oder beim Naturkö-

Herrlicher Namaycush-Doppelschlag, der in einem See von Québec gelang.

DER *SPLAKE*

In Zuchten lassen sich die Namaycush-Saiblinge mit Bachsaiblingen kreuzen. Das Ergebnis ist ein Hybride, der *Splake* genannt wird (eine Mischung von *Speckled Trout* und *Lake Trout*). Dieser Hybride sah 1878 zum ersten Mal das Licht der Welt. Seit einem halben Jahrhundert ist er in Nordamerika recht beliebt. Ursache dafür sind einige ganz außergewöhnliche Qualitäten. Zunächst einmal ist er fruchtbar, was bei Hybriden ohnehin selten ist. Er kann sich mit anderen Hybriden oder mit einem Elterntier paaren. Der *Splake* wird sehr früh geschlechtsreif, schon im Alter von zwei oder drei Jahren, während der Namaycush-Saibling mindestens 6 bis 7 Jahre warten muß. Der *Splake* wächst auch in kaltem Wasser sehr schnell. In Kanada erreicht er in freier Wildbahn schon im sechsten Lebensjahr 8 Kilo Gewicht. *Splakes* scheinen über zehn Jahre alt zu werden. Sie verfügen über so viele Qualitäten, daß sie in den Vereinigten Staaten und in Kanada überall dort Teil von Besatzmaßnahmen sind, wo es Namaycush-Saiblinge gibt oder einmal gegeben hat.

Ein mittelgroßer Namaycush-Saibling, der nach dem Fotografieren wieder freigelassen werden mußte.

derangeln (Köcherfliegenlarve, Köderfisch, Wurm) auf Grund (Gleitbleimontage) gefangen. Eigentlich kann man behaupten, daß zum Fang von Namaycush-Saiblingen alle erdenklichen Techniken für die Seesaiblinge erfolgreich sein können.

Auf diesem Bild fallen die kräftigen und überdurchschnittlich entwickelten Kiefer des Namaycush-Saiblinges auf.

Biologie

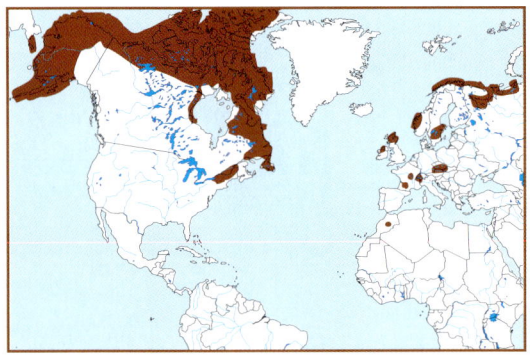

BESCHREIBUNG

Um die Saiblinge abzugrenzen, führte Linné 1766 die Gattung *Salvelinus* ein, die latinisierte Form der auf den Britischen Inseln üblichen Bezeichnung. Der Arktische Saibling und der Seesaibling sind lediglich die Bezeichnung für die beiden Wanderformen der Saiblinge. Sie zählen zu den schönsten Sportfischen. Saiblinge erinnern von ihrer Gestalt her an Forellen, sind aber weniger kompakt gebaut. Besonders der Kopf ist schlanker und der Körper mehr in die Länge gezogen. Im Ozean sind Milchner und Rogner gleichermaßen silbrig gefärbt, so wie es bei Lachsen und Meerfo-

Gelegentlich steigt der Seesaibling zur Nahrungsaufnahme in die Nähe der Oberfläche.

rellen der Fall ist. Kaum im Mündungsbereich der Laichflüsse angelangt, verfärben sie sich grau-blau, auf den Flanken tauchen helle Tupfen auf. Der Bauch ist weiß, rosa oder leicht orange. Mit zunehmendem Aufenthalt im Süßwasser verdunkelt sich das Erscheinungsbild allmählich, die Farben werden intensiver. Rücken und Flanken weisen

Der Seesaibling ist in Westeuropa der typische Bewohner der großen Alpenseen.

nun alle Töne zwischen blau und grün auf, besonders auffällig verfärbt sich allerdings der Bauch. Er macht das berühmte Hochzeitskleid der Saiblinge aus. Seine Farbtöne reichen vom intensivsten safrangelb bis zum sattesten orange. Beim Laichen kann der Körper violett werden. Am intensivsten sind die Milchner gefärbt. Je nach Gegend und „Rasse" sind alle erdenklichen Nuancen und Variationen rund um diese Farben möglich. Seesaiblinge unterscheiden sich auch von Gewässer zu Gewässer deutlich voneinander.

So sind die Schweizer Seesaiblinge aus dem See von Neuchâtel wegen ihrer vornehmlich blaßgelben Färbung leicht zu erkennen, die des Genfer Sees sind eher weißgrau und haben einen rosa schimmernden Bauch. Im bayerischen Walchensee sind die dort lebenden, ziemlich kleinwüchsigen Seesaiblinge auffällig dunkel gefärbt. Außerhalb der Laichzeit kann man recht einheitlich hell oder dunkel anmutende Saiblinge antreffen. Bestimmt wird diese Färbung durch die Eigenarten des Gewässers. Dabei spielen Wasserbeschaffenheit, aber auch Lichteinfall und das jeweilige Hauptnahrungsangebot eine Rolle.

In Nordamerika und Nordeuropa ist der Saibling wie der Lachs ein andadrom lebender Wanderfisch. An der Angel liefert er einen herrlichen Sport!

Die Klassifizierung war für die Ichtyologen jahrelang eine harte Nuß, die ihnen einiges an Kopfzerbrechen bereitete. Während in einer ersten Zeit Dutzende von Saiblingsarten in Eurasien und Nordamerika entdeckt wurden, sind sich heute die Mehrzahl der Experten darüber einig, daß es nur fünf oder sechs eigenständige Saiblingsarten gibt.

So soll der Seesaibling des Baikalsees in Sibirien nur eine Unterart des Arktischen Saiblinges sein, wie im übrigen auch der Seesaibling. Quer durch den ganzen eurasiatischen Kontinent, von Island bis nach Japan, scheint es nur zwei Vertreter der Gattung *Salvelinus* zu geben: *Salvelinus*

alpinus und *Salvelinus malma*. Beide haben sowohl standorttreue als auch wandernde Formen hervorgebracht.

GEOGRAPHISCHE VERBREITUNG

Der Arktische Saibling ist der Süßwasserfisch, der die nördlichsten Gewässer besetzt. Interessant ist, daß seine Verbreitung rund um den Nordpol liegt und er damit den ganzen hohen Norden unseres Planeten besiedelt. Man findet ihn in allen Flüssen, Buchten, Mündungen und Seen der Länder (und Inseln), die den Nordpol umringen. Von Alaska bis nach Grönland, über die Hudson-Bay, Neufundland und Island

Biologie

Ein anadromer Wanderfisch, der im Noatak River (Alaska) gefangen wurde, etwa 200 km nördlich des Polarkreises.

bis nach Japan und quer durch den gesamten eurasischen Kontinent, man trifft ihn in allen Süßwasserläufen an, die sich ins Eismeer ergießen: In der Beringsee, in der Beaufort See und im Meer von Okhotsk. Die Unterart bzw. die Seeform, die wir im deutschsprachigen Raum als Seesaibling bezeichnen, ist letztlich auf ein recht kleines Verbreitungsgebiet in den europäischen Alpenseen begrenzt. Den Seesaibling darf man letztlich nur als eine der vielen verschiedenen Unterarten vom Arktischen Saibling begreifen, eine Unterart, die für den Raum der europäischen Alpen typisch ist. In vielen skandinavischen, asiatischen (darunter der größte Süßwasserspeicher unseres Planeten, der Baikalsee) und kanadischen Seen gibt es Binnenformen („Landlocked"). Mehr oder weniger alte geologische Verschiebungen haben diesen Fischen den Weg zum Meer abgeschnitten. In Europa gibt es Seeformen in Island und Irland, in Schottland, Nordengland, Schweden, Norwegen, Finnland, Bayern, Österreich, der Schweiz sowie in einigen Seen Norditaliens.

VERHALTEN

Seinen Ursprung hat der Arktische Saibling in der Tundra. Überlebt hat er deshalb nur dort, wo die Lebensbedingungen denen seiner arktischen Urheimat nahekommen. Wie kein anderer Salmonide ist der Arktische Saibling Temperaturschwankungen gegenüber äußerst empfindlich (stenotherm). Seine Fortpflanzung gelingt nur bei Wassertemperaturen um 4 °C. Von diesem Gesichtspunkt aus bieten die tiefen, weitläufigen Alpenseen, die weiter unten konstant kalte Wasserschichten verbergen, für das Gedeihen und Fortpflanzen der Saiblinge ideale Voraussetzungen. In diesen Seen leben die Saiblinge in erster Linie vom Zooplankton, von Larven und Kleinfischen. In großen und nahrungsreichen Seen, in denen es besonders viele Futterfische gibt, können die Seesaiblinge Gewichte von 7 oder 8 Kilo erreichen, was allerdings die Obergrenze zu sein scheint (Genfer See). Wurden die Seesaiblinge über Besatzmaßnahmen heimisch gemacht, werden sie nur ausnahmsweise über ein Kilo schwer.

Besonders in höher gelegenen Seen bleiben die Saiblinge gerne kleinwüchsig. Stellenweise haben sie auch Zwergformen hervorgebracht. Diese Fische sind selten über 200 oder 300 Gramm schwer. Der Genfer See liegt nur 400 Meter über dem Meeresspiegel, der Walchensee, der Wolf-

Ein typisch amerikanischer Seesaiblingstyp: Die Dolly-Varden (salvelinus malma).

gangsee und viele andere Saiblingsseen liegen deutlich höher.

In den großen Alpenseen findet das Laichgeschäft gewöhnlich in Tiefen von 60 bis 80 Metern statt. Die Fische suchen sich dabei Bereiche mit starker Strömung aus, Bereiche, in denen Strömungsverhältnisse wie in einem Fluß herrschen. So kommt es, daß alle Laichgründe der Saiblinge des Genfer Sees auf der französischen Seeseite liegen. Auf der Schweizer Seite sind es die feinen Sedimente der Rhône, die die Laichplätze mit einem Schlammfilm überziehen und dadurch untauglich machen. Die Laichgründe setzen sich aus Kies mit einer Körnung zusammen, die von haselnußgroß bis zur Größe eines Hühnereies reicht. Die Eier sind recht groß (4 mm) und werden schubweise ausgestoßen. Im Gegensatz zu Forelle oder Lachs werden die Eier wohl nicht mit Aushub abgedeckt. Der Rogner drückt sie in die Zwischenräume der Felsen und Steine.

Abfischen eines Kratersees mit einem Netz. Saiblinge sollen mit Sendern versehen werden, um mehr über die Wanderungen und die Bestände dieser Fische zu erfahren (See von Pavin, französisches Zentralmassiv).

Die Angeltechniken

*Je nach Gewässer und typischen Eigenarten (Wander-
oder Standfisch) kann man Saiblinge mit unterschiedlichen Methoden fangen. In Europa wird auf diese Fische
in erster Linie geschleppt oder mit der Hegene geangelt.*

In weniger tiefen Gewässern,
in denen Saiblinge heimisch
gemacht wurden, kann man
diese auf dieselbe Weise fangen wie die Forellen, die hier
ebenfalls zu Hause sind. Saiblinge nehmen dieselben Na-
tur- und Kunstköder.
In bekannten Saiblingsseen
wie dem Walchensee in Bayern oder dem Wolfgangsee im
Salzkammergut wird gerne
mit einer Hegene auf die Seesaiblinge gefischt. Das Spinnfischen eignet sich auch zum
Saiblingsfang, vom Ufer aus
kommt man mit dieser Technik eher an kleineren Gewässern zurecht. Immer sollte
man bemüht sein, möglichst
tief zu fischen. Wobbler und
Köderfische auf Systemen
wie etwa dem legendären
Drachkovitch-System brin-
gen ebenfalls ausgezeichnete
Ergebnisse. Wo auch immer
man angelt, es ist ganz wesentlich, die Köder in direkter
Grundnähe zu führen. Die
Köderführung sollte auf größte Langsamkeit ausgelegt
sein. Auch Fliegenfischen auf
Seesaiblinge ist möglich. Man
braucht tief sinkende Wurfschnüre und Schußköpfe und
ein kurzes Vorfach. Helle,
bunte und dunkle Streamer
führen zum Erfolg. Wesentlich ist, daß sie in „Saiblings-
tiefe" geführt werden.
Der Fang großer Arktischer
Saiblinge, die oft 5 oder 6 Kilo schwer werden, findet wie
der von Atlantiklachsen statt.
Egal, ob in Skandinavien, Ka-

Die großen Winden sind das typische Anzeichen für einen Schleppfischer.

DER SEESAIBLING (*Salvelinus alpinus*)

![fisherman holding a dark char on a boat]

Ein schöner Seesaibling oder Char, der in Nordamerika in sehr großer Tiefe gefangen wurde – mit Hilfe eines Sbirulinos!

nada oder auf Kamtschatka, überall wird mit herkömmlichem Lachsgerät und -techniken auf diese Fische geangelt.

Je näher das eigentliche Laichgeschäft rückt, desto aggressiver werden die Milchner. Sie stürzen sich dabei auf alle Kunstköder, besonders auf schrille und bunte. Amerikaner und Kanadier fischen hauptsäch-

lich mit Blinkern und Wobblern in fluoriszierenden Orangetönen. Unter den Fliegen scheinen Streamer die besten Erfolge zu erzielen. Sehr erfolgreich sind auch Fantasiemuster und Streamer aus orangem oder schwarzem Marabu.

Silberblanker Arktischer Saibling aus einem Fluß im Nordwesten Amerikas, der beim Fliegenfischen mit einem Streamer gefangen wurde. Je näher das Laichgeschäft rückt, desto beißfreudiger und aggressiver werden diese überaus prächtigen Fische.

Biologie

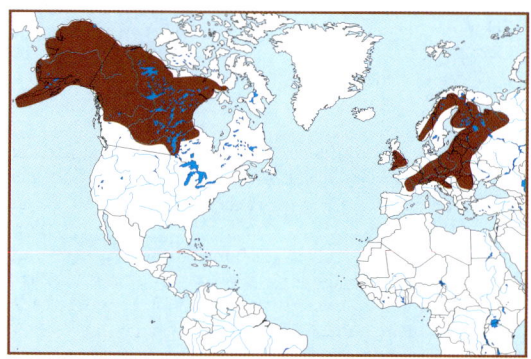

BESCHREIBUNG

Die Äsche ist ein Fisch, den man problemlos an seiner charakteristischen Rückenflosse erkennen kann. In den temperierten Zonen können nur wenige Süßwasserfische mit einer so herrlichen Flosse aufwarten. Sie ist überdimensional groß, viel größer als die anderer Arten und sieht wie eine Fahne aus. Gehalten wird sie von 17 bis 25 Flossenstrahlen, die doppelt angelegt sind, um ihr mehr Halt zu bieten. Die Färbung dieser Flosse ist wunderschön, unterscheidet sich aber von Stamm zu Stamm, manchmal sogar von einem Fisch zum anderen. Töne von braunrot bis orange sind vertreten, hervorgehoben durch purpurne und blau-violette Einschläge, überzogen wird das Ganze mit schwarzen Tupfen. Gewöhnlich fällt die Rückenflosse der Milchner größer aus als die der Rogner. Auffällig ist das in der hinteren Flossenhälfte. So läßt sich leicht der Unterschied zwischen den Geschlechtern bestimmen. Die übrigen Flossen haben nichts Besonderes an sich, sie sind blaßgelb bis hellgrau.

Der Körper ist recht langgezogen, länglicher als der einer Forelle. Der Kopf ist klein und läuft spitz zu, an seinem Ende sitzt ein kleines Maul. Im Gegensatz zu dem, was schon oft geschrieben wurde, sind die Äschenlippen überhaupt nicht empfindlich. Sie zerreißen bei Zug am Haken nicht, sie sind hart, hornig und überaus solide.

Die mit einem goldenen Kreis umrandete Pupille hat etwas Auffälliges, sie ist nicht rund, sondern birnenförmig. Das spitze Ende weist dabei zur Nase. Einige Autoren schreiben dieser untypischen Form das außergewöhnlich gute Sehvermögen der Äschen zu. Am Grund postiert, entgeht einer Äsche nichts von dem,

Die Äsche wird auch gerne als Fahnenträger bezeichnet, eine Anspielung auf die überdurchschnittlich entwickelte Rückenflosse.

was sich an der Wasseroberfläche abspielt. Die Schuppen
sind groß und haben mit
Forellen-, Saiblings-, Lachs-,
Huchenschuppen oder den
Schuppen von anderen Sal-
moniden nichts gemeinsam.
Die Flanken sind silbrig, mit
einigen horizontal verlaufen-
den grauen Längsstreifen. Angeblich haben die Engländer
diesen Fisch deshalb *Grayling*
getauft. In einigen Flüssen
(Gmundner Traun) wird diese
Livrée noch durch goldenen
Schimmer ergänzt. Zahlreichen Legenden zufolge sollen
sich diese Fische von Gold
ernähren oder aber ihr Schuppenkleid an Goldadern der
Flußläufe reiben.
Äschen werden nur in seltenen Fällen über 1,5 Kilo
schwer. Die größten französischen Äschen entstammen
dem Doubs und wogen 1,7
und 1,8 Kilo. In Bayern,
Österreich und Jugoslawien
sind Äschen von über 2 Kilo
keine absoluten Ausnahmen.
Einige Brocken werden sogar
drei Kilo schwer. Der eu-
ropäische Rekord beim Fang
einer Äsche (*Thymallus thymallus*) scheint in Schweden
aufgestellt worden zu sein.
Beim Spinnfischen mit einem
Blinker erwischte dort ein
Angler ein Exemplar, dessen
Gewicht geradezu unglaub-
lich anmutet: 3,35 Kilo!

GEOGRAPHISCHE VERBREITUNG

Die Gattung *Thymallus* ist,
insgesamt betrachtet, rund
um den Nordpol verbreitet.
Man findet sie demnach auf
der nördlichen Erdhemisphäre in fast allen Gewässern auf
der Höhe des Polarkreises sowohl in Nordamerika als auch
in Eurasien. Die Art, die uns
hier interessiert, ist *Thymallus
thymallus*. Sie lebt ausschließlich in Europa und ihr natürliches Verbreitungsgebiet er-
streckt sich von den Britischen Inseln (außer Irland) bis
an den Ural.
In Zentraleuropa gibt es
Äschen in Deutschland, der
Schweiz, Österreich, Polen,
Ungarn, Tschechei, Slowakei,
Rumänien, in den baltischen
Ländern, auf dem Balkan und
im europäischen Teil Ruß-
lands. In Skandinavien fehlen

DIE ANDEREN ÄSCHEN

Die Gattung *Thymallus* gibt es nur auf der nördlichen
Hemisphäre unserer Erde. Sie zählt nur sieben oder acht
Arten, die fast alle eurasiatischen Ursprunges sind. Neben
Thymallus thymallus ist die Arktische Äsche die wichtigste
Äschenform (*Thymallus arcticus*). Dieser Fisch lebt im
Norden Sibiriens, Kanadas und in Alaska. Die weiteren Arten
(oder Unterarten) stammen sämtlich aus Eurasien: *Thymallus
brevirostris, T. pallas, T. nigrescens* und *T. baikalensis.*
Interessant ist, daß die großen Äschen Skandinaviens keine
Arktischen Äschen im wissenschaftlichen Sinne sind, sondern
ganz gewöhnliche Vertreter von *Thymallus thymallus*. Der
Fluß Petchora jenseits des Urals scheint – wie bei den
Lachsen – die östlichste
Grenze der Verbreitung
von *Thymallus thymallus*
zu sein. Östlich davon
lebt nur noch die echte
Arktische Äsche, die
ausschließlich hier und
noch in Nordamerika
vorkommt.

*Strecke Arktischer Äschen aus
Lappland.*

Biologie

die Äschen in den meisten norwegischen Flüssen, die sich in den Atlantik ergießen. Demgegenüber leben in den meisten schwedischen und finnischen Flüssen riesige Bestände. Äschen fehlen in den Niederlanden und in Dänemark. In Belgien und Luxemburg leben Äschen in einigen Ardennenflüssen.

In Großbritannien gab es Äschen ursprünglich nur in Mittel- und Nordengland, sie fehlten im Norden Schottlands. Es sollen Mönche gewesen sein, die sie im Großraum von London und in Wales angesiedelt haben. Äschen sind in Nordengland und Südschottland sehr zahlreich (Flußsysteme von Tweed und Tay).

Die südlichste Verbreitungsgrenze der Äschen liegt im Norden Griechenlands. In Italien leben Äschen nördlich einer Linie Venedig-Menton. In Spanien gab es noch nie Äschen, einmal mehr stellten die Pyrenäen eine für die Süßwasserfische unüberwindliche Hürde dar. Im Osten, jenseits des Urals, löst die Sibirische Äsche, *Thymallus arcticus pallas*, die europäische Äsche ab.

In Deutschland leben Äschen in allen klaren und sauberen Flüssen Mittel- und Süddeutschlands. Zumindest lebten hier überall große Äschenbestände. Im Laufe der achtziger und neunziger Jahre hat sich jedoch vielerorts das Bild leider gewandelt – die Äschen sind in gewaltigen Mengen das Opfer der im süddeutschen Raum und in Österreich überwinternden Kormorankolonien geworden. Insgesamt betrachtet sind die Bestände arg in Mitleidenschaft gezogen worden.

VERHALTEN

Die Äsche ist natürlich der Leitfisch der sogenannten Äschenregion. Äschen lieben sauberes Wasser, gemäßigte Strömung (1 bis 8 Promille Gefälle) und ausgedehnte Kiesbänke. Äschen haben eine Vorliebe für klares Wasser. Trübes Wasser und Hochwasser vertragen sie nur kurze Zeit. Ebenso sollte die Wassertemperatur 20 °C nicht allzu lange überschreiten.

Äschen sind eine Art, die auf physio-chemische Schwankungen – und damit auf Verschmutzung – in ihrem Biotop viel empfindlicher reagiert als Forellen. Sie sind gesellig lebende Fische, die sich gerne zu Rudeln zusammenschließen. Das können einige Dutzend oder aber einige 100 Individuen sein.

Die Nahrung

Der Speiseplan der Äschen sieht sehr vielseitig aus. Äschen ernähren sich sowohl in Grundnähe als auch an der Oberfläche, sobald Insekten schlüpfen.

Sie haben eine ausgesprochene Vorliebe für sehr kleine Köder. Nur selten nehmen sie Beute, die über einen Zentimeter lang ist. Eintagsfliegenlarven, Köcherfliegenlarven und Zuckmückenlarven stellen ihre Hauptnahrungsgrundlage dar.

In unseren Breiten, in denen das Wasser insektenreich ist, greifen Äschen nur selten Kleinfische an. Wo immer

Die Dordogne bei Argentat (Frankreich), eine der besten europäischen Äschenstrecken.

DIE ÄSCHE *(Thymallus thymallus)*

jedoch der Tisch mit Insekten nicht ausreichend gedeckt ist, etwa im hohen Norden, werden Äschen zu Fischfressern, die dann auch aktiv Jagd auf Kleinfische betreiben.

Das Laichgeschäft

Zum Laichakt kommt es bei den Äschen im Frühjahr, je nach Gegend zwischen März und April. Entscheidend ist, daß das Wasser etwa 11 °C bis 12 °C erreicht. Die Milchner, die aktiv auf die Laichgründe aufpassen, sind polygam und können sich hintereinander durchaus mit mehreren Rognern paaren. Die Rogner produzieren mit 8000 bis 11 000 Eier pro Kilo Körpergewicht vier- oder fünfmal mehr Eier als Forelle oder Lachs.

DIE KLASSIFIZIERUNG

Es erscheint uns nochmals wichtig hervorzuheben, daß die Äschen nicht mehr als Salmoniden gelten und auch nicht mehr Teil dieser Familie sind. Eigens für sie wurde die Familie der Thymalliden ins Leben gerufen. In der Tat, nicht weil der Fisch eine Fettflosse trägt, in einem Forellenbiotop zu Hause ist und sich mit der Fliegenrute fangen läßt, muß er zur selben Familie gehören. Ganz im Gegensatz zu den Salmoniden im engeren Sinne (Lachse, Huchen, Forellen, Saiblinge ...), die sämtlich ein recht großes Maul und kleine Schuppen haben und große Eier legen, haben Äschen ein kleines Maul, große Schuppen und legen kleine Eier. Die Verwechslung ist auf Linné zurückzuführen, der diesen Fisch erst in die Gattung *Salmo* eingeordnet hatte (*Salmo thymallus*), bevor er aus *Thymallus* eine Gattung machte. Gelegentlich stößt man auch heute noch auf die Bezeichnung *Thymallus vexillifer*, was Fahnenträger bedeutet. Agassiz hat die Äsche so getauft.

Die Bezeichnung *Thymallus* scheint zum ersten Mal vom röm. Philosophen Aelius (170-230) vergeben worden zu sein. In seinem naturgeschichtlichen Werk *De thymallo pisce* hat er die Äsche so bezeichnet. Was hinter diesem Namen stehen soll, darüber streiten heute die Autoren. Bis zu Linné haben alle Autoren diesen Namen übernommen. Für einige hat er im Geschmack des Äschenfleisches seinen Ursprung, das gegart an Thymian erinnert. Für andere Autoren erinnert der Geruch einer frischen Äsche an den Duft von Thymian. So unterschiedlich die Äschen europaweit von ihrem Erscheinungsbild her ausfallen, es handelt sich überall um dieselbe Art. Wo auch immer es Äschen gibt, es sind die Fische im Fluß, die am wenigsten scheu reagieren.

Die Angeltechniken

Die Äsche ist für Fliegenfischer die Königin der Fische. Man sollte ihr ausschließlich mit der Fliegenrute nachstellen, auch wenn einige Techniken der Spürangelei recht subtil sind und nicht verachtet werden dürfen.

Schöner Fang unterhalb einer Furt.

In England, der Heimat des Fliegenfischens, zählt die Äsche nicht als Sportfisch, sie wird mit Weißfischen und Döbeln in einen Topf geworfen. In den berühmten Kalkflüssen des Hampshires gelten Äschen heute noch als Schädlinge, die den Forellen Konkurrenz bereiten und die man tunlichst aus dem Gewässer entfernen sollte. Diese Diskriminierung ist um so überraschender, wenn man weiß, daß die Äsche im übrigen Europa mindestens denselben Stellenwert wie die Forelle genießt. In Bayern oder Österreich zählt eine Äsche sogar mehr! Eine dicke Äsche auf eine winzige Fliege an einem dünnen Vorfach steigen zu lassen, in einem großen Fluß wie dem Lech, dem Donauoberlauf oder der Gmundner Traun, ist ein echter Königssport.

Charles Ritz, der an allen bekannten Kalkflüssen Frankreichs und Englands, aber auch in Bayern und Österreich unterwegs war, zog die Äsche wegen ihres subtileren Verhaltens den Forellen vor. Sein Kamerad Léonce de Boisset hat über den Fang dieser Fische bereits zwischen den Kriegen ganz außergewöhnliche Texte geschrieben (*L'Ombre, poisson de sport* oder *Ècrit le soir*), deren Lektüre jedem Äschenfreund wärmstens ans Herz gelegt sei. Klassische Strecken wie die Gmundner Traun in Oberösterreich wimmelten damals nur so vor Äschen. Nach dem Krieg stellte sich der erste Tourismus rund um diese Fische ein, aus aller Welt kamen Fliegenfischer ins Trauntal. Erstaunlich ist, daß es diese Fische damals in gewaltigen Mengen gab, in so gewaltigen Mengen, daß sogar stellenweise mit Netzen der Bestand ausgedünnt wurde, um den übriggebliebenen Fischen ausreichend Nahrung für ein vernünftiges Wachstum zu sichern. In Folge von Gewässerverbauung und dem Schwellbetrieb von Kraftwer-

Äsche, die eine Fliege genommen hat.

Bei niedrigem Wasserstand ist das Fliegenfischen inmitten von Krautfahnen keine leichte Angelegenheit.

ken haben diese Strecken ab den sechziger Jahren extrem gelitten. Ab den achtziger Jahren sind den Winter über noch die Kormorane dazugekommen. Fazit ist, daß der Äschenreichtum vieler österreichischer und deutscher Gewässer der Vergangenheit angehört, ja, die Äschen ringen oft um ihr Überleben. Interessant ist, daß die wenigen verbliebenen Äschen heute oft Größen erreichen, die es früher so gut wie nie gab – es fehlen ihre Artgenossen als Nahrungskonkurrenten!

Zugunsten der britischen Fliegenfischer muß man anerkennen, daß die Äschen der Britischen Inseln – die von derselben Art, wie die des europäischen Kontinentes sind – ein völlig anderes Verhalten an den Tag legen. Ob es nun in den trägen, pflanzenreichen Flüssen Südenglands oder in den schnellfließenden Flüssen Schottlands ist, die Äschen, die jenseits vom Ärmelkanal leben, sind keineswegs so selektiv bei ihrer Nahrungsaufnahme wie ihre Kollegen vom Festland.

Während alle übrigen Äschen Europas – die Äschen Polens, die der Tschechischen Repu-

blik, Deutschlands, Österreichs, der Schweiz, Italiens oder Frankreichs – ungemein selektiv und schwierig sind, schnappen sich die britischen Äschen den erstbesten Federbüschel, der als Fliegenimitat auf der Wasseroberfläche dahintreibt. So betrachtet stellen sie eine anglerisch weitaus geringere Herausforderung dar. Das Äschenfischen ist nämlich nicht durch den Drill interessant, Äschen sind nicht besonders kämpferisch veranlagt. Der ganze Reiz des

Äschenangelns besteht darin, den ausgesprochen wählerischen Fisch zum Biß auf ein Insektenimitat zu verleiten.

Später sehen wir noch, warum das Entdecken der Entenbürzelfedern das Äschenfischen zugunsten des Anglers vereinfacht hat. Nichtsdestotrotz bleibt die Äsche für einen Trockenfliegenfischer auch heute noch ein Gegner, der sich äußerst selektiv anstellt und den man deshalb nur schwierig an den Haken bekommt.

Die Angeltechniken

Feine Montage zum Spürangeln

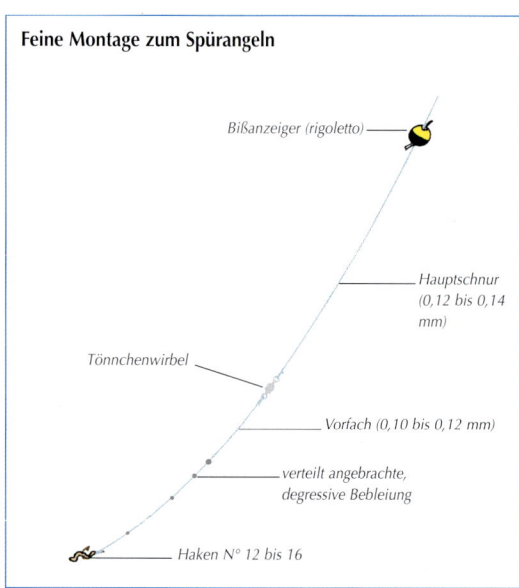

Bißanzeiger (rigoletto)

Hauptschnur
(0,12 bis 0,14
mm)

Tönnchenwirbel

Vorfach (0,10 bis 0,12 mm)

verteilt angebrachte,
degressive Bebleiung

Haken N° 12 bis 16

DAS FISCHEN MIT NATURKÖDERN

So schwierig die Äsche mit der Fliege zu fangen ist besonders beim Trockenfliegenfischen, so leicht läßt sie sich mit einem kleinen Laubwurm, einer Bienenmade, einem Mehlwurm oder gar einer Made fangen. Zahlreiche Spezialisten in ganz Europa angeln so und haben, als es noch keine Fangbegrenzungen gab, den Äschenbeständen großen Schaden zugefügt. Egal, ob das Spürfischen oder Stippfischen auf Äsche,

beides ist viel einfacher als das Fliegenfischen. Äschen fallen viel leichter auf diese Köder herein als etwa Forellen. In mittelgroßen und großen Äschenflüssen kann man den Köder über die ausgedehnten Kiesbänke sehr weit abtreiben lassen. An der geeigneten Montage ist es ein Kinderspiel, den Köder (eine Insektenlarve, Heuschrecke oder Bienenmade) wie beim Stippfischen auch über weite Strecken unmittelbar über dem Grund dahintreiben zu lassen. Man braucht dazu le-

diglich eine kleine Pose, einige Spaltbleie, ein Vorfach von 0,12 bis 0,14 mm und eine kleine Rolle, damit man im Drill ein wenig Schnurreserve hat. Mehr nicht. Was die Köderfrage betrifft, so ziehen die Experten immer jene Köder vor, die es zur selben Zeit auch im Angelgewässer gibt. Gute Köder sind die Larven der großen Eintagsfliegen, Steinfliegenlarven, Köcherfliegenlarven und auch Schnakenlarven haben ihre Anhänger. Der Vorteil ist, daß einem diese Larven am Wasser meistens in ausreichenden Mengen zur Verfügung stehen. Während der Angelpartie lassen sich die Larven recht problemlos aufbewahren. Ideal ist eine Schachtel, die mit feuchtem Moos oder Wasserpflanzen ausgelegt ist.

Egal, ob beim Spürangeln oder Posenfischen, die Köderdrift muß immer entlang der Längsachse der Strömung stattfinden. Äschen weigern sich nämlich – noch mehr als Forellen –, einen Köder mehr als 50 cm seitlich zu ihrer Position aus der Strömung abzufangen. Matchruten von 5 bis 6 m Länge sind für dieses Spiel ideal. Gerade an weitläufigen Kiesbänken erlaubt es ihre Länge, den Köder möglichst in der Längsachse der Strömung treiben zu lassen.

Der Abendsprung ist einer der magischen Momente am Wasser.

DAS NASSFLIEGENFISCHEN

Diese Technik ist ein wenig in Vergessenheit geraten, verdient es jedoch, wiederentdeckt zu werden. Verdrängt wurde sie in den letzten Jahren vom Nymphenfischen auf Sicht. Mit Naßfliegen kann man besonders an Tagen, an denen keine Äsche steigt, sehr erfolgreich sein, weil sie es erlauben, große Flächen mit einem Zug aus mehreren Fliegen (zwei bis drei, je nach Vorschrift) abzusuchen. Im Herbst und Winter, bei widrigen Witterungsbedingungen ist es sogar die einzig praktikable Technik.

Das Gerät

Die Rute kann dieselbe wie beim Trockenfliegenfischen sein, ihre Länge sollte bei über 9 Fuß liegen (2,7 m). Zum Naßfliegenfischen braucht man eine Schwimmschnur, wobei man darauf achten muß, daß es sich bei dieser Schnur um eine Parallelschnur (DT 4 oder 5) handelt. Nur eine Parallelschnur erlaubt ein recht problemloses Werfen eines Fliegenzuges.

Wesentlich ist, daß die Wurfschnur selbst möglichst auffällig gefärbt ist (z.B. fluorgrün oder orange), denn meist verrät nur ein kurzes Innehalten der Wurfschnur, daß eine Fliege in der Tiefe genommen wurde. Das Vorfach ist 3,5 bis 4,5 m lang, und an ihm hängen an kurzen Seitenarmen (7 bis 8 cm) die Naßfliegen.

Die Fliegen

An die Vorfachspitze kommt die schwerste Fliege. Ideal ist eine beschwerte Nymphe. Darüber kommen dann zwei kleine Naßfliegenmuster, die zur Saison passen.

In allen im Handel erhältlichen Kollektionen an Fliegen gibt es Naßfliegen für Äschen. Charakteristisch für diese Fliegen ist, daß sie auf einen sehr kleinen Haken gebunden werden (N°14 bis 18) und nur spärlich mit Hecheln versehen sind. Vor schrillen und satten Farben darf man bei der Fliegenwahl nicht zurück-

Äschen schätzen breite Strömungsadern über ausgedehnten Kiesbänken.

Die Angeltechniken

schrecken, so unnatürlich diese auch aussehen (rot, orange, rosa, violett, floreszierend grün, silber etc.). Gewöhnliche Naßfliegenmuster für Forellen werden von Äschen aber auch gerne genommen, auch auf größere Haken (N° 12) gebundene. Die weichen, grau und braun gesprenkelten Hecheln vom Grauen Rebhuhn imitieren die im Wasser strampelnden Beinchen der Wasserlarven optimal.

Die Angelpraxis

Es wird auf ganz klassische Art und Weise gefischt, meist watend. Man kämmt die Kiesbänke drei Viertel stromab durch, an breiten, weitläufigen Flüssen kann man die Strömung auch quer überwerfen. Mehrfaches „Menden", d.h. Umlegen der Wurfschnur, ist bei jeder Abdrift notwendig, denn Äschen hassen es, Fliegen – an der Oberfläche und darunter – furchen zu sehen.

Der Angler sollte darauf achten, ständig das Ende seiner Wurfschnur im Blick haben (weshalb eine gut sichtbare Wurfschnur sinnvoll ist). Der

Das vorsichtige Befreien einer Äsche vom Haken, die einer Trockenfliege nicht widerstehen konnte.

Biß läßt sich so noch vor dem Ruck in der Rute oder in der Hand, die die Wurfschnur hält, ausmachen.

Im Sommer, bei niedrigem und klarem Wasser, dürfen die Vorfachspitzen an den Seitenarmen nicht dicker als 0,10 bis 0,12 mm sein. Im Herbst und Winter, besonders an großen Flüssen, erleichtern dickere Vorfachstärken (0,12 bis 0,14 mm) das Werfen mit einem Fliegenzug aus größeren Fliegen erheblich. Mit dünneren kommt es dabei oft zu Verwicklungen.

DAS FISCHEN MIT DER TROCKEN-FLIEGE

Die echte Äschenfischerei findet mit der Trockenfliege statt. Äschen steigen gerne, im Frühjahr und Herbst oft den ganzen Tag lang. Für die Anhänger dieser Fischart ist die Äsche die mit Abstand schönste Erfindung vom lieben Gott – noch weit vor der Forelle.

Der Schlupf

Man kann Stunden, ja Tage damit verbringen, steigende Äschen anzuwerfen, ohne satt davon zu werden. Manchmal ohne daß man etwas fängt. Der Fang ist für einen Trockenfliegenangler nicht unbedingt das Wesentliche. Viel mehr zählt, ob er ausreichend Gelegenheiten bekommt, einem steigenden Fisch seine Fliege zu servieren. Äschen sind gesellige Fische, die sich von sehr kleinen Beutetieren ernähren. Entsprechend dauern ihre Aktivitätsphasen oft lange an. Besonders aktiv sind Äschen im Herbst und Winter. Sie laichen im April, müssen deshalb den Winter in bestmöglicher Verfassung hinter sich

Spinne.

*Entenbürzelfliege
(CDC).*

bringen. Die relativ langen Aktivitätsphasen dienen den Äschen dazu, die für die Monate Januar, Februar und März notwendigen Fettreserven aufzubauen.

An den großen Äschenflüssen ist es im Oktober, November und sogar im Dezember möglich, von 11 Uhr bis 17 Uhr Zeuge unermüdlich steigender Äschen zu werden. Im Gegensatz zur Forelle, die, wenn sie eine Fliege verweigert, auf Tauchstation geht, fährt eine Äsche, auch wenn sie den Angler erblickt hat, mit dem Steigen fort, solange der Schlupf anhält. Auch wenn man sie unablässig mit Fliegen bombardiert. Mit zitternden Fingern montiert man oft eine Fliege nach der anderen, während die Äsche immer wieder steigt. Man probiert und probiert, bei jeder Fliege glaubt man, endlich das richtige Muster gefunden zu haben. Und weil Äschen gesellig lebende Fische sind, hat man meistens mehrere aktive Äschen in Wurfweite und damit mehrere Fische, an denen man die verschiedenen Muster ausprobieren kann, ohne daß man die Stelle wechseln muß. Wurde ein Muster aufgrund einer schlechten Präsentation verweigert, dann hat das zur Folge, daß weitere Versuche damit ziemlich zwecklos sind. Über viele lange Minuten bleibt es als „gefährlich" im Äschengehirn gespeichert. Wie herrlich kann doch eine weitläufige Kiesbank sein im Herbst, wenn überall in der Strömung Dutzende, ja Hunderte Äschen steigen. Regelrecht schmatzen kann man sie hören. Kaum hat sich ein Kringel verlaufen, da entsteht schon der neue.

Paradoxerweise bleibt die oberflächenaktive Äsche in Grundnähe positioniert, auch wenn viele Insekten auf der Wasseroberfläche dahintreiben. Ist es zwei Meter tief, so steigt die Äsche trotzdem unablässig zur Oberfläche empor, sobald etwas, das wie ein Insekt aussieht, durch ihr Sichtfenster treibt. Der Angler muß diesem Steigverhalten Rechnung tragen. Im Gegensatz zur Forelle, die knapp unter der Oberfläche steht und nur über einige Sekunden verfügt, um sich zum Biß zu entscheiden, hat die Äsche, die den langen Weg vom Grund zurücklegt, mehr Zeit. Entsprechend fällt es ihr leicht, jede Anomalie in der Drift der Trockenfliege auszumachen. Ganz schlecht ist es, wenn die Fliege im Oberflächenfilm zu furchen beginnt.

Die Angelpraxis

Die Fliege sollte man, je nach Tiefe, mindestens ein bis zwei Meter oberhalb der steigenden Äsche servieren. Insgesamt muß die Fliege, ganz ohne zu furchen, zwei bis drei Meter zurücklegen. Aus die-

Dieser Angler fischt inmitten von Krautbänken auf Sicht.

Die Angeltechniken

Diese herrliche Äsche wurde das Opfer eines im Oberflächenfilm gefischten Emergers (Aufsteiger).

sem Grund kommen überlange Vorfächer zum Einsatz (mindestens 4 Meter an großen Flüssen), deren Ende eine sehr lange, dünne Vorfachspitze bildet. Die Wurfschnur und besonders das Vorfach sollte in Schlangenlinie auf das Wasser abgelegt werden. Es kann sich so allmählich strecken, ohne die Fliege zu ziehen und damit furchen zu lassen. Wann immer möglich, sollte man die Fliege quer oder gar ein wenig stromab servieren: So stellt man sicher, daß zuerst die Fliege und nicht das Vorfach ins Sichtfeld der Äschen treibt.

An öffentlich zugänglichen Gewässern mit starkem Befischungsdruck auf Äschen ist es oft unerläßlich, auf fast

beängstigend dünne Durchmesser beim Vorfach zurückzugreifen (0,10 oder 0,08 mm). Ganz besonders muß man dann beim Setzen des Anhiebes aufpassen. Nachdem die Äsche genommen hat, läßt sie sich nämlich augenblicklich wieder in die Tiefe an ihren Standplatz zurückfallen. Statt einen echten Anhieb zu setzen gewinnt man, wenn man die Wurfschnur blockt und die Rute sanft anhebt. Die Ideallängen der Ruten, um angenehm mit der Trockenfliege auf Äschen angeln zu können, liegt bei 9 bis 10 Fuß (2,7 bis 3 m). Sie sollten auf die Schnurklassen 3 bis 5 ausgelegt sein. Es gibt Hunderte Trockenfliegenmuster für den Äschenfang, insgesamt sollten jedoch fünf reichen, um den meisten Situationen gerecht zu werden: ein Gruppenmuster für Baetis-Fliegen aus Entenbürzelfeder (CDC) als Imitation für alle kleinen Eintagsfliegen, eine kleine Sedge (Köcherfliege), in die idealerweise auch Entenbürzelfeder eingebunden wird (Jeck Sedge von Devaux), die unverzichtbare *Peute* vom französischen Experten Bresson, die im Angelgeschäft nach nichts aussieht, sich am

Wasser aber schon oft als die „richtige" Fliege erwiesen hat, die *Tricolore*, wieder ein Modell von Bresson, die genauso kleine Eintagsfliegen wie auch winzige Midges imitiert, und schließlich benötigt man noch eine Ameisenfliege, denn wann immer diese Insekten in Mengen ausschwärmen, verweigern die Äschen jedes andere Muster. Alle diese Fliegen sollten auf Haken in den Größen 16 bis 20 gebunden werden.

DAS NYMPHENFISCHEN

So schwierig der Fang der Äschen mit der Trockenfliege sein kann, auch wenn sie aktiv steigen, so problemlos ist es, eine Äsche mit einer Nymphe an den Haken zu bekommen. Voraussetzung ist, daß die Äschen gerade auf Nymphen aus sind. Das Nymphenfischen ist, richtig praktiziert, so fängig, daß einige Angelvereine diese Technik an ihren Gewässern verboten haben. Einige wenige skrupellose Nymphenfischer hatten nämlich echten Schaden angerichtet. Die Äschen lassen sich auch von einem gut sichtbar am Ufer plazierten Angler nicht beeindrucken und nehmen bedenkenlos die servierte Nymphe. Wichtig ist, daß sie in der richtigen Tiefe genau auf sie zutreibt. Äschen lassen sich so gelegentlich unter der Rutenspitze fangen. Wie beim Nymphenfischen auf Sicht bei den Bachforellen so ist es auch hier ganz wesentlich, zunächst einmal einen aktiven Fisch zu orten. Das kann auf einer Kiesbank oder zwischen Krautbänken sein. Dank eines sehr langen Vorfaches (4 bis 5 Meter), an das eine sehr lange (1 Meter) und dünne (0,08 bis 0,10 mm) Vorfachspitze kommt, gelangt die kleine, beschwerte Nymphe schnell auf die Höhe des Fisches. Sobald man die Nymphe im Sichtfenster des Fisches vermutet (einige Experten schaffen es, der Drift der Nymphe optisch zu folgen), hebt man leicht die Rutenspitze an, was die Nymphe etwas ansteigen läßt. Gewöhnlich löst das den Biß aus. Je nach Tiefe und Fließgeschwindigkeit muß die Nymphe unterschiedlich beschwert sein. In Flüssen in der Art der Kalkflüsse reichen mit ein wenig Kupferdraht beschwerte Pheasant Tail Nymphen (Sawyer) aus, um damit bis in etwa 60 Zentimeter Tiefe zu fischen. In schnellerfließenden und tieferen Flüssen braucht man stärker beschwerte Nymphen, um die richtige Angeltiefe zu erreichen. Solche Muster enthalten eine Kupfer- oder Messingperle, gelegentlich wurde an den Haken auch ein Zinntröpfchen gelötet. So sehr die Äschen an der Oberfläche auf kleine Fliegen fixiert sind, so wenig schrecken sie in der Tiefe vor sogar recht großen Nymphen zurück. Die berühmte „Bug" von Sawyer oder die „Bibi" von Guy Plas sind solche Muster, ihre Erfinder hatten große Köcherfliegenlarven im Kopf. Äschen lassen sich auch von ein wenig Glanz (gold oder silber) locken. Bunte Körper und Farben, wie grün, gelb oder orange schrecken die Äschen nicht ab, ganz im Gegenteil.

Wie beim Forellenfischen ist es mit dieser Technik auch möglich, das Wasser „blind" abzusuchen, sofern man auf dem Vorfach einen kleinen Bißanzeiger befestigt. Je tiefer der Anzeiger bei der Nymphe sitzt, desto besser. Es gibt Flüsse mit teefarbenem Wasser, an denen man die Äschen ohnehin nie auf Sicht ansprechen kann. Dort ist das Nymphenfischen mit Bißanzeiger sehr effektiv, unserer Auffassung nach ist dies aber eher eine Form der Stippfischerei als echtes Fliegenfischen.

Das alte Problem der Fliegenwahl.

Biologie

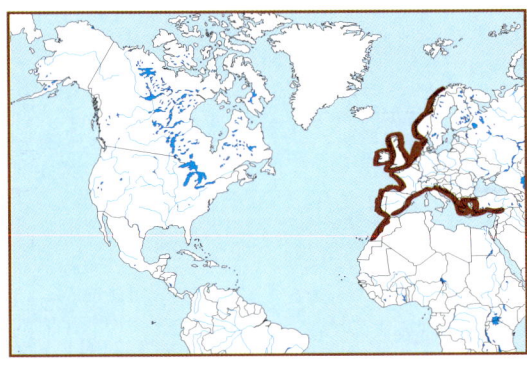

BESCHREIBUNG

Frisch gefangen sieht eine Großalse herrlich aus. Gleißend schimmern ihre Schuppen in tausend Farben. Der Rücken ist grün-blau mit metallisch violetten Bändern, die Flanken sind hell und der Bauch perlmuttweiß. Hinter dem Kiemendeckel sitzt, gut sichtbar, ein dunkler Fleck, ein Rest der Tupfenreihe, die bei den Jungalsen entlang der Flanken verläuft und später verblaßt. Das Auge ist recht charakteristisch, überdeckt von einer Art Augenlid. Gewöhnlich sind Großalsen 40 bis 60 cm lang und wiegen dabei 1 bis 3 Kilo. Die Milchner sind im Regelfall kleiner als die Rogner. Der seitlich stark abgeflachte Körper ist mit einem Schuppenkleid aus recht großen, aber sehr dünnen Schuppen überzogen, die ganz regelmäßig über den Körper verteilt sitzen. Ein Hauptmerkmal dieser Fische ist wie recht oft in der Familie der Heringsartigen (Clupeiden) der klingenartig zusammenlaufende Bauch. Vor der Afterflosse ist er sogar richtig scharf, hier bilden die Schuppen sägezahnartige Ecken, an denen man sich schneiden kann. Das Maul ist zwar nur durchschnittlich groß, die Unterlippe bildet jedoch eine Art vorstülpbaren Trichter, der der Großalse das Einfangen von Plankton ermöglicht.

In vielen französischen Flüssen kehrt die Großalse wieder in Mengen zurück.

DIE GROSSALSE (*Alosa alosa*)

Die stark eingekerbte Rückenflosse weist auf hervorragende Schwimmeigenschaften hin, selbst starke Strömung ist für Großalsen kein Problem. Die Großalse zählt zur Familie der Heringsartigen (Clupeiden), die etwa 50 Gattungen und über 170 Arten zählt. Zu den Vertretern dieser Familie zählen ebenso Fische, die in kaltem Wasser zu Hause sind (Heringe), wie Fische, die in gemäßigtem Wasser leben (Sardinen) und solche, die in den warmen Meeren unterwegs sind (Sardellen). Die Heringsartigen sind Planktonfresser, deren Kiemenreusen so ausgebildet sind, daß sie einen feinen Kamm bilden, der das Plankton aus dem Atemwasser filtert. Sie bilden oft gigantische Ansammlungen, denen von der Berufsfischerei nachgestellt wird.

Die Gattung *Alosa*, deren Vertreter ihren Lebenszyklus anadrom zwischen Süß- und Salzwasser gestalten, ist wegen der großen äußeren physischen Ähnlichkeit unter ihren einzelnen Vertretern etwas Besonderes. In Europa unterscheidet man drei Arten: *Alosa alosa*, die Großalse von der wir hier sprechen, *Alosa fallax*, die Finte, und *Alosa fallax nilotica*, die Rhône- oder Nilalse, die heute als ein und

Großalse, der ein Treibnetz zum Verhängnis wurde.

dieselbe Art gelten. In Nordamerika lebt ein sehr naher Verwandter, *Alosa sapidissima (American Shad)*, der dort auch oft als *poor man salmon* (Lachs des armen Mannes) bezeichnet wird. Er steigt in Küstenflüsse von Florida bis nach Québec auf. Gegen Ende des 19. Jahrhunderts wurde diese Art über Besatzmaßnahmen entlang der Pazifikküste von Kalifornien bis nach Alaska heimisch.

GEOGRAPHISCHE VERBREITUNG

Die Großalse lebt in Europa vom Polarkreis (Nordnorwegen) bis in die Straße von Gibraltar, sogar in einige Fließgewässer entlang der marokkanischen Atlantikküste steigen Alsen auf. Auf den britischen Inseln und in Irland fin-

det man nur in wenigen Mündungsbereichen Alsen. Die größten Alsenwanderungen gab es ursprünglich in den großen Zuflüssen des Atlantiks, Ärmelkanals und der Nordsee: in Garonne, Loire, Seine, Rhein und Elbe. Im Rhein mußten die Großalsen von der Nordsee her über 1000 Kilometer aufsteigen, um zu ihren Laichplätzen zu gelangen. Wie die Laichgründe der Lachse lagen nämlich einige davon in der Schweiz, bei Basel.

Im Mittelmeer bleiben heute hauptsächlich die Finten und die Großalsen des Nils übrig. Die Großalsen der Rhône wanderten bis in die Schweiz und auch in die Saône, weit oberhalb von Mâcon. Heute ist die Großalse in diesem Gewässersystem so gut wie ausgestorben, in erster Linie wegen der Gewässerverbauung mit Wehranlagen und Staustufen. So ausgezeichnet die Großalsen schwimmen und gegen Strömung ankämpfen können, so schlechte Springer sind sie. Da geht es dem Lachs besser. Die geringste Furt schreckt die Großalsen ab oder streßt sie überproportional. So kommt es, daß schon ein recht bescheidenes Wehr ausreicht, um die oberhalb liegenden Laichgründe unzugänglich zu machen. Der Alsenbestand stirbt aus. In manchen großen Strömen schaffen es einige Alsen, sich mit den Schiffen emporschleusen zu lassen. Dabei handelt es sich jedoch um Ausnahmen, die nicht das Überleben der Art gewährleisten können.

In der Rhône sieht es so aus, als würden sich die letzten Großalsen im Zufluß „Gardon" und im Seitenkanal des Flusses vemehren. In der Seine sind die Alsen bereits seit 1925 verschwunden, als Folge der ersten Verbauungsarbeiten in großem Stil. In der Loire sind die Großalsenfänge zwar rückläufig, die Berufsfischer landen aber jährlich immer noch 20 bis 40 Tonnen. In der Elbe hat die Erbauung der

Staustufe von Geesthacht das Ende für den Großalsenbestand bedeutet. Durch das Bauen moderner Fischleitern sind an Garonne und Dordogne (Frankreich) die Bestände an Großalsen sprichwörtlich explodiert. Innerhalb von nur einem Jahrzehnt haben sie sich von einigen Hundert auf viele Hunderttausend vermehrt. Hunderttausende spektakulär kämpfender Großal-

Die Großalse steigt im Mai zum Laichen ins Süßwasser auf.

sen im Fluß haben dazu geführt, daß sich zahlreiche Sportfischer auf den Alsenaufstieg einstellten und ihn nun sehnsüchtig erwarten. An Garonne und Dordogne hat man europaweit auf Großalsen die besten Chancen.

VERHALTEN

Wie der Lachs so ist die Großalse ein anadrom lebender Fisch, der die überwiegende Zeit seines Lebens im

Meer zubringt und zum Ablaichen ins Süßwasser aufsteigt. Auch wenn die Alsen im Süßwasser durchaus so weit wie Lachse aufsteigen, scheinen sie im Meer den Kontinentalsockel nicht zu verlassen. Eigentlich wissen wir nur wenig über das Leben der Großalsen im Meer.

Die Wanderung

Wie bei den meisten Meeresfischen scheint es die Oberflächentemperatur zu sein, die das Wanderverhalten auslöst oder zumindest mit beeinflußt. Werden Alsen im Meer gefangen, dann immer bei Wassertemperaturen zwischen 13 °C und 19 °C. Markierungen blieben bis dato erfolglos, weil Alsen Streß gegenüber ungemein empfindlich sind und diese Behandlung nicht überleben. Dazu kommt, daß Alsenfleisch nur von recht bescheidener Qualität ist, weshalb es nie ein gesteigertes ökonomisches Interesse an dieser Fischart gab. Wie die meisten Planktonfresser ernähren sich Großalsen in den obersten Wasserschichten des Meeres. Dort finden sie in rauhen Mengen, was sie suchen: Zooplankten, also tierisches Plankton, das sich aus Klein-

![Fischtreppe](Das Errichten funktionaler Fischtreppen hat vielerorts eine Rückkehr der Großalse ermöglicht.)

Das Errichten funktionaler Fischtreppen hat vielerorts eine Rückkehr der Großalse ermöglicht.

krebsen, Krebslarven, Krill und Krabben, Fisch- und Tintenfischbrut, sowie anderen Kleinlebewesen zusammensetzt. Im Winter haben Kutter Alsen aber auch schon in 150 bis 200 m Tiefe mit dem Schleppnetz gefangen. Die Milchner bleiben gewöhnlich ein bis vier Jahre im Meer, beim Laichaufstieg wiegen sie dann nur selten über 1,5 Kilo. Die Rogner bleiben länger, nämlich vier bis sieben Jahre. Zu Beginn des Laichaufstieges können diese Fische dann 4 oder gar 4,5 Kilo wiegen, was je-

doch ein absolutes Maximum darstellt. Einmal im Süßwasser, nehmen die Alsen keine Nahrung mehr zu sich. Sie leben dann nur mehr von ihren Fettreserven. Im Gegensatz zu den Lachsen, die das ganze Jahr über ins Süßwasser aufsteigen können und langsam in die Richtung ihrer Laichgründe gegen die Strömung

ziehen, wandern fast alle Großalsen gleichzeitig in den Fluß und versuchen, die Laichgründe so schnell wie möglich zu erreichen.

Zu den zahlenstärksten Wanderungen kommt es im April oder Mai. In Deutschland war es vornehmlich im Mai, weshalb die Großalse vielerorts auch Maifisch genannt wurde. In Südfrankreich ist die Großalse dagegen das traditionelle Ostergericht. Hier ziehen die Alsen schon zeitig im April.

Klassische Alsennymphe.

Biologie

Neunaugen und Alsen sind die Hauptbeute der Stellnetzfischer in Mündungen. Bis zu einem gewissen Maße ist gegen einen solchen Befischungsdruck nichts einzuwenden. Wichtig ist, daß dieser Druck proportional zu den Beständen paßt.

Das Laichgeschäft

Zum Laichgeschäft kommt es gewöhnlich im Juni, wenn das Wasser 17 °C bis 18 °C erreicht hat. Es sieht sehr spektakulär aus, weil es an der Oberfläche stattfindet und Unmengen von Alsen über Hunderte Quadratmeter mit derselben Tätigkeit beschäftigt sind. Dieses Schauspiel findet im Schutz der Dunkelheit in der Mitte des Flusses statt. Die Fische schwimmen im Kreis gegen den Uhrzeigersinn. Mit zunehmender Dunkelheit ziehen Rogner und Milchner diese Kreise immer dichter an der Oberfläche. Zum eigentlichen, tumultartigen und lautstarken Laichakt kommt es aber nur selten vor Mitternacht. Anrainer von Dordogne und Garonne berichten, daß dieses Schauspiel regelmäßig so laut ist, daß an ein Schlafen mit geöffneten Fenstern nicht mehr zu denken ist, oft stundenlang. Der große Tumult an der Wasseroberfläche hat zum Ziel, die Eier möglichst gut mit den Spermien der Milch zu durchmischen.

Die großen Weibchen stoßen dabei 200 000 bis 500 000 Eier mit etwa 1 Millimeter Größe in fünf bis sechs Schüben aus. Kaum befruchtet, quellen die Eier auf das Doppelte heran und sinken auf den Grund, wo sie zwischen Kies und Steine gespült werden. Die Beschaffenheit des Bodensubstrates ist dabei von größter

Bedeutung, es müssen viele hühnereigroße Steine vorhanden sein. Neben der Verbauung war das Kiesbaggern an vielen großen Flüssen für das Verschwinden der Großalsen mitverantwortlich. Bei 18 °C oder 19 °C Wassertemperatur schlüpft die Alsenbrut bereits nach vier Tagen. Gierig fallen die Jungfische über Zooplankton her, schnell aber auch über Insektenlarven (Eintagsfliegenlarven, Köcherfliegenlarven, Zuckmückenlarven). Am Ende ihres ersten Sommers sind die Jungalsen 7 bis 10 Zentimeter lang und steigen sogar an der Oberfläche nach Insekten. Noch vor dem Herbstende setzt die Wanderung ins Meer ein.

Über 90% der Großalsen sterben unmittelbar nach dem Laichgeschäft, und es ist sehr selten, eine bereits abgelaichte Alse zu fangen. Eines der Hauptmerkmale dieser Fische ist ihre enorme Anfälligkeit für Streß. An ein Zurücksetzen nach dem Fang ist nicht zu denken, denn der Fisch ist im Moment der Landung schon fast tot.

Eine mörderische Falle für anadrome Wanderfische: Netze in den Mündungsbereichen.

Die Angeltechniken

Großalsen gelten nach wie vor als „Lachse des armen Mannes". An der Rute sind Alsen zähe Gegner, die man in der Nähe ihrer Laichgründe fangen kann. Gewöhnlich liegen diese stromab einer unüberwindlichen Furt.

Schon im Mittelalter, als Großalsen noch in alle europäischen Länder aufstiegen, waren diese Fische großem Befischungsdruck durch Stellnetze, Reusen, Senknetze, Treibnetze und Zugnetze ausgesetzt. Die Sportfischerei auf Großalsen ist hingegen erst vor sehr kurzer Zeit entstanden. Solange es bis zu Beginn der siebziger Jahre noch in verhältnismäßig vielen Flüssen aufsteigende Atlantiklachse gab, widmeten sich die Angler ausschließlich diesem Wanderfisch. Ihn wollten sie fangen, keine Großalse. Der Fang der Großalsen wurde Berufsfischern überlassen. Paradoxerweise waren es die kostenintensiven Projekte mit dem Ziel, den Lachsen das Erreichen ihrer Laichgründe wieder möglich zu machen, die den Großalsen genutzt haben. Am spektakulärsten sind die Alsenbestände ab den achtziger Jahren in der französischen Dordogne und Garonne explodiert.

Dunkle Alsennymphe

Gleichzeitig entdeckten die Angler, daß die Alsen sich im Süßwasser zwar nicht mehr ernähren, daß sie aber sehr wohl noch beißen. Recht schnell entpuppten sich kleine Spinner und farbige Nymphen als ausgezeichnete Großalsenköder. An leichtem Gerät erwiesen sich diese Fische zudem als wahre Energiebündel, die sich spektakulär aus dem Wasser schleudern und rasante Fluchten hinlegen. Besonders aggressiv und beißfreudig sind diese Fische zu Beginn ihres Süßwasseraufenthaltes. Mit zunehmender Aufenthaltsdauer nimmt die Beißfreude ab.

DAS SPINNFISCHEN

Beim Spinnfischen interessieren sich die Großalsen ausschließlich für winzige, metallisch schimmernde Blinker. Das können kleine Spinner, winzige Löffel oder Spinner-Fliegenkombinationen sein. Weil sich die Großalsen be-

Alsenspinner, der mit einem Spaltblei beschwert wurde.

Ein Einzelhaken greift im hornigen Alsenmaul besser.

vorzugt in den Pools der großen Flüsse aufhalten, die gewöhnlich unmittelbar stromab eines Wehres oder einer Staustufe liegen, muß der Angler diese kleinen Kunstköder zusätzlich unbedingt noch beschweren (mit Abstand und mit Hilfe eines Seitenarmes), um sie mit einer recht langen Spinnrute (2,8 bis 3 m) weit werfen zu können. Zu der Wurfweite trägt auch ein dünner Schnurdurchmesser viel bei. 0,22 mm scheint uns das Maximum bei Nylonschnur zu sein, mit geflochtener Schnur kann man dagegen ruhig auf 0,12 bis 0,16 mm heruntergehen. Der Vorteil vom letztgenannten Schnurmaterial ist die Dehnungsfreiheit, die es ermöglicht, einen Anhieb auch in großen Entfernungen noch sicher zu setzen.

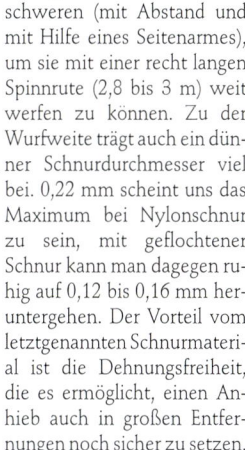

Fantasiestreamer.

DAS FLIEGENFISCHEN

Beim Fliegenfischen auf Großalsen greifen viele Angler gerne auf Zweihandruten zurück. Leider ist die durchschnittliche Alse nur 3 bis 4 Pfund schwer, so daß diese Ruten völlig überdimensioniert sind. Der Drill macht einfach keinen Spaß mehr.

Wer gut werfen kann, wird mit Reservoir-Gerät (10 Fuß Rute für die Schnurklassen 6 bis 7) sehr gut zurechtkommen, dies stellt einen guten Kompromiß dar. Die Wurfschnur kann eine Schwimmschnur sein, besser ist jedoch eine Schwebschnur, weil sich damit ein Zug aus zwei oder drei kleinen, bunten Nymphen besser werfen und anbieten läßt. Anläßlich der Drift die Rutenspitze ein wenig wippen zu lassen –, genauso wie beim Lachs- oder Meerforellenangeln – steigert auch beim Angeln auf Großalsen die Aussichten auf einen Biß.

NYMPHEN UND STREAMER

Verschiedene bunte Nymphen und Streamer, die gerne von Großalsen genommen werden.

Biologie

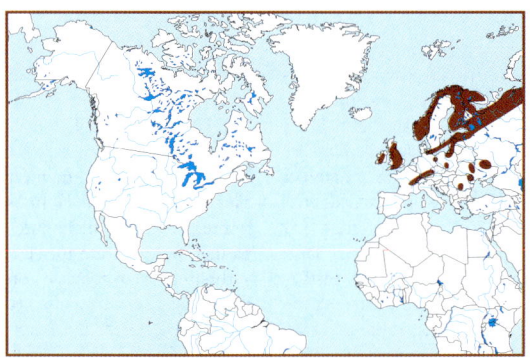

AUSLÄNDISCHE BEZEICHNUNGEN

Englisch: powan, pollan, european whitefish.
Französisch: corégone.
Spanisch: timalo.

Renken sehen Weißfischen mit ihrem mit großen, silbrigen Schuppen überzogenen Körper sehr ähnlich. Sie leben im Freiwasser großer Seen.

BESCHREIBUNG

Auch wenn sie lange Jahre in die Gattung der Salmoniden eingeordnet waren, sehen Renken Weißfischen viel ähnlicher. Es war wahrscheinlich die Tatsache, daß diese Fische über eine Fettflosse verfügen und eine Vorliebe für klares, kühles Wasser haben, weshalb die ersten Systematiker sie wie die Äschen der Familie der Salmoniden zugeordnet haben. Heute bilden die Renkenartigen eine eigenständige Familie. Zwar wurde in diesem Punkt einiges verbessert, aber die Dinge sehen immer noch nicht einfach aus. Nur über wenige Fischarten teilen sich unter den Ichtyologen so sehr die Meinungen wie über die Renkenartigen, insbesondere über deren Ursprung, Evolution, Verbreitung und Klassifizierung. Die Vorsichtigen unter ihnen sprechen in Europa von der „Großfamilie *Coregonus lavaretus*", einer Gruppe, der die Renken einiger Seen der Britischen Inseln, des Ostseeraumes und der großen Alpenseen (in Deutschland, Frankreich, Österreich, und der Schweiz) angehören. Zahlreiche dieser Seen wurden im Laufe der Zeit auch mit Renken besetzt. Solche Besatzmaßnahmen fanden vielerorts bereits vor über 100 Jahren statt, so daß heute recht unbekannt ist, welcher Renkenstamm wo lebt. Spillman (in: Fauna der französischen Süßwasserfische, 1961) sieht das wie folgt: „Die wiederholten Besatzmaßnahmen mit Renken unterschiedlicher Stämme, deren Ursprung sich nicht mehr definieren läßt, machen die heutigen Bestände der französischen Alpenseen aus (Genfer See, See von Bourget, Annecy, Aiguebelette). Bei diesen Beständen handelt es sich mehr oder weniger um Hybriden, deren fehlende Homogenität die einzelnen Stämme nicht mehr definieren läßt."

Worin dagegen alle Wissenschaftler übereinstimmen, ist die Tatsache, daß die Renken ursprünglich im Salzwasser lebende Fische waren, die das Süßwasser nur zum Ablaichen aufsuchten. Zahlreiche Renkenbestände, die in Alaska, Sibirien, in der Ostsee und im Weißen Meer leben, setzen diese Lebensweise noch heute fort und leben als Wanderfische zwischen Fluß und Meer. Es waren die großen geologischen Verschiebungen in den verschiedenen Eiszeiten, die in Europa dafür gesorgt haben, daß die Renken einiger britischer Seen und der Alpenseen isoliert wurden. Diese Isolation einzelner Gruppen hat langfristig zum Entstehen zahlreicher Unterarten geführt.

DIE UNTERARTEN
Coregonus lavaretus

Diese Art ist – wenn man ihr alle Unterarten und Hybridformen zuzählt – die in Europa und weltweit am meisten verbreitete. Man trifft sie von den Britischen Inseln über Skandinavien und die Alpen bis Nordsibirien an.

Lavaretus ist eine kleine Renkenart, die nur selten über 40 cm lang wird. In ihrem Verbreitungsgebiet rings um den Nordpol, insbesondere in Nordsibirien und Skandinavien, können diese Fische über 2 Kilo schwer werden. Es scheint als hätten Renken nur in wenigen Alpenseen gelebt, bevor umfangreiche Besatzmaßnahmen durchgeführt wurden. Heutzutage lebt in Deutschland die reinrassigste Lavaretus-Form im Bodensee. Mit diesen Fischen wurden zahlreiche andere Gewässer besetzt, sie wurden sogar nach Frankreich exportiert. Bodenseerenken sind bereits in der Mitte des 19. Jahrhunderts in den See von Annecy freigelassen worden, später auch im See von Bourget. Heimische Stämme gab es in Frankreich nur in zwei Seen, im See von Bourget und von

Biologie

Aiguebelette. In den Seen sind die Renken reine Planktonfresser, die gerne Insektenlarven nehmen. Die ganz großen Exemplare können sich gelegentlich auch an einem Kleinfisch vergreifen. Das Laichgeschäft findet im November oder Dezember statt. Je nach Gewässer kann es in tiefem oder in seichtem Wasser stattfinden. Die Rogner produzieren sehr viel Laich, etwa 25 000 bis 30 000 Eier pro Kilo Körpergewicht.

Coregonus fera
Der Fera ist eine große Renkenart, die im Genfer See durchaus 60 Zentimeter lang und über zwei Kilo schwer werden kann. Neben ihrer Größe erkennt man diese Renkenart auch an ihren Kiemenbögen. Die daraufsitzenden Kiemenreusen (Reusen-

dornen) sind kurz und wenig zahlreich (20 bis 34), während die von Lavaretus länger und zahlreicher sind (31 bis 44). Der heutige Bestand vom Genfer See scheint sich aus den Nachkommen von den Millionen Renken zusammenzusetzen, die 1923 vom See von Neuchâtel in den Genfer See gebracht wurden. Die alten, dem Genfer See eigenen Formen sind vermutlich „absorbiert" worden, d.h. über die Hybridbildung sind diese Fische im neuen Stamm aufgegangen. Die Feras leben in den Tiefen des Sees, wobei ihr Standort vom jeweiligen Planktonangebot bestimmt wird. Kleinkrebse und Weichtiere machen einen wichtigen Bestandteil ihrer Nahrung aus, die ganz großen Exemplare vergreifen sich gelegentlich auch an einem Kleinfisch.

Das Laichgeschäft findet später als das von Lavaretus statt, nämlich Ende Dezember. Die Eier werden bis in 20 Metern Tiefe über kiesigem Grund ausgestoßen. Ein Rogner von rd. einem Kilo produziert ca. 30 000 Eier mit 2,5 mm Durchmesser.

Coregonus albula
Den *Whitefish* der Engländer gibt es von Natur her in einigen Seen der Britischen Inseln, aber auch in Irland und rund um die Ostsee. In England und Irland sind es Überbleibsel der Eiszeit. In Deutschland heißt diese Form „Kleine Maräne". Vor über 100 Jahren wurde sie in Bayern mit Erfolg im Waginger See ausgesetzt und heimisch. Wie die meisten Renken aus Seen sind die Kleinen Maränen Planktonfresser. Sie werden nur selten über 30 Zentimeter lang.
Der Vollständigkeit halber sei angeführt, daß es in Nordeuropa noch weitere Renkenarten gibt. Eine davon ist der Nordseeschnäpel, *Coregonus oxyrhinchus*, eine Renkenart, die ihre Wandergewohnheiten beibehalten hat.

Renken lieben felsigen Untergrund. Sie können viele Meter tief stehen.

Die Angeltechniken

Renken zappeln nicht nur in den Netzen der Berufs-
fischer. Sie lassen sich auch mit der Angel fangen.
Meistens kommt dabei eine Hegene zum Einsatz.

Das Renkenfischen in Alpenseen fin-
det ausschließlich vom Boot aus statt.

Überall, wo es Renken in
Fließgewässern gibt (Skandinavien, Rußland, Kanada,
Vereinigte Staaten), beißen
diese sehr gut auf kleine
Kunstköder und lassen sich
hervorragend mit der Fliegenrute fangen.

Gewöhnlich geht dort beim
Naßfliegenfischen auf Äschen
oder Forellen die eine oder andere Renke an den Haken. In
starker Strömung liefern die
Renken einen schönen Drill,
sie sind nicht schwächer als
eine gleichschwere Äsche.

DAS HEGENEFISCHEN

In Deutschland, der Schweiz
und in Frankreich findet das
Renkenfischen in den großen
Seen auf recht eigenartige
Weise statt. Von kleinen Boo-
ten aus wird mit der Hegene
gefischt. Man fischt dabei
senkrecht unter dem Boot mit
einer Montage, an der über
mehrere Meter verschiedene
Beutetierimitate hängen.

Weil man die winzigen Lebe-
wesen des tierischen Plank-
tons nicht nachahmen kann,
konzentriert man sich darauf,

Nachbildungen von Insektenlarven zu verwenden. Be-
währt haben sich dabei Muster, die Zuckmückenlarven
imitieren. Gefischt wird mit
einer kurzen, leichten Rute.
Hebend und senkend führt
man mit ihrer Hilfe die Hegene, an deren Ende ein 10 bis
30 Gramm schweres Blei
hängt, um sie auf Spannung
zu bringen. Wieviel Blei zum
Einsatz kommt, hängt von der
Angeltiefe und von dem Vor-
handensein eventueller Strömungen ab. Zunächst läßt

Die Angeltechniken

Die Hegene muß hebend und senkend geführt werden. Dabei kann man in Grundnähe oder im Mittelwasser zu Werke gehen.

man die gesamte Montage senkrecht unter dem Boot bis auf den Grund ab. Dann beginnt man, die Hegene langsam zu heben und zu senken. Ziel ist, daß die Imitationen der Zuckmückenlarven wie echte Zuckmückenlarven im Wasser allmählich ansteigen. Der Renkenbiß ist sehr diskret. Besonders in Angeltiefen von über zwanzig Metern läßt er sich nur mehr mit optimal zusammengestelltem Gerät wahrnehmen (Schnurdurchmesser von 0,14 bis 0,16 mm). Die Seitenarme (derselbe Durchmesser wie die Hauptschnur), an denen die Nymphen hängen, müssen kurz sein (3 bis 5 cm), um die Verwicklungsgefahr auf ein Minimum zu reduzieren. Hat in über zwanzig Meter Tiefe eine Renke von über einem Kilo gebissen, dann muß der Fisch höchst gefühlvoll emporgedrillt werden, natürlich sollte die Bremse entsprechend weich eingestellt sein. Einige Experten verwenden statt der Rolle einen hölzernen Rahmen. Dieser liegt auf dem Bootsboden, was die Rute leicht und höchst sensibel macht. Je nach Gewäs-

ser, Land und Vorschriften ist eine unterschiedliche Anzahl von Nymphen innerhalb einer Hegene erlaubt.

Das Hakenlösen bei einer Renke.

DER SHEE-FISCH

Stenodus leucichthys ist eindeutig eine Renkenart, allerdings ist er der Riese aus dieser Familie. Diese Fische können schätzungsweise bis zu 25 Kilo schwer werden. Rekordgewicht bringen nur sehr alte Fische auf die Waage, Shee-Fische können über 20 Jahre alt werden. Ihr Durchschnittsgewicht liegt jedoch bei ca. 2 Kilo. Den bisher größten Fang stellt ein Prachtexemplar von 24,4 Kilo dar, das in Alaska gefangen wurde. Die Eskimos sollen mit Netzen und Speeren sogar doppelt so schwere Exemplare erbeutet haben – rund um die Hudson Bay und entlang der Küste von Nordsibirien. Um eine solche Gewichtsklasse zu erreichen bedarf es mehr als reiner Planktonnahrung und Insektenlarven, die den meisten anderen Renkenartigen ausreichen. Der Shee-Fisch (aus der Eskimosprache *Chî*) ist ein Raubfisch, der sich im Meer von Stinten und anderen Futterfischen mit fetthaltigem Fleisch ernährt. Er hält sich gerne in den Mündungsbereichen und Unterläufen größerer Flüsse auf, von wo aus er zum Laichen stromauf wandert. Sein Verbreitungsgebiet reicht rund um den Nordpol. Man findet Shee-Fische vom Weißen Meer bis zur Beringstraße und auf dem amerikanischen Kontinent von Alaska bis nach Baffinland. Es gibt Shee-Fische auch in den großen Seen des kanadischen Nordwestens (Großer Sklaven- und Großer Bärensee) sowie im Kaspischen Meer, wo diese Fischart gerade am Aussterben ist. Mit Ausnahme dieser Seeformen sind die Shee-Fische Wanderfische, die vor Wanderungen von über 1000 Kilometern in eisigem Wasser nicht zurückschrecken, um schließlich ihre Laichgründe zu erreichen. Die wenigen Sportangler, die diese Fische bis dato fangen konnten, betrachten Shee-Fische als echte Sportfische, die Lachsen oder Saiblingen ebenbürtig sind. Die zahlreichen Sprungeinlagen im Drill haben dazu geführt, daß er den ehrwürdigen Namen „Tarpon des Hohen Nordens" bekommen hat. Er wird mit verschiedensten Kunstködern (Blinker, Wobbler, Weichplastikköder) oder mit der Fliegenrute (Streamer) gefangen.

Ein herrlicher Shee-Fisch vom Kobuk-River in Alaska. Er wurde mit der Spinnrute gefangen.

DIE RAUBFISCHE

Biologie

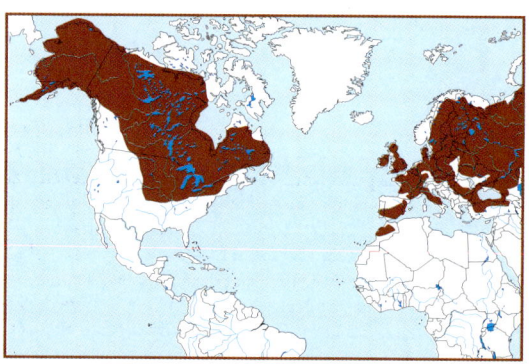

BESCHREIBUNG

Wegen seiner abgeflachten Maulpartie wird der Hecht vielerorts auch als „Entenschnabel" bezeichnet. Das eigentliche Maul hat mit einem Entenschnabel nicht viel gemeinsam: Es ist eine gefährliche Präzisionswaffe, die mit über 700 scharfen Zähnen ausgestattet ist. Die Zähne sitzen nicht nur an den Rändern, sondern auch an der Gaumenplatte.

Das Maul sagt viel über den Fisch aus: Meister Esox ist ein reiner Raubfisch, der in seiner Nahrungsaufnahme sehr flexibel ist. Im Wasser fällt er über Futterfische her, aber auch über Amphibien und an der Oberfläche über Kleinvögel und Schlangen. Gelegentlich nimmt er auch einen einfachen Tauwurm.

In der Fischwelt zählt der Hecht zum Prototyp des Raubfisches, der seiner Beute in erster Linie auflauert. Zu diesem Zweck hat ihn die Natur wirklich hervorragend ausgestattet.

Unter und über seinen Kiefern sitzen eine ganze Reihe auffällig großer Poren, die in der Wahrnehmung unterschiedlichster Druckwellen eine große Rolle spielen und dem Hecht sogar die kleinsten

Die Porenöffnungen entlang seiner Kiefer helfen dem Hecht, sich ein genaues Bild seiner Umgebung zu machen.

Der Hecht ist durch seine Zeichnung hervorragend getarnt.

Schwingungen verraten. Diese Poren stehen über kleine Kanälchen in den Knochen di-

rekt mit dem Seitenlinienorgan in Verbindung. Der Hecht verfügt so über eine Art Hochleistungsradar, so daß ihm in seiner nächsten Umgebung kaum etwas entgeht. In seiner Nähe müssen sich potentielle Beutetiere deshalb unheimlich diskret verhalten, um nicht aufzufallen.

Die Zeichnung seines Schuppenkleides verrät, daß ihn die Natur für das Auflauern geschaffen hat: Der Hecht ist mit seinem grünen, leicht bronzefarbenen Rücken und Flanken, die gelb marmoriert sind, inmitten von Wasserpflanzen perfekt getarnt. Fast unsichtbar kann er so seiner Beute auflauern.

GEOGRAPHISCHE VERBREITUNG

Hechte leben in ganz Nordeuropa, aber auch in Südeuropa. Über Besatzmaßnahmen wurden sie in Spanien und sogar in Marokko heimisch. Hechte leben ebenfalls in weiten Teilen von Nordamerika.

VERHALTEN

Trotz ihrer unverletzlichen Erscheinung sind Hechte in einem Punkt recht sensibel und verwundbar: Beim Laichgeschäft. Um erfolgreich ablaichen zu können, ist es für Hechte nämlich unerläßlich, in seichtem Wasser die Eier an Wasserpflanzen kleben zu können. Ansonsten gehen die Eier und die Hechtlarven, die sich in den ersten Tagen ihrer Existenz an Wasserpflanzen hängen müssen, unweigerlich ein. In Flüssen nutzen Hechte oft Hochwasser, um auf überschwemmten Wiesen abzulaichen. Durch die Gewässerverbauung fehlen diese für den Hecht so wichtigen Über

Hechte greifen ihre Beute immer quer an, bevor sie sie mit dem Kopf zuerst schlucken.

Biologie

DER MUSKIE, EIN HERRLICHES RAUBTIER (ESOX MASQUINONGY)

Der Muskie ist im Nordosten der Vereinigten Staaten zu Hause, wo er besonders in pflanzenreichen Seen gedeiht. Typisch ist sein Körper, der gestreckter und langgezogener wirkt als der seines nahen Verwandten, des Hechtes. Seine Zeichnung sieht ebenfalls anders aus und hebt sich besonders durch die Bänderung und die dunklen Tupfen auf den Flanken von der des Hechtes ab. Die Wachstumsrate des Muskies ist enorm. Im ersten Monat kann er 30 cm lang werden, ausgewachsen sogar 1,8 Meter. Nichtsdestotrotz wiegt er nur ganz ausnahmsweise über 30 Kilo – was schon respektabel ist –, auch wenn schon Exemplare von 45 bis 50 Kilo bekannt geworden sind. Als ausgeprägter Räuber plündert der Muskie in allen Etagen seines Gewässers. Einigen Experten zufolge vernichtet er überall dort, wo er in Mengen zu Hause ist, alles tierische Leben (Küken, Wassernager). Dem französischen Journalisten Pierre Affre zufolge hat der Name dieser Hechtart im alten Französisch des Québec seinen Ursprung: „Masquallongé" – „Langmaske" hieß dort der Muskie in Anlehnung an seinen langgezogenen Kopf. Anderen Autoren zufolge liegt der Ursprung in zwei Begriffen der Cree-Sprache: „Mas", was soviel wie entsetzlich oder häßlich bedeutet, und „Kinenge", das für Fisch steht. Pierre Affre, der die Formen des Muskie eher als überaus elegant empfindet, zieht die erste Erklärung vor. Darüber hinaus erinnert uns daran, daß an den Seen Erie, Huron oder Michigan erst Englisch, dann Französisch gesprochen wurde.

schwemmungen. Staustufen, die den Zugang zu ihren Laichgründen vereiteln, oder Hochwasser, die zu schnell abfließen, sind weitere Probleme bei der Fortpflanzung. In Talsperren sind es Wasserschwankungen, die die Hechtnester oft trockenlegen und damit abtöten.

Die beste Vermehrungsquote von Hechten stellt man immer wieder in Weihern und Naturseen fest. Die Fische versammeln sich, sobald das Wasser 10 °C erreicht, in kleinen Trupps. Das Weibchen paart sich dabei hintereinander mit verschiedenen Männchen. Hierdurch kommt es zu einem optimalen genetischen Austausch, der sich positiv auf die Zukunft der Art auswirkt. Jeder Rogner produziert etwa 20 000 Eier pro Kilo Körpergewicht, die Inkubationszeit beträgt zehn Tage. Nach dem Schlüpfen heften sich die Hechtlarven mit ihren klebrigen Köpfen an die nächste Wasserpflanze, wo sie wiederum etwa zehn Tage bewegungslos verharren, bis ihr Dottersack ganz aufgebraucht ist. Erst dann schwärmen sie getrennt aus. In den ersten Tagen sind es reine Planktonfresser.

Zum Schluß noch ein interessantes Detail: Die Weibchen sind gewöhnlich deutlich größer als die Männchen, und es ist überhaupt nicht selten, daß sie unmittelbar nach dem Laichakt über die Männchen herfallen und sie vertilgen. Auch die Junghechte sind große Kannibalen!

Spinnfischen auf Hecht im irischen County von Cavan. Die Hechte stehen gerne vor den Schilfgürteln.

DIE ANDEREN AMERIKANISCHEN HECHTE

Der Rotflossenhecht *(Esox americanus americanus)*
Er ist klein und nur selten über ein Kilo schwer, charakteristisch sind seine ziegelroten Flossen. Er ist in erster Linie in den Seen und Flüssen im Osten Nordamerikas zu Hause.

Der Krauthecht *(Esox americanus vermiculatus)*
Er ist genauso kleinwüchsig wie sein naher Verwandter, der Rotflossenhecht. Seine Flossen sind grün-braun bis gelblich gefärbt. Dunkle, von oben nach unten verlaufende Bänder zieren seine Flanken.

Der Kettenhecht *(Esox niger)*
Wie der Name schon andeutet, ist für diese Fische ein kettenartiges Muster typisch. Entlang der Flanken liegen gelbliche Tupfen unterschiedlicher Größe, die von einer bronzefarbenen bis schwarzen Bänderung eingefaßt sind. Kettenhechte werden höchstens vier Kilo schwer.

Trotz ihrer recht kleinen Größe werden diese drei Hechtarten von den amerikanischen Anglern wegen ihrer kämpferischen Leistung im Drill sehr geschätzt – an leichtem Gerät liefern sie einen tollen Sport.

Biologie

DAS GEHEIMNIS DER PROFIS

RAYMUNDO, GENANNT RAY AUS SPANIEN.

Er arbeitet als Angelführer bei Mequinenza, wo er seine Kunden zum Waller- und Hechtangeln mitnimmt. Auf Meister Esox fischt er hauptsächlich in den vielen kleinen Altarmen des Rio Cinca, einem Zufluß des Rio Ebro. Ist das Cinca-Wasser stark angetrübt, greift Ray auf einen ganz bestimmten Kunstköder zurück: Einen Löffel in Verbindung mit einem Weichplastikköder (Gummifisch). Er kombiniert dabei die Schwingungen, die vom Schwanz des Gummifisches ausgehen, mit dem Glanz und Schimmer des Löffelblattes.

DER „IRE" AUS FRANKREICH: MICHEL NEUVILLE

Sein erster Irlandbesuch war für Michel Neuville ein ganz besonderes Erlebnis. Er hat ein Land entdeckt, in dem die Menschen Ausländer aufs Herzlichste willkommen heißen, in dem es Unmengen an Gewässern und in dem es über der felsigen, sattgrünen Landschaft die herrlichsten Lichtspiele gibt.

Als begeisterter Hechtangler hat er ein Angelcamp an den Ufern des Erne im County Cavan aufgemacht. In dieser Gegend sollen besonders große Hechte zu Hause sein. Seiner Meinung nach ist die produktivste Technik das Angeln mit einem toten Köderfisch auf einem System. Er benutzt dabei ein System mit Kopfbebleiung, wobei ein Auftriebskörper in das Fischlein gesteckt wird (Drachkovitch-System). So versinkt es nicht im Krautteppich des Gewässergrundes. Das Fischlein läßt sich so in unmittelbarer Nähe der lauernden Hechte führen. An dieser Stelle sei daran erinnert, daß auch auf der sogenannten grünen Insel der Gebrauch eines lebenden Köderfisches verboten ist.

BERNARD THOMPSON: ALASKA

Im Land der „letzten Grenze" genießt Bernard Thompson

einen legendären Ruf. Als Lachsexperte hat er alle Flüsse dieses Landes befischt, das so groß wie Europa ist. Während der Schonzeit und im Winter hat er im Land der Eskimos eine weitere Fischart kennengelernt: den Hecht. Er fischt hauptsächlich im Winter auf ihn – durch ein Eisloch. Dabei zupft er einen Pilker im Freiwasser, ihm zufolge die beste Technik. Sie ist zwar schon uralt, paßt aber ungemein zur apathischen Laune der Hechte in dieser Jahreszeit.

ALAIN TREMBLAY

An den Ufern des Sankt-Lorenz-Stroms in der kanadischen Provinz Québec ist die Familie Tremblay schon seit Generationen bekannt: Immer wieder bringt diese Familie die besten Guides der Gegend hervor! Alain Tremblay bildet bei dieser Regel keine Ausnahme. Er betreibt die Lodge „Le Martin Pêcheur" und hat sich auf Walleyes (die amerikanischen Zander) und Hechte spezialisiert. Alain Tremblay ist ein Experte im Umgang mit

Oberflächenködern. Den ganzen Sommer über stellt er den Hechten mit nur einem künstlichen Köder nach, der über ein besonders raffiniertes Innenleben verfügt: Mit einer Froschimitation in Naturgröße, die, einmal auf dem Wasser, dank einer Batterie zu quaken beginnt!

Sein Geheimnis: Nur mit ganz kurzen Rucken führen und die unmöglichsten Unterstände sorgfältig absuchen – dort angelt nämlich sonst niemand!

Die Angeltechniken

*Das Spinnfischen ist heute wahrscheinlich die vielseitig-
ste Methode, um auf Hecht zu angeln. Dem Spinnfischer stehen mittlerweile unglaublich viele verschie-
denartige Kunstköder zur Verfügung.*

DAS SPINNFISCHEN
MIT KUNSTKÖDERN

Das Angebot an Kunstködern
ist im Angelgerätehandel heute enorm. Dank dieses
Angebotes kann man seinen
Kunstköder so wählen, daß er
optimal zur jeweiligen Situation und Stelle paßt – es
gibt Kunstköder für jede
Tiefe, für die Oberfläche und
für tiefes Wasser. Das Spinnfischen ist darüber hinaus eine sehr aktive Technik, bei
der man sich viel bewegt und
seinen Köder an aussichtsreichen Stellen serviert. Spinner
und Löffel, Weichplastikköder, Wobbler und Oberflä-
chenköder sind Kunstköder,
die sich bestens zum Spinnfischen auf Hecht eignen.

Die Wobbler

Abhängig von ihrer spezi-
fischen Dichte und der
Form ihrer Tauchschaufel gibt
es schwimmende, sinkende,
seichtlaufende und tieflaufen-
de Modelle. Wobblerserien,
wie sie etwa von Rapala angeboten werden, reichen aus,
um nahezu allen Situatio-
nen gerecht zu werden.
Schwimmende Wobbler, die
kaum abtauchen, sind besonders im Sommer fängig, wenn
die Hechte recht seicht in
den Krautbänken stehen.
Wobbler eignen sich ebenfalls
hervorragend zum Schlepp-
fischen. In Irland zählen sie an
den großen Loughs zu den
Schleppködern N° 1.

Die Oberflächenköder

Seit Jahrzehnten angeln die
amerikanischen Angler den
Sommer über gerne mit
Oberflächenködern. Dieser
Ködertyp ist auf dem eu-
ropäischen Markt noch recht

*In den ersten Stunden nach
Tagesanbruch sind die Hechte besonders aktiv. Wobbler eignen sich hervorragend für ihren Fang.*

neu. Er richtet sich nicht ausschließlich auf den Fang von Hechten, auch Schwarzbarsche lassen sich damit erfolgreich an den Haken locken. Die ersten Oberflächenköder der Amerikaner waren ausschließlich für Schwarzbarsche gedacht. Einer der bekanntesten Oberflächenköder ist der Propellerfisch, der ursprünglich in Europa nur zum Fang von Wolfsbarschen zum Einsatz kam, sich aber mittlerweile auch als Hechtköder bewährt hat. Große Popper für die Spinnrute, Maus- oder Froschimitationen sind allesamt in der warmen Jahreszeit fängige Köder. Hechte stehen dann seicht und lauern gerne Amphibien oder Kleinsäugern auf, die durch das Wasser ziehen. Schwimmende Fischimitationen, wie Crankbaits, Jerkbaits oder Stickbaits sind ebenfalls erstaunlich fängig, sofern sie richtig geführt werden. Diese Köder lassen sich an Stellen anbieten, die sich mit keinem

anderen Köder absuchen lassen. Man kann mit ihnen inmitten von Krautfeldern und Schilf angeln, wo an Blinkern nicht mehr zu denken ist. Sie müssen allerdings auf eine recht eigenartige Art und Weise geführt werden: Nach dem Wurf läßt man sie einige Sekunden ruhen, bevor man sie ruckartig einholt. Zwischen den Rucken sollte man immer wieder einmal eine kleine Pause einlegen. Diese Köderführung erinnert sehr an das Popperfischen auf Schwarzbarsche.

Der Biß ist gewöhnlich recht spektakulär, schließlich stößt der Hecht mit seinem weit aufgerissenen Maul unmittelbar an der Oberfläche zu, wobei er sich gelegentlich sogar aus dem Wasser schleudert. Wichtig ist, den Anhieb nicht zu früh zu setzen! Nach dem Biß muß man sich zwingen, den Anhieb um Sekundenbruchteile zu verzögern. Wenn er dann schließlich erfolgt, sollte er mit einer weit ausholenden Geste gesetzt werden.

Dieser Oberflächenköder ist eigentlich ein typischer Wolfsbarschköder. Mit ihm lassen sich allerdings auch zahlreiche Hechte an den Haken locken.

Den ganzen Sommer über nehmen Hechte gerne Oberflächenköder.

Die Angeltechniken

Die Blinker

Blinker sind in Europa wahrscheinlich die für den Hechtfang gebräuchlichsten Kunstköder. In Nordamerika kommen sie etwas weniger oft zum Einsatz, dafür vermehrt Weichplastikköder, Wobbler und Oberflächenköder.

Spinner sind Blinker, die über ein sich drehendes Spinnerblatt verfügen. Sie gehören zur Grundausstattung eines Spinnfischers. Der große Vorteil dieser Kunstköder ist, daß der Umgang mit ihnen recht unproblematisch ist. Gleichzeitig gibt es verschiedene Modelle, die sich sinnvoll ergänzen: Modelle mit schmalem und Modelle mit breitem Spinnerblatt. Die breiten Spinnerblätter drehen langsam und weit von der Achse entfernt und sind entsprechend für seichtes Wasser geeignet. Solche Spinner beginnen schon bei leichtestem Zug zu arbeiten, auch anläßlich des Absinkens, wo ihr Eigengewicht und der Wasserdruck ausreichen, sie mit ihrer Arbeit beginnen zu lassen. Die Modelle mit schmalem Spinnerblatt arbeiten anders. Hier dreht sich beim Einholen das Blatt nahe an der Achse, was ein tieferes Fischen ermöglicht, aber auch ein Fischen in deutlich stärkerer Strömung. Hechtspinner sind im Regelfall mit einem Drilling bewaffnet. Oft ist dieser Drilling noch zusätzlich mit einem roten Wollbüschel, einem Weichplastikköder oder etwas anderem verziert – dem Hecht soll so ein Zielpunkt im Moment seines Angriffes gegeben werden.

Alle Spinner sind so konzipiert, daß sie unter Zug von selbst mit der Arbeit beginnen. Jedes Modell hat allerdings seine optimale Tauchtiefe und Einholgeschwindigkeit. Beim Spinnfischen geht es darum, den Spinner an möglichst vielen Stellen anzubieten, überall dort, wo man einen lauernden Hecht vermutet.

Verschiedene Hechtspinner.

Dieser herrliche Hecht ging in einem Weiher an den Haken.

Geführt wird der Spinner nicht durch monotones Einholen, sondern er sollte möglichst abwechslungsreich durchs Wasser laufen.

Die Löffel

Löffel werden von vielen verkannt und oft nur als Notlösung betrachtet, was allerdings ein großer Fehler ist. Sie sind in Wirklichkeit ausgezeichnete Hechtköder, deren Führung allerdings nicht ganz einfach ist. In geübten Händen läßt sich mit ihnen das Schwimmverhalten eines verletzten Köderfisches unheimlich gut nachahmen. Besonders attraktiv wirkt es immer, einen Löffel anläßlich von Pausen beim Einholen in die Tiefe trudeln zu lassen.

Die Iren haben den Wert von Löffeln schon lange erkannt und verwenden wahre Schuhlöffel beim Schleppen. Für sie sind diese Köder die besten, um einen *Mammoth Pike* an den Haken zu locken, jene legendären Hechte in sagenhaften Größen, die in der Tiefe der großen Seen hausen. Es gibt auch besonders schwere, sehr dickwandige Löffel, mit denen man ebenfalls an sehr tiefen Bereichen erfolgreich angeln kann. Die dünnwandigen Modelle laufen schwebender und unregelmäßiger. In einigem Abstand beschwert, lassen sich auch die dünnwandigen Modelle tief fischen. Das einzige Problem dieser Modelle ist, daß sie nicht von selbst mit dem Arbeiten beginnen, sondern vom Angler geführt werden müssen.

Die Weichplastikköder

Weichplastikköder sind eine amerikanische Erfindung und es ist äußerst beeindruckend, wie viele verschiedene Formen, Farben und Größen sich

Löffel sind ausgezeichnete Hechtköder, die sich auch beim Schleppen verwenden lassen.

In den großen kanadischen Seen leben zwei Hechtarten: Der Hecht und der Muskie.

Die Angeltechniken

die Amerikaner in den vergangenen Jahrzehnten ausgedacht haben. Die ersten Weichplastikköder, die nach Europa gelangt sind, waren Modelle in Fragezeichenform, die sich sogleich unter den Zanderanglern durchgesetzt haben. Man darf jedoch nicht vergessen, daß die Amerikaner diese Köder ursprünglich für den Fang von Schwarzbarschen entwickelt haben, dem in den USA begehrtesten Raubfisch.

Weil die Hechte gerne ein den Schwarzbarschen vergleichbares Verhalten an den Tag legen, ist es offensichtlich, daß diese Kunstköder auch die Hechte schwach werden lassen!

Heute gibt es eine Unmenge verschiedener Modelle, die beispielsweise Flußkrebse ungemein detailgetreu nachahmen, aber auch alle möglichen anderen Wassertiere. Die wesentlichen Vorteile der Weichplastikköder sind: Der einfache Gebrauch, der günstige Preis, eine unglaublich vollständige Köderpalette und besonders die Möglichkeit,

auch sehr schwer zugängliche Stellen zu befischen. Der Grund ist, daß die Weichplastikköder meist nur mit einem großen Einzelhaken bewaffnet werden, dessen Spitze im Köderkörper verborgen werden kann, was die Hängergefahr reduziert. Weichplastikköder lassen sich auch als Oberflächenköder verwenden (*Slug* von MEPPS), man muß sie

nicht unbedingt auf ein Bleikopfsystem montieren.

Das Fischen mit einem toten Köderfisch auf einem System

Diese Technik ist auf Hechte genauso fängig, wie auf Zander. Zum Hechtangeln kommen lediglich größere Systeme und Köderfische zum Einsatz, und es gilt im wesentlichen dasselbe, wie für die Zanderangelei mit System und totem Köderfisch.

Das Angeln mit lebendem Köderfisch

Das Angeln mit lebendem Köderfisch ist in Deutschland und einigen anderen Ländern verboten, jedoch bei weitem nicht überall. Es ist mit Sicherheit einer der besten Wege, um gezielt einen wirklich großen Hecht zu fangen. Man kann auch mit einem toten Köderfisch zu Werke gehen, allerdings schrumpfen die Erfolgsaussichten beträchtlich. Beim Angeln mit lebendem Köderfisch kann eine Grund- oder eine Posenangel eingesetzt werden.

Der Köderfisch wurde tief geschluckt.

Dieser Hecht hat einen lebenden Köderfisch genommen, den der Angler mit Hilfe einer Segelpose angeboten hat.

Die Angeltechniken

DAS FLIEGENFISCHEN

Daß sich mit der Fliegenrute nicht nur Salmoniden, sondern ganz gezielt auch die anderen Raubfischarten und ganz besonders Hechte fangen lassen, ist eine Erkenntnis, die sich erst in den vergangenen Jahren bei den Anglern durchgesetzt hat. Heute ist es sogar „in", den Raubfischen mit Hilfe einer Fliegenrute nachzustellen. Seit etwa einem Jahrzehnt sind die Salmoniden nicht mehr die einzigen Fische, denen in Europa mit der Fliegenrute nachgestellt wird. Wieder einmal waren es die Amerikaner, die als erste entdeckt haben, daß sich eine ganze Reihe von herrlichen Sportfischen mit der Fliegenrute fangen lassen: Tarpon, Bonefish, Schwarzbarsch, Pfauenlippbarsch und natürlich Raubfische wie der Hecht, aber auch ein weiterer, nordamerikanischer Traumfisch, der Muskie. Für das Fliegenfischen bedeutet diese Vielfalt, daß man die Fliegenrute während der Schonzeit der Salmoniden keineswegs wegräumen muß. Das Fliegenfischen auf Hechte ist

keine Notlösung, nein, dank speziell gebundener Streamer mit Krautschutzvorrichtungen kann man diese Kunstköder an Stellen servieren, wo es so hindernisreich ist, daß das Fischen mit anderen Kunstködern völlig zwecklos wäre.

Die Fliegen

Echte Hechtfliegen sind gewöhnlich große Federbüschel, die aus Materialien gebunden werden, die kein oder nur wenig Wasser aufnehmen. In stillstehenden Gewässern kann man zum Fischen im Oberflächen-

bereich mit sehr akkuraten Nachbildungen von Mäusen oder Fröschen zu Werke gehen. In alle Streamer sollten unbedingt auch synthetische Fibern mit eingebunden werden, die dem Streamer ein wenig Glanz verleihen (Tinsel, Crystal Flash usw.).

Die Angelpraxis

Man kann die verschiedenen Unterstände nach aktiven Hechten absuchen, mehr Spaß macht es jedoch, den Hechten die Fliege auf Sicht zu servieren. Insgesamt betrachtet scheint das Fliegenfischen auf Hecht

Hechtstreamer sind oft recht bunt gefärbt.

in seichten Gewässern besonders erfolgreich zu sein. Um
attraktiv zu wirken, muß der
Streamer mit unterschiedlich
starken Rucken an der Wurfschnur eingeholt werden. Gewöhnlich werden Streamer
weniger brutal als Ober-
flächenköder angefallen. Beim
geringsten Verdacht von
Widerstand und beim kleinsten Ruck im Handgelenk
muß unbedingt ein Anhieb
gesetzt werden.

*Diesem Hecht wurde ein bunter
Streamer zum Verhängnis.*

*Spektakulärer Anhieb ei-
nes Hechtes, der einen
Streamer genommen hat.*

Die Angeltechniken

WOHIN ZUM HECHTANGELN?

DIE WICHTIGSTEN REISE-ZIELE

In einigen Ländern ist bis heute noch eine wahrhaft traumhafte Hechtangelei möglich, eine Angelei, die sogar die ehrgeizigsten Hechtangler zufriedenstellt. Alleine in Europa ist ein sehr abwechslungs- und aussichtsreiches Hechtangeln in einer Vielzahl von Gegenden möglich. Stellenweise kann man sogar mit wahren Rekordfischen rechnen!

IRLAND

Seit Jahrzehnten schon ist die grüne Insel ein bei vielen europäischen Anglern begehrtes Reiseziel. Dazu haben die zahlreichen Reiseveranstalter beigetragen, die das Hechtangeln zu sehr günstigen finanziellen Konditionen in Form von Pauschalreisen möglich machen. Die Fische sind zahlreich und immer wieder über einen Meter lang! Gleichzeitig erliegt jeder Irlandreisende unweiglich dem Charme dieser Insel. Das liegt zum einen an der atemberaubenden Landschaft, zum anderen an der Herzlichkeit der Einheimischen, die Angler immer willkommen heißen. Neben über 14 000 Seen, in denen Hechte leben, darunter der berühmte *Lough Mask*, kann der Angler sein Glück auch in zwei Flüssen probieren: im Shannon, dem längsten irischen Flußlauf, der seinen Ursprung bei Sligo hat, und dem Erne im County von Cavan. An dieser Stelle möchten wir daran erinnern, daß das Angeln mit lebendem Köderfisch in Irland verboten ist. Die erfolgreichsten Angeltechniken sind das Ansitzangeln und das Zupffischen mit toten Köderfischen, das Spinnfischen mit Kunstködern sowie das Schleppfischen mit großen Löffeln.

NIEDERLANDE

Die Polder und Kanäle der Niederlande sind – dank einer vorbildlichen Bewirtschaftung – ganz ausgezeichnete Hechtgewässer, in denen Hechte in allen Größen leben. Die Niederlande stellen daher für den Angler ein Reiseziel aller-

Traumhafte Landschaft in Alaska. In zahlreichen Seen leben dort große Hechtbestände.

erster Güte dar. Besonders glücklich werden hier die Fliegenfischer, die die Hechte meist auf große Streamer und Oberflächenköder haken.

SPANIEN

Erst seit wenigen Jahren sind die spanischen Hechtgewässer im Gespräch. Hechte gibt es in Spanien zwar schon lange, nur ist dieser Schatz recht verborgen geblieben. Schon gleich hinter der Grenze liegt die Provinz Aragon. Bekannt geworden ist sie durch außergewöhnliche Wels-, Schwarzbarsch- und Zanderfänge – aber auch durch ihre Hechte! Spanien ist kein teures Reiseland, so daß es für jeden interessierten Raubfischangler auf der Hand liegt, dort einmal sein Glück zu versuchen. Das Herrliche hier ist die große Vielfalt der Angelmöglichkeiten, in einem Urlaub kann man durchaus

alle vier Räuber dieses schönen Landes fangen.

KANADA

Kanada ist momentan wahrscheinlich das aussichtsreichste Reiseziel, wenn es um Hecht geht. Ganz besonders gilt das für den Großen Sklavensee im Nordwesten des Landes. Jährlich kommt es hier zu Rekordfängen, gleichzeitig ist die Bestandsdichte geradezu beängstigend. Wer Französisch spricht, für den lohnt sich ein Abstecher nach Québec, wo viele Lodges mit Angelführern auf das Hechtfischen spezialisiert sind. Der St. Lorenz-Fluß bietet außergewöhnlich gute Angelmöglichkeiten auf Hecht, Muskie und Zander.

USA

Hechte gibt es hier viele, ganz besonders in der Gegend der Großen Seen.

Wer nach Alaska zum Lachsangeln geht, kann mit ein wenig Hechtangelei zwischendurch eine Menge Abwechslung in die Angelfreuden bringen. Interessant sind die Flüsse und Seen auf der Höhe des Polarkreises (Noatak, Kobuk).

Ein schöner Hecht aus einem Altarm des Rio Cinca in Spanien.

Biologie

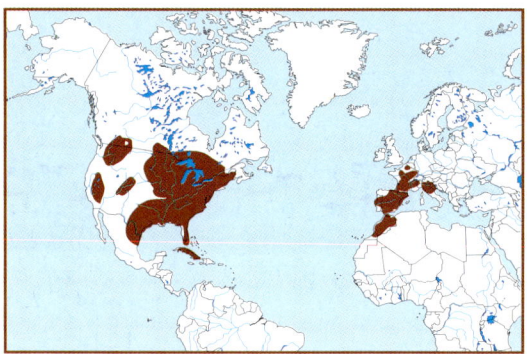

In den südeuropäischen Ländern ist der Schwarzbarsch der Akrobat unter den Raubfischen. Den Anhieb quittiert er stets mit einem Sprung, worauf er frenetisch auf seinem Schwanz über die Wasseroberfläche fegt. Gleichzeitig fasziniert, begeistert und enttäuscht sein launischer Charakter den Angler stets aufs Neue – gleichgültig läßt er ihn jedenfalls nie! Und jedesmal, wenn sich wieder einer mit einem mächtigen Sprung vom Haken schüttelt und entwischt, stehen wir atemlos und enttäuscht da, obwohl er uns doch den Gefallen getan hat, unseren Köder mit einem Biß zu würdigen. Bis zur letzten Sekunde ist es beim Schwarzbarsch nämlich immer ungewiß, ob er auf unsere Trickserei hereinfällt oder nicht. Libelle oder Schmetterling? Popper, Slider, Jerkbait oder Spinnerbait? Die Frage stellt sich immer wieder auch für die amerikanischen Profis, die „Bass Men". Auch sie stehen immer wieder vor der Qual der Wahl, hüten aber einen wahren Schatz an Erfahrung, der sie, so hoffen sie, irgendwann zum Heiligen Gral führt. Schwarzbarsche sind die launischsten und unberechenbarsten Teufelskerle, die sich ein Angler vorstellen kann.

BESCHREIBUNG

Betrachtet man zum ersten Mal einen Schwarzbarsch, dann bleibt einem vor allem

Seinem enormen Maul verdankt der Schwarzbarsch die Bezeichnung „Largemouth".

DER SCHWARZBARSCH (*Micropterus salmoides*)

Schwarzbarsche leben gerne gesellig und haben eine besondere Vorliebe für die Deckung von Unterständen.

ein Eindruck von roher Kraft, die dieser Fisch ausstrahlt. Der Körper ist gedrungen und bullig gebaut, mit rauhen Schuppen überzogen, die einen wahren Panzer zu bilden scheinen. Wesentlich trägt das überdimensionale Maul zum Eindruck bei, dem der Schwarzbarsch seinen amerikanischen Namen *Largemouth Bass* („Großes Maul") verdankt. Seinen grimmigen Ausdruck verdankt der Schwarzbarsch seinem vorstehenden Unterkiefer, dessen Ende weit über den Oberkieferrand hinausragt. Mit diesem Maul raubt er an der Oberfläche, aber auch im Verborgenen der Tiefe. Auf seinen räuberischen Charakter

weisen auch die zahlreichen winzigen Zähnchen hin, die in Form von dichten Zahnkissen an den Kiefern und auf der Zunge sitzen. Die muskulöse Schwanzwurzel sorgt für ein großes Beschleunigungsvermögen und macht Überraschungsangriffe möglich. Den Rücken zieren zwei verhältnismäßig kleine Rückenflossen, die vordere davon verfügt über feste und spitz zulaufende Strahlen. Eine dünne Haut verbindet beide. Letzteres Merkmal macht auch einen deutlichen Unterschied zur Familie der Flußbarsche aus. Schwarzbarsche gehören in die Familie der Centrarchiden, die viele tolle Sportfische umfaßt. So be-

trachtet macht der Schwarzbarsch seiner Familie alle Ehre.

GEOGRAPHISCHE VERBREITUNG

Ihren natürlichen Ursprung haben die Schwarzbarsche im Südosten der Vereinigten Staaten. Von Natur her sind sie auch im südlichen Bereich der Großen Seen sowie im Süden Ontarios und Québecs heimisch. Ihren genetischen Ursprung haben die Schwarzbarsche sehr wahrscheinlich im südlichen Mississippi, durch Besatzmaßnahmen mit gewaltigen Ausmaßen sind Schwarzbarsche mittlerweile in fast allen amerikanischen Bundesstaaten heimisch und

Biologie

Im Schatten eines großen Steins lauern Schwarz- und Flußbarsche gemeinsam auf Beute.

haben sich stellenweise schon zu einzelnen Stämmen entwickelt. In Kanada gibt es neben Südontario und Südquébec noch ein paar isolierte Schwarzbarschbestände in Britisch Kolumbien, Alberta, Saskatchewan und Manitoba. Nach Europa kamen die ersten Schwarzbarsche 1882 (Frankreich). In den Jahren danach kam es in den verschiedensten Ländern zu Besatzmaßnahmen, sogar in Deutschland, Polen oder in Dänemark. Hier haben die Schwarzbarsche nie Fuß gefaßt, dafür aber in Italien, in der Schweiz, in Frankreich, in Spanien und sogar in Marokko. Besonders in den beiden letzteren Ländern haben die Besatzmaßnahmen so gut funktioniert, daß sie für interessierte Schwarzbarschangler ganz außergewöhnliche Reiseziele geworden sind.

Schwarzbarsche leben heute aber noch in ganz anderen Gegenden. Es gibt sie in Südafrika, in Kenia, in Simbabwe, aber auch in Mexiko, Honduras, Kolumbien, Kuba und in der Dominikanischen Republik, in Thailand und Vietnam. Auf Madagaskar gibt es Seen, die vor Schwarzbar-

schen nur so wimmeln, etwa das ganze Sumpfgebiet von Aloatra, das über 200 000 Hektar groß ist.

VERHALTEN

Das ungewöhnliche Anpassungsvermögen der Schwarzbarsche ist erheblich in der Tatsache begründet, daß es sich um eine Fischart handelt, die extrem große Temperaturschwankungen verträgt (0 °C-30 °C). Im Norden der Vereinigten Staaten überleben sie problemlos auch in Gewässern, die monatelang von Eis überzogen sind, in Florida gedeiht der dort lebende Schwarzbarschstamm (Florida Strain) in 30 °C Wassertemperatur. Solange die durchschnittliche Temperatur mindestens sechs Monate

Dieser Schwarzbarsch hat gerade zugestoßen, nachdem er sich im Schilf auf die Lauer gelegt hatte.

DER SCHWARZBARSCH *(Micropterus salmoides)*

EIN LAUNISCHER UND UNBERECHENBARER FISCH

Der sehr launische Charakter der Schwarzbarsche, die sich anläßlich einer Freßorgie gnadenlos vollstopfen und dann wiederum lange Zeit völlig apathisch bleiben können, steht in direkter Verbindung mit seinen Bemühungen, die optimale „Komfortzone" zu finden: die richtige Wassertemperatur, die richtige Tiefe und besonders die optimale Sonneneinstrahlung, die ganz wesentlich seinen Lebensrythmus bestimmt.

So kommt es, daß er beispielsweise in den spanischen Talsperren im März und im Oktober/November in äußerst großer Tiefe auf die Jagd gehen kann (20 Meter und tiefer)! In der Sommerhitze steht er dagegen oberflächennah, sucht dann aber gerne den Schatten. In Spanien vereinfacht ein Echolot das Ausmachen der Standorttiefe der Schwarzbarsche enorm. Weiteres wichtiges Detail: Schwarzbarsche fixieren sich gerne auf einen ganz bestimmten Beutetiertyp. Das können Libellen, Flußkrebse Futterfische oder Schlangen sein ... Sind sie auf Libellen fixiert, dann

braucht man ihnen keinen Weichplastikköder zu servieren. Fallen sie in der Tiefe über Kleinfische her, ist man mit einem Wobbler oder Gummifisch erfolgreich. Sind sie auf Fischbrut aus, muß auch der gefischte Köder klein gewählt werden. Bei anderer Gelegenheit sind es die langen Tauwurmimitationen aus Weichplastik die gierig eingesogen werden. Die großen Weichplastikköder mit einem fragezeichenförmi-

gen Schwanz erinnern unter Zug viel eher an das fließende Schlängeln einer Schlange als an einen kriechenden Wurm. Im gleichen Sinne arbeitet ein Oberflächenköder namens Stick-Bait richtig geführt, so lebensecht, daß er einer kleinen schwimmenden Ringelnatter zum Verwechseln ähnlich sieht.
Es liegt an uns Anglern, aufmerksam zu sein, uns anzupassen und die bestmögliche Köderwahl zu treffen.

Biologie

hindurch um die 15°C bis 30°C liegt, gedeihen die Schwarzbarsche prächtig. In Spanien und Marokko gedeihen sie in den Talsperren am besten. Dort finden sie Lebensbedingungen vor, die ihnen optimal zusagen. Sie stehen gerne in unmittelbarer Nähe zu Hindernissen und Versteckmöglichkeiten, beispielsweise in versunkenem Gehölz oder in Ruinen. Der Schwarzbarsch gilt als der typische Bewohner ruhigen und warmen Wassers. So kommt es, daß er in Flüssen systematisch in ruhigen, strömungsfreien Buchten und Altarmen anzutreffen ist. Er gedeiht auch in Kanälen, Naturseen und Weihern gut, vorausgesetzt, daß eine dichte Vegetation die Ufer säumt.

Die Nahrungsgewohnheiten

Die enorme Vielfalt der von den amerikanischen Anglern entwickelten Schwarzbarschköder beweist, wie abwechslungsreich der Speiseplan der Schwarzbarsche, die sich am Grund, im Freiwasser und an der Oberfläche ernähren, sein kann. So ist den Wissenschaftlern beispielsweise aufgefallen, daß Fische letztlich keine 50% der Schwarzbarschkost ausmachen. Es sieht so aus, als würden sich die Schwarzbarsche hauptsächlich zeitig im Frühjahr und Herbst, wenn entlang der Ufer dichte Schwärme von einsömmrigen Jungfischen stehen, auf Fische als Beutetiere konzentrieren. Sie sind auch gierige Vernichter von Katzenwelsen, die in Italien, Frankreich und Spanien vielerorts eine Plage sind. Schwarzbarsche sind wahrscheinlich sogar die einzige Raubfischart, die diesen stacheligen Gesellen zum Verhängnis werden kann – die

anderen mögen keine Zwergwelse. Sie stoßen mit weit geöffneten Mäulern durch die dichten Knäuel von Zwergwelsbrut. Im Sommer stehen Schwarzbarsche oberflächennah, etwa in der Deckung eines Seerosenblattes. Nun sind sie auf alles mögliche Getier aus, das an und über der Oberfläche unterwegs ist und sich irgendwie fangen läßt. Das können über dem Wasser tanzende Libellen, aber auch Wassernattern, Frösche, Molche, Kleinnager und sogar Kleinvögel sein. In amerikanischen Katalogen kann man unter den Fliegen und Kunstködern sogar Imitationen von Schildkröten entdecken! Was letztlich auch völlig logisch ist. In einem französischen Weiher wurde sogar beobachtet, wie just auf einer Sandbank geschlüpfte Wasserschildkröten zwar ihren Weg ins Wasser fanden, dort jedoch von einem dicken Schwarzbarsch gierig und geduldig erwartet wurden. An diesem Tag hat er sich mit den winzigen Schildkröten mit weichen Panzern vollgestopft! Zu guter Letzt dürfen wir einige Lieblingsbeutetiere der Schwarzbarsche nicht vergessen: Flußkrebse, Tauwürmer und andere Wurmarten. Die Schwarzbarschbrut lebt bis zu einer Größe von 5 Zen-

Nachdem er seine Beute betäubt hat, verschlingt der Schwarzbarsch sie.

DER SCHWARZBARSCH (*Micropterus salmoides*)

Versunkene Vegetation bietet den Schwarzbarschen optimale Unterstandsmöglichkeiten.

timetern ausschließlich von Zooplankton (Hüpferlinge, Wasserflöhe ...). Nach dem ersten Sommer (10 cm) macht sich der räuberische Charakter immer mehr bemerkbar.

Das Laichgeschäft

Schwarzbarsche vermehren sich von April bis Juni, wenn die Wassertemperatur zwischen 17 °C und 21 °C liegt. Wie bei den meisten Mitgliedern der großen Familie der Centrarchiden (der auch die vielen Cichlidenarten ange-

hören, darunter der Pfauenlippbarsch) findet anläßlich des Laichgeschäftes eine komplexe Zeremonie statt. Dem Milchner fällt die Pflicht zu, ein Nest vorzubereiten. Hierzu schlägt er mit schlängelnden Körperbewegungen, seinen Flossen und besonders mit der kräftigen Schwanzflosse eine Laichkuhle aus, deren Durchmesser gewöhnlich zwischen 30 und 50 Zentimetern liegt. Bevorzugt wird dabei kiesiger bis sandiger Untergrund, der idealerweise ein

wenig feines Wurzelwerk enthält. Die Nester liegen meist in unmittelbarer Ufernähe unter 0,5 bis 1,5 Meter Wasser (in steil abfallenden Talsperren auch 2 Meter tief). Ist das Werk erst einmal vollendet, geht das Männchen auf Brautschau. Auffällig ist, daß das Nest immer in unmittelbarer Nähe irgendeines Hindernisses angelegt wird: Krautbank, Wurzel, Felsen. Ist das Männchen fündig geworden, muß es das Weibchen, das sich schon bald in

Biologie

unmittelbare Nestnähe locken läßt, noch ganz schön umwerben. Es vollführt eine kompliziert anmutende Tanzparade, die einen ganzen Tag andauern kann! Das einzige Ziel ist, das Weibchen zum Ausstoßen ihrer Eier zu bringen – etwa 5000 an der Zahl pro Kilo Körpergewicht. Der Durchmesser der Eier beträgt durchschnittlich 1,5 mm, ihre Oberfläche ist klebrig. Dank dieser klebrigen Oberfläche bleiben die Eier im Nest haften und werden nicht aus der Laichkuhle geschwemmt. Der Laichakt findet in mehreren Malen statt. Das Weibchen stößt seine Eier in mehreren Schüben aus, wobei es jedesmal zu einer neuen Befruchtung durch das Männchen kommt. Regelmäßig bekommt das Männchen auch noch von anderen Weibchen Besuch, die sich von seinen Tanzeinlagen bezirzen lassen. So ein Schwarzbarschvater nimmt es mit der Verpflichtung, für den Fortbestand seiner Art zu sorgen, sehr ernst. So kommt es, daß es durchaus Nester mit über 20 000 befruchteten Eiern geben kann. Das ist dann das Ergebnis der Paarung mit vier verschiedenen Weibchen in Durchschnittsgröße!

Nun entwickelt sich das Schwarzbarschmännchen zu einem überaus verantwortlich handelnden Vater. Unablässig und mit größter Wachsamkeit bewacht er sein Gelege und belüftet es durch Fächern mit seinen Flossen. Dabei geht es auch darum, die Eier vor feinem Sediment zu bewahren, unter dem sie an-

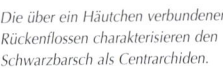

Die über ein Häutchen verbundenen Rückenflossen charakterisieren den Schwarzbarsch als Centrarchiden.

sonsten leicht ersticken. Gnadenlos fällt er auch über jeden Eindringling her, der seinem Nachwuchs gefährlich werden könnte.

Leider wird den Milchnern dieses aufopfernde Verhalten zum Verhängnis. Taucht etwa ein Hecht in der Nähe vom Nest auf, dann greift er gerne auf die leichte Beute zurück, die sich sprichwörtlich von selbst in sein zähnestarrendes Maul stürzt. Achtsamkeit kennen die Milchner nicht mehr.

Bei 18 °C bis 20 °C Wassertemperatur beträgt die Inkubationszeit der Eier durchschnittlich 72 Stunden. Die Larven brauchen etwa 10 Tage, um ihren Dottersack aufzubrauchen. Während dieser Zeit sind sie im Schutz ihrer Laichkuhle, darüberhinaus bleiben sie dort noch zwei Wochen. Erst dann verlassen sie das Nest, sowie den Schutz des wachsamen Vatertieres, das sich zu diesem Zeitpunkt auf und davon macht.

Schwarzbarsche, die auf Kunstköder gefangen wurden.

Die Angeltechniken

Die Launen der Schwarzbarsche sind so bizarr und vielfältig, daß man ihnen sowohl mit der Spinn- als auch mit der Fliegenrute nachstellen kann.

Kleine Multi- oder Castingrollen sind unter Schwarzbarschanglern beliebt.

DAS SPINNFISCHEN

Auch wenn die echten Schwarzbarschfreunde ihren Lieblingen ausschließlich mit der Fliegenrute nachstellen, so muß man zugeben, daß das Spinnfischen doch regelmäßigere Erfolgsaussichten bietet und damit letztlich besser zum launenhaften und opportunistischen Charakter dieser Fischart paßt. Dem Spinnfischer steht nämlich eine un-

glaubliche Vielfalt an Kunstködern zur Verfügung. Blinker, Weichplastikköder, Wobbler, Popper, kurzum, für jede Situation der passende Köder.

Das Gerät

Die Rute, die von allen amerikanischen und spanischen Schwarzbarschprofis bevorzugt wird, heißt Bait Caster. Diese Angler fischen hauptsächlich vom Boot (*Bass* und

Tracker-Boote) aus, weshalb sie mit einer recht kurzen Rute, die oft aus einem durchgehenden Rohling besteht, sehr gut zurecht kommen. Den Griff ziert ein Haken, der an den Abzug einer Schußwaffe erinnert. Er dient dazu, der Hand an der Rolle besseren Halt zu bieten. Als Rolle kommt eine Multi- oder Baitcaster-Rolle in den Rollenhalter. Man kann allerdings auch

Bass-Boote sind speziell auf das Schwarzbarschangeln ausgelegt.

klassisches Spinngerät mit einer Stationärrolle fischen. Die Rute sollte lediglich über ein Wurfgewicht von 10 bis 30 Gramm sowie eine Spitzenaktion verfügen. Eine Länge von 2,5 bis 2,7 m scheint ideal. Was die Schnur betrifft, so scheint uns an hindernisreichen Stellen durchaus Nylonschnur mit 0,24 mm Durch-

messer angebracht (5 bis 6 Kilo Tragkraft).

Die Kunstköder

Die Weichplastikköder

Die Weichplastikköder haben durch die europäischen Gewässer einen triumphalen Eroberungszug hinter sich gebracht und alle Raubfischangler verführt. Entwickelt wurden diese Köder in Amerika für den Fang von Schwarzbarschen. Der wesentliche Vorteil von diesem Ködertyp liegt in der außerordentlichen Vielseitigkeit. Sie lassen sich, je nach Montage, an der Oberfläche, im dichtesten Kraut und in großen Tiefen fischen (Bleikopfmontage). Am Texas- und Carolina-Rig kann man

Ein schöner Schwarzbarsch, der auf einen Weichplastikköder hereingefallen ist.

sie auch in der Tiefe noch durch dichtes Kraut führen. Einige der Weichplastikköder sehen unheimlich lebensecht aus und ahmen irgendein Beutetier bis ins kleinste Detail nach, ja sogar das Schwimmverhalten ist identisch. Andere sind reine Phantasieformen, deshalb aber nicht unbedingt weniger fängig. Das Geheimnis der großen Fängigkeit von Weichplastikködern ist mit Sicherheit nicht nur ihr äußerer Aspekt, sondern auch ganz wesentlich auch von den Schwingungen mitverursacht, die die äußerst beweglichen Gummiköder mit ihren Scheren, Beinen, Schwänzen und anderen Anhängseln beim Führen von sich geben. Die Farbe ist dabei ebenso von Bedeutung wie der Geruch.

Die „Würmer"

Die länglichen Weichplastikformen, die Tauwürmern ähnlich sehen, sind für das tiefe Angeln in Talsperren unerläßlich. Je nach Form und Konzeption verwinden sich diese Köder mehr oder weniger und senden so unterschiedliche Signale aus. Die meisten von ihnen haben einen fragezeichenförmigen Schwanz, der unter Zug lebhaft zu spielen beginnt. Ideal

DER SCHWARZBARSCH (*Micropterus salmoides*)

Slugs sind außergewöhnlich fängige Schwarzbarschköder.

für diese Köder ist das Texas- oder Carolina-Rig. Bei der ersten Montage stößt das Gleitblei als Beschwerung direkt an die Hakenöse, während bei der zweiten das Gleitblei nicht tiefer als bis auf einen dem Haken vorgeschalteten Wirbel rutschen kann und dem Köder an einem ca. 20 Zentimeter langen Vorfach freies Spiel läßt. Diese Montagen sind zum Befischen von steinigem Untergrund ideal. Auch beißfaule Schwarzbarsche lassen sich von dem sich in den Einholpausen verführerisch windenden, langsam auf den Grund sinkenden Wurm zum Biß provozieren. Die Hakenspitze (N°2/0 oder 4/0) kann man im Gummi des Köders versenken, wodurch die Hängergefahr um ein Vielfaches reduziert wird – allerdings muß man dann einen wirklich starken Anhieb setzen!

In der Oberflächennähe kommt auch eine Art Nacktschneckenimitation, der *Slug*, zum Einsatz. Geführt wird dieser Ködertyp ähnlich wie ein Jerkbait, d.h. mit kurzen und jähen Rucken der Rute. Dieser Köder eignet sich besonders gut für heiße Sommertage.

Die Weichplastikköder in Fragezeichenform

Die Weichplastikköder in Fragezeichenform sind ungemein vielseitig, gleichzeitig ist das die älteste Form dieser Kunstköder. Besonders fängig sind sie an einer Bleikopfmontage, wenn die Schwarzbarsche auf Futterfische aus sind.

Die Flußkrebse

Flußkrebse nehmen einen festen Platz auf dem Speiseplan der Schwarzbarsche ein. Der Handel bietet eine unglaubliche Vielfalt an Modellen an, deren Scheren und Beine bei geringstem Zug lebhaft

Flußkrebsimitationen, die man in Lockstoffen auf Flußkrebsbasis badet, sind hervorragend zum Fang von Schwarzbarschen geeignet.

Ein stolzer Angler und seine Beute (Rio Ebro).

Die Angeltechniken

Ein weiterer Spitzenköder: Der Salamander.

zu paddeln beginnen. Diese Flußkrebsmodelle vereinen in sich die Schwingungen der Weichplastikköder in Fragezeichenform mit der nahezu perfekten optischen Erscheinung eines Flußkrebses. Gewöhnlich wird dieser Köder vor dem Einsatz noch in einer Lockstofflösung auf Flußkrebsbasis – was denn sonst! – gebadet. Der wesentliche Vorteil dabei ist, daß es beim Anhieb zu weniger Fehlbissen kommt, weil die Schwarzbarsche diesen geruchsintensiven Köder länger im Maul behalten, statt ihn augenblicklich auszublasen.

Der Salamander

Weichplastikköder in der Form eines Salamanders zählen zu den bevorzugten Ködern der Schwarzbarsch-experten, die auf spanischen Talsperren unterwegs sind. Nahezu perfekt ahmen zahlreiche Modelle einen Salamander oder Molch nach, die bei den Schwarzbarschen überaus begehrte Beutetiere sind. Diese Weichplastikköder lassen sich als Oberflächenköder fischen, man braucht sie dazu lediglich an einem großen Einzelhaken zu montieren. Am Carolina- oder Texas-Rig sind sie in der Tiefe erfolgreich.

DIE METALLKÖDER

Schwarzbarsche nehmen Spinner und Löffel, keine Frage. Ganz besonders erfolgreich sind in dieser Kunstködergruppe allerdings die sogenannten *Spinnerbaits*. Diese höchst phantasievollen Gebilde bestehen aus einem oder mehreren Spinner- oder Löffelblättern, die mit irgendeinem Weichplastikköder in Fragezeichen- oder Krakenform (Octopus) kombiniert werden.

Mit Löffeln fischt man auf klassische Art und Weise, wobei man auf 5 bis 10 Zentimeter lange Modelle zurückgreift, die zwischen 5 und 20 Gramm wiegen.

Zu Saisonbeginn sollte man den schweren Ausführungen den Vorzug geben, deren Haken man mit einigen Hecheln oder einer Schürze aus Gummifransen garniert. Spinner sind dagegen typische Sommerköder und sollten gleichermaßen bunt und phantasievoll ausfallen. Die Größen 2 und 3 scheinen ideal. Wegen der kraftvollen Kiefer sind robuste, dickdrähtige Haken ratsam.

Wobbler

Wobbler gibt es in vielen Dutzend verschiedenen Ausführungen, sinkende und schwimmende, schrille und naturgetreue. Sie lassen sich zwischen Krautbänken an der Oberfläche und in der Tiefe fischen.

Dieser Schwarzbarsch fiel auf einen Wobbler herein.

DER SCHWARZBARSCH *(Micropterus salmoides)*

DAS OBERFLÄCHENFISCHEN – DIE „STOP & GO"–TECHNIK

Sind die Schwarzbarsche besonders oberflächenaktiv, dann schwören alle Amerikaner auf diese Technik. Schwarzbarsche sind neugierig und launisch zugleich, aber auch gerne extrem vorsichtig. Und trotzdem werden sie beim „Stop & Go" immer wieder schwach! Sobald der Oberflächenköder – ganz egal, ob Popper, Wobbler, Stick- oder Jerkbait – sein Ziel erreicht hat, läßt man ihn einige Sekunden ruhen, bevor man ihn mit einem schnellen Ruck mehrere Dezimeter dahinhuschen läßt, worauf erneut eine Pause erfolgt. Wer möchte, kann den Köder nun auch an Ort und Stelle ein wenig zittern lassen.

Das Aufplatschen des Köders weckt die Aufmerksamkeit des Schwarzbarsches, der neugierig herangeschlichen kommt, um unmittelbar unter dem Köder bewegungslos zu verharren. Wer es dann schafft, den Köder nur minimal in Bewegung zu versetzen, nur ein paar Millimeter, löst damit meistens einen brutalen Angriff aus.

Von den typischen amerikanischen Modellen seien die *Stickbaits* erwähnt, die ganz ohne Tauchschaufel auskommen. Ein einfaches Stück einer Stange aus Balsaholz schleicht so lebensecht über die Oberfläche dahin, als wäre es ein Reptil oder eine Amphibie. Jerkbaits zählen zu den effektivsten Ködern, wenn die Schwarzbarsche in Oberflächennähe rauben.

Popper oder Crawler sind Schwimmwobbler, deren große Kopfpartie die Funktion der Tauchschaufel übernimmt. Sie tauchen anläßlich eines kurzen, jähen Ruckes mit einem ploppenden Geräusch kurz ab, um sogleich wieder in einem Blasenschwall an der Oberfläche

Tieftauchende Wobbler für große Tiefen.

zu erscheinen. Je nach Form und Steigung der Kopfpartie, die konkav oder konvex ausfallen kann, „poppt" der Popper unter Zug und spritzt dabei viel Wasser umher. Klassische Wobblermodelle wie die von Rapala oder Propellerwobbler sind ebenfalls fängig.

DAS FLIEGENFISCHEN

Als Oberflächenjäger lassen sich die Schwarzbarsche die ganze warme Jahreszeit hindurch hervorragend mit der Fliegenrute fangen. Zum

Schwarzbarschangeln mit der Fliegenrute gibt es unzählige Kollektionen. Alle sind darauf aus, den Schwarzbarsch an Beute zu erinnern. Unter diesen Mustern gibt es wahre kleine Kunstwerke.

Das Gerät

Das Angelgerät muß aus verschiedenen Gründen verhältnismäßig stark ausgesucht werden. Zunächst einmal, weil Schwarzbarsche zähe Kämpfer sind, die blitzschnell hin- und herrasen und dabei gelegentlich meterweit mit

Die Angeltechniken

Dieser Schwarzbarsch konnte einem gut geführten Popper nicht widerstehen.

mel hat sich schon oft bewährt: 50 cm aus 0,40 mm Nylonschnur, 40 cm aus 0,35 mm, 35 cm aus 0,30 mm, 30 cm aus 0,26 mm, 70 cm aus 0,24 bis 0,22 mm.

Fliegen, Streamer und Popper
In Anbetracht des vielseitigen Speiseplanes der Schwarzbarsche darf man nicht davor zurückschrecken, mit einer Vielzahl unterschiedlicher Muster ans Wasser zu ziehen.

Die Popper
Erweist sich das Fischen mit diesem Köder des öfteren als ein Reinfall, so ist er doch häufig die rettende Lösung. Nicht umsonst ist er einer der

ihrem Schwanz über die Oberfläche reiten. Bei anderen Gelegenheiten tauchen die gehakten Schwarzbarsche in die Tiefe ab, was in Hindernisnähe schnell verhängnisvoll werden kann. Die Ausmaße und das Gewicht zahlreicher Köder verpflichtet ebenfalls zu robustem Gerät. Folgender Kompromiß ist vernünftig: Eine 9 Fuß (2,7 m) lange Rute für die Schnurklassen 7 oder 8. Ein Kampfgriff muß nicht unbedingt sein. Als Wurfschnur ist eine Trockenschnur angebracht. Das Vorfach sollte beim Streamerfischen recht kurz ausfallen, damit der Streamer schneller sinkt (2,5 bis 3 m). Sind die Fische aber sehr selektiv und an

der Oberfläche unterwegs, dann ist es sinnvoll, sich ein langes Vorfach zu knoten, das sich zur Spitze hin immer mehr verjüngt. Folgende For-

Mit dem Float-Tube kann überhängende Ufervegetation abgesucht werden.

großen Klassiker unter den Schwarzbarschködern geworden. Die Kopfpartie ist meistens aus Balsaholz und kann unterschiedlich geformt sein: Ist der Kopf vorne von unten her abgeschrägt, rutscht er über das Wasser, ansonsten taucht er unter Zug jäh ab. Ist die Rückseite des Kopfes konkav, so entstehen beim Rucken zahlreiche Spritzer. Viele gute Poppermuster werden aus Rehhaar gebunden. Die Silhouette erinnert mehr oder weniger an einen Frosch mit vorstehenden Augen oder an ein großes Insekt.

Noch attraktiver geraten diese Köder, wenn man einige

lange Gummibeine in den Körper einbindet sowie einen Schwanz aus geschmeidigen Fibern, die anläßlich der kleinsten Bewegungen schon zu arbeiten beginnen.

Popper gibt es in allen Farben. Ein Detail ist wichtig: Wo immer starker Befischungsdruck auf den Schwarzbarschen lastet, sollte man eher auf kleine Muster zurückgreifen.

Präzise und sanft ist dieser Popper auf einem Seerosenblatt gelandet. Nun beginnt die eigentliche Köderführung.

Im Handel sind tolle Miniaturpopper erhältlich, die an Käfer oder Kleinfrösche erinnern. Damit lassen sich in Weihern auch Forellen fangen.

Oberflächenfliegen
Vom lauten Popper kommen wir nun zum Federbüschel,

Die Angeltechniken

das diskret an der Oberfläche dahinschwänzelt und ein wenig wie ein Slider über die Oberfläche gleitet. Bombers, Muddler Minnows, Sedges, all diese gewöhnlich aus Hahnenhecheln oder Rehhaar gebundenen Muster eignen sich hervorragend zum Schwarzbarschangeln, wenn diese auf Insekten aus sind – oder wenn sie gelernt haben, sich vor Poppern zu hüten! Einen besonderen Platz in der Fliegenbox sollten Libellenmuster einnehmen, ganz besonders eine Damselfly in blau oder rot.

Die anderen Oberflächenköder
Mausimitationen werden genauso wie ein Popper gefischt, sind aber bei weitem nicht so laut. Sie rutschen eher über die Oberfläche ohne großartig zu spritzen. Kleinnagermuster sind generell recht fängig, weil sie ohnehin eine begehrte Beute der Schwarzbarsche sind. Natürlich kann man den Schwarzbarschen auch gerne die Imitation eines kleinen Frosches oder gar einer Schildkröte servieren!

Die Streamer
Schwarzbarsche gelten den Sommer über als aktive Oberflächenräuber. Anläßlich der Mittagshitze können sie aber auch deutlich tiefere Etagen aufsuchen. Licht, Wassertem-

Erfolg muß nicht viele Jahre auf sich warten lassen: Schwarzbarsch, den ein junger Angler mit der Fliegenrute erwischt hat.

KLEINMÄULIGER SCHWARZBARSCH *(MICROPTERUS DOLOMIEU)*

Wie sein großmäuliger Cousin, der *Largemouth Bass*, so ist der Kleinmäulige Schwarzbarsch ein Fisch, den die Sportangler sehr schätzen. Er ist ein ganz außergewöhnlicher Kämpfer, der im Drill mit spektakulärsten Sprungeinlagen aufwartet. Sich frenetisch schüttelnd, versucht er, sich des Hakens zu entledigen. Auch wenn der amerikanische Rekord aus dem Dale Hoolw See in Kentucky bei 5,42 Kilo (11 Pfund 150 Unzen) liegt, wiegen diese Fische im Regelfall nur ein halbes bis ein Kilo. Ursprünglich war der Kleinmäulige Schwarzbarsch nur im Osten von Nordamerika heimisch. Heute lebt und gedeiht er nach erfolgreich verlaufenen Besatzmaßnahmen auch in Neu-Schottland, Neu-Braunschweig, in Manitoba, in Britisch Kolumbien und in Saskatchewan. Das Verbreitungsgebiet der im Süden von Ontario und Québec einheimischen Bestände reicht in Ontario bis nach Timmins und bis nach Hull in Québec. In Europa wurden mit dieser Fischart Besatzmaßnahmen in Frankreich in der Nähe der belgischen Grenze versucht, die zunächst erfolgreich schienen. Heute fehlt dort von Kleinmäuligen Schwarzbarschen jede Spur. Wegen ihres verhältnismäßig kleinen Maules konzentriert sich diese Fischart auf recht kleine Beutetiere: Insekten, Flußkrebse, Amphibien und Jungfische, wobei sie für die Krebse eine Vorliebe haben. Im Gegensatz zum Schwarzbarsch mit großem Maul hat der Kleinmäulige Schwarzbarsch Strömung sehr gerne. Entsprechend ist er auch in sehr schnellfließenden und sauerstoffreichen Flüssen zu Hause. In Seen gedeiht er besonders in klarem Wasser mit einem zerklüfteten, felsigen Untergrund. Forellengerät ist zum Befischen dieser Fischart bestens geeignet.

Die weiteren Schwarzbarscharten

In den Gewässern Nordamerikas leben noch weitere Schwarzbarscharten. Es gibt noch den Schwarzbarsch mit roten Augen *(Micropterus consae)*; den getupften Schwarzbarsch im Mississippi-Becken und Ohio, bei dem man zwei Unterarten kennt: *Micropterus punctulatus kenskalli* und *Micropterus punctulatus wichitae*; den Guadalope-Schwarzbarsch *(Micropterus treculi)*, den es nur in Texas gibt, und den Florida-Schwarzbarsch *(Micropterus notius)*, der nur in Florida und Georgia beheimatet ist.

peratur, Tageszeit und andere Faktoren bestimmen dieses Verhalten. Je extremer die Temperaturen sind, desto regelmäßiger tritt dieses Verhalten auf. Auch sind es oft ihre Launen, die sie plötzlich in eine andere „Etage" treiben. Sie haben sich dann ein bestimmtes Beutetier in den Kopf gesetzt, etwa Jungfische, die sie dann aktiv am Grund suchen.

Streamer sind dann unerläßlich, weil sie sich auch tief führen lassen. Man muß sich dabei nicht die Mühe machen, mit naturgetreuen Mustern zu fischen. Schwarzbarsche sind zwar launisch, nehmen auf der Jagd nach Fischen aber auch Phantasiemuster, die letztlich keinem Wasserbewohner ähneln.

Die Angeltechniken

Gelegentlich nehmen auch die größten Schwarzbarsche nur winzig kleine Popper.

Die Angelpraxis

Am meisten Spaß macht das Angeln auf Schwarzbarsche, wenn das Wasser ausreichend klar ist, um ein Angeln auf Sicht möglich zu machen. Im Sommer ist es besonders spannend, sich entlang der Ufer zu pirschen und nach den dunklen unmittelbar unter der Oberfläche lauernden Schatten Ausschau zu halten. Ganz ruhig stehen sie da, als hätten sie nichts mit dem vielen Leben um sie herum zu tun. Sie sind auf Oberflächenbeute aus, auf die Libelle, die zur Eiablage auf dem Wasser tänzelt, oder auf den Frosch, der von seinem Seerosenblatt in das Wasser rutscht. Die Wurfschnur gewinnt an Länge, schwingt vor und zurück und serviert dem lauernden Fisch eine Sedge oder einen Popper. Kreisförmig laufen nach dem Aufsetzen auf dem Wasser die Kringel um den Köder aus. Sie sind noch nicht verschwommen, da reißt schon die Wasseroberfläche auf. Laut platschend und schmatzend spült sich der Schwarzbarsch die vermeintliche Beute tief ins riesige Maul. Anhieb. Wasser spritzt, und hoch schießt die metallisch grüne Schwarzbarsch-Silhouette empor. Sprung folgt auf Sprung, der Schwarzbarsch rast hin und her, tobt wutentbrannt am Haken. Bei dieser Gelegenheit verrät er uns, was er eigentlich ist: Ein kleines Muskelpaket mit einem überproportional großen Maul! Allerdings kosten diese Sprungeinlagen viel Energie, weshalb auch die zornigsten Schwarzbarsche recht bald nachgeben.

DIE VERSCHIEDENEN ARTEN DER KÖDERFÜHRUNG MIT OBERFLÄCHENKÖDERN

„Walking the Dog" („Den Hund ausführen" oder den Köder im Zick-Zack schwimmen lassen):
Die Zick-Zack-Bewegungen des Köders erreicht man, wenn man während des Einholens mit der Rutenspitze regelmäßig nach links und rechts ausschlägt (siehe Zeichnung).

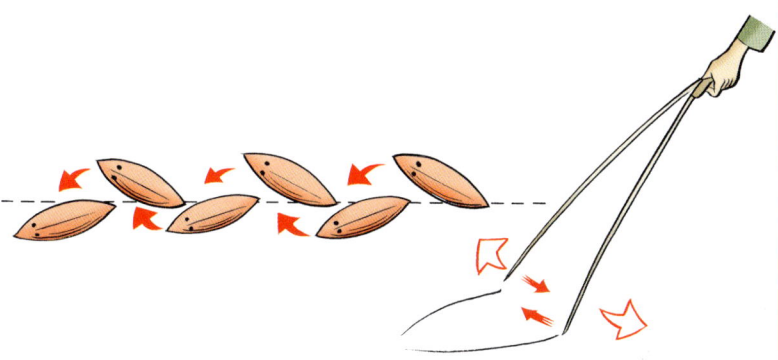

„Long Slide" (oder Rutschpartie): Der Köder wird hierbei mit langen und regelmäßigen Zügen eingeholt, abwechselnd nach links und rechts.

„Short jerk" (Kurze Rucke): Der Oberflächenköder steht (schräg, mit dem Kopf oberhalb der Oberfläche). Nun wird kurz und jäh gezogen – er taucht ab und steigt sogleich wieder verführerisch wackelnd zur Oberfläche empor.

„Stop & Go" (Pause und Zug): Eine Pause von mehreren Sekunden kann seitens der Schwarzbarsche einen Biß auslösen. Beim „Stop & Go"-Fischen wechselt man zwischen dem Einholen des Kunstköders und Pausen ab.

Biologie

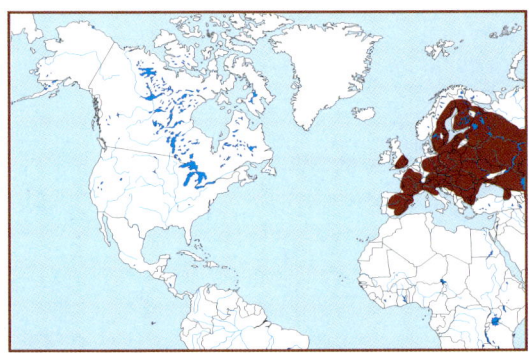

BESCHREIBUNG

Dieser herrliche Barschartige hat in Mittel- und Osteuropa seinen Ursprung. Charakteristisch ist sein eleganter Kopf, der konisch zuläuft und nicht massiv wie der des Hechtes aussieht. Über einen kleinen Buckel im Nackenbereich geht der Kopf in den Rücken über. Das Maul ist weit gespalten, und auf den Kiefern

Zander sind Fische, die große Tiefen und dunkle Stellen bevorzugen.

DER ZANDER *(Stizostedion lucioperca)*

Die Netzhaut der Zander eignet sich vorzüglich dazu, auch bei wenig Licht noch gut zu sehen.

sitzen spitze Zähne, wovon die vorderen an Hundszähne erinnern und deshalb auch so genannt werden. Die Augen sehen trüb und glasig aus und heißen deshalb Glasaugen. Sie sind mit überdurchschnittlich vielen Stäbchen ausgestattet, weshalb der Zander auch bei schlechten Lichtverhältnissen noch verhältnismäßig gut sieht. Wie bei allen Mitgliedern der Familie der Barschartigen sind die beiden Rückenflossen der Zander voneinander getrennt. Erstere verfügt über feste, sehr spitz zulaufende Flossenstrahlen, während die zweite weich ist. Die Färbung der Zander kann blaß oder dunkel ausfallen. Auf jedem Zander ist eine dunkle Bänderung auf den Flanken zu erkennen, die aber weniger auf-

fällig ist als die von Flußbarschen. Die größten Exemplare werden über zehn Kilo schwer und einen Meter lang.

GEOGRAPHISCHE VERBREITUNG

Das natürliche Verbreitungsgebiet der Zander reicht von Deutschland und Holland bis Finnland, von Bulgarien bis nach Kasachstan. Zander sind

Zander lieben starke Unregelmäßigkeit im Bodenrelief.

in allen großen Flußsystemen Mittel- und Osteuropas zahlreich vertreten. Sie leben in Elbe, Rhein und Donau, aber auch im Dnjepr, im Don und in der Wolga. Über Besatzmaßnahmen sind sie nach Frankreich, England, Italien und Spanien gelangt.

VERHALTEN

Die Tatsache, daß Zanderaugen auch bei geringsten Lichtmengen noch gut funktionieren, weist darauf hin, daß es sich um eine recht lichtscheue Fischart handelt, die besonders an sehr sonnigen Tagen gerne das Dunkel der großen Tiefen aufsucht.

In Fließgewässern haben Zander im Sommer im Gegensatz zu anderen Raubfischarten eine Vorliebe für Strömung. In der Dämmerung gehen sie darin gerne auf Raubzug. Sichere Stellen sind immer die strömungsreichen Flußabschnitte unterhalb von Wehranlagen. Zander stehen auch gerne in tiefen Konterwassern unmittelbar neben der Hauptströmung.

Biologie

Zum Ablaichen suchen Zander Bereiche mit feinem Wurzelwerk auf.

Zander halten sich vorzugsweise an bestimmten Stellen auf: in der Nähe von versunkenem Gehölz, von Felsblöcken, von Ruinen, von Untiefen (Barschbergen) und Steilufern. Zander leben in erster Linie von Rotaugen, Lauben, Gründlingen, Elritzen, Kleindöbel usw.. Später werden wir noch sehen, daß tote Köderfische einen wichtigen Platz in ihrem Speiseplan einnehmen. Geschlechtsreife erreichen die Zander nach 3-5 Jahren (Rogner mit ca. 40 Zentimeter Länge und 4 bis 5 Jahren; Milchner mit ca. 35 Zentimeter Länge nach 3 bis 4 Jahren). Zander laichen erst ab einer Wassertemperatur von 15 °C aufwärts. Männchen sind für das Vorbereiten eines „Nestes" zuständig. Sie schlagen mit ihrer Schwanzflosse eine Laichkuhle aus. Pro Kilo seines Körpergewichts laicht ein Zanderrogner etwa 200 000 Eier ab, deren Durchmesser zwischen 1 und 5 Millimetern liegt.

Zander sind sehr gesellig lebende Tiere und ziehen gerne in Trupps organisiert auf die Pirsch. Dabei gehen sie sehr strategisch vor, indem sie ihre Beutefische regelrecht einkesseln. Beißend und mit dem Schwanz um sich schlagend, töten und betäuben sie eine größtmögliche Anzahl von Opfern, um später, nach der Jagd, zurückzukommen und sie zu verschlingen.

DER WALLEYE
(STIZOSTEDION VITREUM)

Der Walleye zählt in Nordamerika zu den beliebtesten Sportfischen. Er sieht dem europäischen Zander ungemein ähnlich. Auffällig anders ist lediglich die weiße Unterhälfte der Schwanzflosse und ihre etwas intensivere Färbung. Walleyes werden allerdings im Regelfall nicht so groß wie Zander, auch wenn der Rekord bei stattlichen 11,3 Kilo liegt (Old Hickory See/ Tennessee). Die Durchschnittsgröße liegt vielerorts unter einem Kilo. Walleyes leben bis nach Alabama weit verbreitet im Osten der Vereinigten Staaten. In Kanada sind sie besonders zahlreich in den Provinzen Ontario und Québec. Wie die Zander leben Walleyes in stehenden und fließenden Gewässern, wo sie sich von Fischen, Würmern, Flußkrebsen und gelegentlich von Insektenlarven ernähren. Sie laichen im Frühjahr in seichtem Wasser. Auf Walleyes wird mit der Spinnrute gefischt. Spinner und Weichplastikköder kommen dabei zum Einsatz, oft in Verbindung mit einem Naturköder. Beim Schleppfischen auf Walleyes sind Wobbler recht erfolgreich. Ansitzangler fangen mit Köderfischen sehr gut. Stehen die Walleyes in seichtem Wasser, dann können sich auch Versuche mit der Fliegenrute durchaus lohnen. Streamer in Verbindung mit einer Sinkschnur sind dann die richtige Gerätewahl. Zu den erfolgreichsten Streamermustern zählen dabei die Mickey Finn, die Grey Ghost und die Yellow Dark.

Die Angeltechniken

Albert Drachkovitch ist zweifellos der unbestrittene Vater der modernen Zanderangelei. Mit der Erfindung seines berühmten, nach ihm benannten Systems hat er das Zanderangeln revolutioniert.

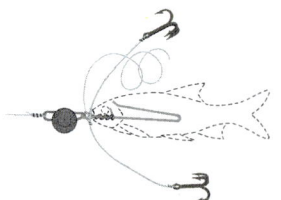

Dieser Fisch, der Gourmets und Sportfischer gleichermaßen fasziniert, war in den vergangenen Jahrzehnten einem so hohen Befischungsdruck ausgesetzt, daß seine Scheu sprichwörtlich geworden ist und sogar einige Experten zu dem betrüblichen Ergebnis gelangen, daß „die Zander nicht mehr beißen". So kommt es, daß heute beim Zanderfang recht ausgefeilte Techniken und Montagen zum Einsatz kommen.

DAS ZUPFFISCHEN MIT KÖDERFISCHSYSTEM

Diese Technik hat sich schon lange als die fängigste Zandertechnik erwiesen, genauer gesagt ab 1967. Es war das Geburtsjahr des Drachkovitch-Systems in seiner heutigen Form. Richtig bekannt wurde es in Frankreich durch den Angeljournalisten Henri Limouzin, der die Entdeckung von Albert Drachkovitch über seine Artikel einem großen Publikum zugänglich ge-

Das berühmte Drachkovitch-System. Die Bebleiung ist gelenkig angebracht und läßt sich auswechseln.

macht hat. Charakteristisch für das Drachkovitch-System sind die beiden Drillinge und das Spaltblei als Kopfbeschwerung, das gelenkig mit dem Köderfisch verbunden ist und sich im Handumdrehen auswechseln läßt. In den Körper des toten Köderfisches kommt eine Körperklammer aus Klavierdraht. Seinen bombenfesten Halt auf dem

---

Zandereinstände in stillstehenden Gewässern

Je nach Jahreszeit und Lichtintensität stehen die Zander im Mittelwasser an Felsvorsprüngen und -abbrüchen oder aber direkt am Grund.

Dieser große Zander stand in unmittelbarer Ufernähe in seichtem Wasser, direkt an der Uferböschung.

System bekommt der Köderfisch durch einige Wicklungen mit Kupferdraht im Nackenbereich, die ihn regelrecht festzurren. Von den beiden Drillingen (N° 6 bis 10) kommt jeweils einer an der Schwanzwurzel und einer inmitten der Flanke des Köderfisches zum Sitzen. So montiert läßt sich der Köderfisch auf ungeheuer vielfältige Art und Weise führen. Wesentlich dabei ist, daß die Gerätezusammenstellung stimmt. Die

Will man auch die letzten Verstecke der Zander erreichen, ist vielerorts ein Boot unerläßlich.

Rute muß unbedingt in höchstem Grad sensibel sein und jede kleinste Information vom Gewässergrund vermitteln. Solche Ruten sind vom

ersten Eindruck her recht steif, sie sollten etwa 2,5 bis 2,7 m lang sein. Das steife Rückgrat der Rute ermöglicht effektive Anhiebe, sogar auf

Die Angeltechniken

große Entfernung. Die Schnur sollte man so sichtbar wie möglich wählen, um kleinste Zupfer auch optisch zu erfassen. Schnur und Rute werden zum „Auge" des Anglers.

Nach dem Wurf wartet man auf den Bodenkontakt, mit leichtem Druck des Zeigefingers auf den Spulenrand hält man während der gesamten Sinkphase die Schnur auf Spannung. Die kleinste Pause beim Absinken oder eine leichte Bewegung der Schnur seitwärts kann schon einen Biß bedeuten – den man augenblicklich mit einem Anhieb quittieren muß. Der Bodenkontakt macht sich durch einen leichten Spannungsverlust der Schnur bemerkbar.

Nun läßt man das Fischlein über den Grund tänzeln, indem man ihm mit der Rutenspitze kleine Rucke vermittelt. Nach jeder Ruckfolge läßt man es wieder auf den Grund sinken, wo man kurze Pausen einlegen kann. Wesentlich ist bei diesem Spiel, den Eindruck eines verletzten Fischleins zu erwecken.

Ein großer Zander ist oft die
Belohnung für viele Tage
Geduld. Dieser hier wurde
mit dem Drachkovitch-
System gefangen.

Die Angeltechniken

Zupfmontage mit Gleitblei

Das Gleit- oder „Walker"-Blei wirbelt beim Zupfen kleine Sedimentwolken empor. Ein Gleitblei in der Form von diesem „Walker"-Blei hilft, das Vorfach vom Grund entfernt zu halten, was Hängern vorbeugt.

ZUPFFISCHEN OHNE KÖDERFISCHSYSTEM

Man kann auch ohne Köderfischsystem auf Zander „zupfen". Der lebende (immer auf die Vorschriften achten!) oder tote Köderfisch kommt dann an einen Haken am Ende eines Vorfaches, das auf der Hauptschnur mit einem Gleitblei (10 bis 15 Gramm) beschwert ist. Das Gleitblei kann bis zu dem Karabinerwirbel rutschen, über den das Vorfach mit der Hauptschnur verbunden ist. Als Ruten eignen sich besonders feine Ruten, etwa Ruten zum Fischen mit der Bibberspitze.

Die Bewegungen eines an einem System geführten Köderfisches.

Der Haken ist ein Einzelhaken N° 2 bis 6. Bei dieser

Die Köderführung mit dem Drachkovitch-System.

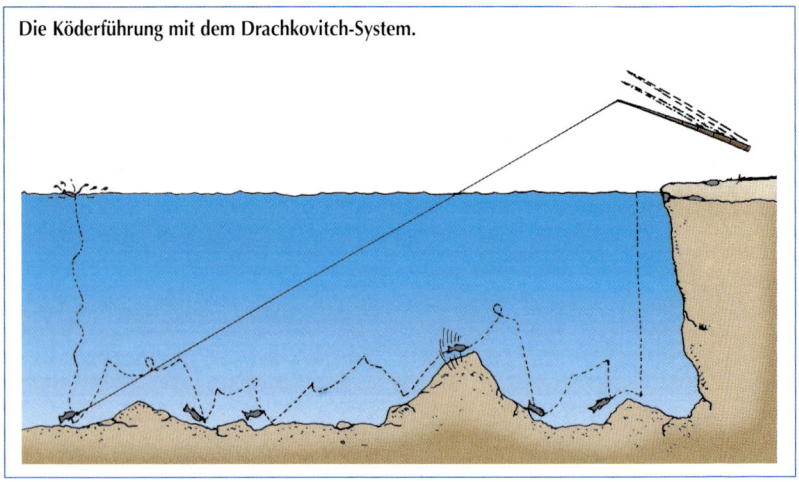

Talsperren sind ganz hervorragende Zanderbiotope.

sie weit mehr Fische töten, als sie gleichzeitig verzehren. Später kehren sie zurück und sammeln die Opfer vom Grund auf. Es ist deshalb verständlich, daß sich Zander auch mit toten, bewegungslos am Grund liegenden Köderfischen fangen lassen. Ist die zu befischende Stelle am Grund sehr hindernisreich, dann kann es sich lohnen, den Köderfisch mit einem kleinen Auftriebskörper zu versehen.

POSENMONTAGE UND LEBENDER KÖDERFISCH

Zander interessieren sich für eine Vielzahl von Köderfischen. Lauben sind dank ihrer silbrigen Livrée ganz ausgezeichnete Köderfische für das Zwielicht großer Tiefen. Leider ist der Sauerstoffbedarf der Lauben sehr hoch, weshalb sie sich ab einer Wassertemperatur von über 15°C nur schwierig transportieren lassen. Gründlinge eignen sich

Technik geht es darum, den Köderfisch (je silbriger, um so besser) langsam über den Grund zu zupfen und zu ziehen, wobei man zahlreiche Pausen einlegt.

ANSITZANGELN MIT TOTEM KÖDERFISCH

Wie wir bereits in dem Kapitel über die Biologie der Zander gesehen haben, stoßen diese Fische, wild um sich beißend und schlagend, in Kleinfischschwärme, wobei

Montagen mit „Wagglern", um mit lebenden Ködern zu angeln (Achten Sie auf Vorschriften!)

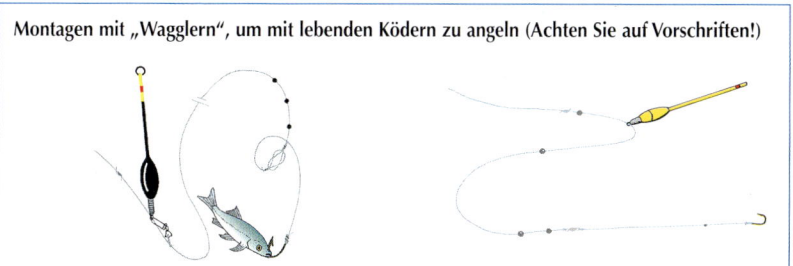

Die Angeltechniken

Diesem Zander wurde ein geschickt geführter Vitala zum Verhängnis.

hervorragend zum Fischen mit der Posenmontage, weil sie ganz im Gegenteil zu den Lauben ständig Grundnähe suchen. Rotaugen und Elritzen zählen ebenfalls zu den guten Zanderködern, sie sind nach vielen Stunden noch aktiv. Achten sie aber immer auf die jeweils gültigen Vorschriften, denn vielerorts sind Gründlinge und Elritzen geschützt, oder aber das Fischen mit lebendigem Köderfisch ist verboten. Goldfische sind zählebig und gut sichtbar, beim Zanderangeln haben sie sich schon lange bewährt.

DAS ANGELN MIT WEICHPLASTIKKÖDERN

Weichplastikköder sind sehr gute Zanderköder, die in punkto Fängigkeit direkt auf den Köderfisch folgen. Viele Experten schwören auf diese Köder, die auch noch ausgesprochen preisgünstig sind. Die ersten Modelle waren fragezeichenförmig, heute gibt es sie auch in realistischen Ausführungen, etwa in Fischform (Gummifische oder Shads). Es gibt zweierlei Möglichkeiten, einen solchen Weichplastikköder zu

„bewaffnen": Das Bleikopfsystem, das die Amerikaner als *Jig-Head* bezeichnen, oder das vereinfachte Drachkovitch-System mit gelenkig angebrachter Bebleiung.

Zander nehmen gerne Weichplastikköder, nur müssen diese langsam geführt werden.

DER SAUGER
(STIZOSTEDION CANADENSE)

Abgesehen von der Größe – der Sauger ist deutlich kleiner als der Walleye – gibt es nur wenige äußerliche Körpermerkmale, anhand derer man diese beiden Zanderarten auseinanderhalten könnte. Beide Arten kreuzen sich übrigens des öfteren, so daß es zu zahlreichen Hybriden kommt. Dem Sauger fehlt der weiße Fleck auf der unteren Schwanzhälfte, dafür hat er auf seiner ersten Rückenflosse eine deutlich auffälligere Zeichnung aus dunklen Tupfen, die beim Walleye fast vollständig fehlt. Der größte bis zum heutigen Datum gefangene Sauger stammt aus dem Norden des US-Bundesstaates Dakota, genauer gesagt aus dem Sakakewea-See. Er wog 4 Kilo (8 lbs 4 Unzen). Die Durchschnittsgröße liegt gewöhnlich bei etwa einem Kilo.

In den Vereinigten Staaten ist der Sauger bis nach Louisiana der typische Bewohner der großen Seen und bis in den Tennessee-River in Alabama der typische Flußräuber. In Kanada kommt der Sauger lediglich im Südosten von Québec vor, hingegen nahezu überall in der Provinz Ontario und im Süden der großen Steppenprovinzen. Eine besondere Vorliebe haben diese Fische erstaunlicherweise für sehr tiefe und trübe Gewässer. Sie laichen im Juni und sind schon in ihrer frühen Jugend echte Raubfische.

Die Amerikaner stellen den Saugern viel mit Kunstködern nach, die meistens recht auffällig gefärbt sind. Gerne verwenden sie auch Kombiköder, die einen Natur- mit einem Kunstköder verbinden (Köderfisch & Spinnerblatt; Walleye Killer von Mepps oder Eric Dearie). Dabei garnieren sie beispielsweise einen einfachen Weichplastikköder zusätzlich mit einem echten Wurm. Mit dieser Mischform lassen sich schöne Erfolge erzielen.

Amerikanischer Zander-Rekordfang.

Biologie

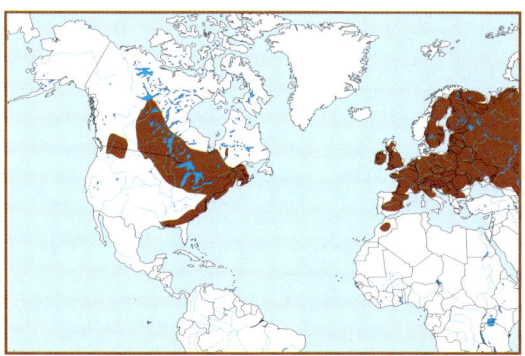

Das Fleisch der Flußbarsche bzw. Barsche ist von ganz außergewöhnlicher Qualität und vielerorts eine begehrte Delikatesse. In der Schweiz erreichen die „Egli"-Filets regelmäßig Höchstpreise! Entsprechend ist es verständlich,

Ausgesprochen charakteristisch für den Flußbarsch oder Barsch ist seine dunkle Bänderung.

daß diese Fischart auch eine begehrte Beute der Sportangler ist. Dafür gibt es aber noch andere Gründe: Barsche treten gewöhnlich zahlenstark auf und sind regelmäßig in Beißlaune. Für den Angler bedeutet das Aussichten auf reiche Beute. Barsche lassen sich mit allen erdenklichen Techniken an den Haken bekom-

men, sogar mit der Fliegenrute kann man diesen stacheligen Gesellen recht erfolgreich nachstellen.

BESCHREIBUNG

Typisch für den Barsch ist die hauptsächlich grüne Färbung seines Körpers, den fünf bis sieben dunkle Bänder senkrecht überziehen. Er verfügt über zwei voneinander getrennte Rückenflossen, deren erstere von 13 bis 15 spitz zulaufenden, festen Strahlen aufrecht gehalten wird – an diesen Stacheln kann man sich böse verletzen! Die zweite ist weich und weist den Flußbarsch als zur Familie der Barschartigen gehörig aus. Der Körperbau ist massiv und gedrungen. Das Schuppenkleid ist fest und rauh (Kammschuppen) und nur mit einer dünnen Schleimschicht über-

DER FLUSSBARSCH ODER BARSCH *(Perca fluviatilis)*

Das auffällig große Maul der Barsche weist auf ihren räuberischen Charakter hin.

zogen. Die Schuppen haben in der Haut einen besonders festen Halt, weshalb man zum Schuppen der Barsche besser auf Spezialwerkzeug zurückgreift. Recht preisgünstig ist ein Barschschupper herzustellen, indem man etwa Bierverschlüsse mit stark gezahnten Rändern auf ein Brettchen nagelt.

Die Kiefer der Barsche sind mit dichten Zahnkissen überzogen, die aus Unmengen winzig kleiner Zähne bestehen. Solche Kissen sitzen auch auf der Zunge und am Gaumen, was keinen Zweifel am räuberisch ausgeprägten Charakter der Barsche läßt. Die Zeichnung der Barsche

wird stark vom jeweiligen Biotop bestimmt. In klaren Fließgewässern oder Seen fällt die Zeichnung prachtvoll aus, besonders die auf der Körperunterseite liegenden Flossen und die Schwanzflosse sind dann sattrot gefärbt. In stillstehenden Weihern mit angetrübtem Wasser sind sie dagegen eher unauffällig und blaß gezeichnet.

Besonders in kleinen Biotopen neigen Barsche zur Kleinwüchsigkeit. Überall, wo ihnen die Lebensbedingungen zusagen, erreichen Barsche jedoch Durchschnittsgewichte von 200 Gramm und werden gelegentlich sogar über 3 Kilo schwer.

GEOGRAPHISCHE VERBREITUNG

Barsche sind europaweit recht gängige Fische, die es von Spanien bis nach Finnland und von Frankreich bis tief in den ehemaligen Ostblock gibt. Sogar in Marokko gibt es große Barschbestände. In Nordamerika leben Barsche entlang der Ostküste, von Maine bis nach Nordflorida und Alabama, bis jenseits der Appalachen. In Kanada sind sie in Neu-Schottland, in Neu-Braunschweig, in Québec, in Ontario, in Manitoba, in Saskatchewan und in Alberta recht häufig, in Britisch Kolumbien gibt es dagegen nur wenige Barsche.

Biologie

VERHALTEN

Barsche können in allerlei Biotopen gedeihen, haben jedoch eine Vorliebe für Naturseen und Talsperren. Trotzdem sind viele Flüsse und Ströme reich an Barschen, ja sogar einige Bergseen mit sehr kaltem Wasser. Barsche passen sich jedem Ökosystem an, sofern es Unterstände und ausreichend Versteckmöglichkeiten gibt – egal, ob Felsen, Gehölz, Wurzelwerk, Ruinen, Wehranlagen oder Brückenpfeiler. Nicht nur die dunkle und auffällige Bänderung der Barsche erinnert an einen Tiger, auch ihr Freß- und Raubverhalten!

Barsche ziehen ihren Nutzen aus allerlei Kleingetier, wobei sie sich in keiner Weise wählerisch anstellen. Sie fallen über Wasserlarven und Kleinfische her genauso wie über Weichtiere und Wirbellose. Eine besondere Vorliebe haben sie für die großen Larven der Maifliege. In ihren Aktivitätsphasen beeindrucken Barsche immer wieder mit ihrer Gefräßigkeit: Da sind die Bäuche bereits rund und vollgefressen, und es wird immer noch nachgestopft! Barsche

jagen in Trupps, in denen sich immer wieder der Futterneid breit macht. Je flinker ein Barsch ist, desto mehr gedeiht er. Große, kapitale Barsche von 1 bis 3 Kilo sind dagegen meistens Einzelgänger. Diese Einzelgänger geraten meist zufällig an den Haken, wenn sie sich etwa an einem großen Köderfisch vergreifen, der für einen Hecht ausgelegt war. Dabei schrecken sie auch vor 20 Zentimeter langen Döbeln und Rotaugen nicht zurück!

Gelegentlich wagen sich Barsche auf der Pirsch auch in sehr seichtes Wasser vor.

Barschrogner voller Laich behalten ihren Appetit bei.

DER FLUSSBARSCH ODER BARSCH *(Perca fluviatilis)*

Barsche stehen gerne in unmittelbarer Nähe von Felsen und Geröll.

Die Vermehrungsrate der Barsche ist immens hoch. Wie bei den meisten Fischarten löst auch bei ihnen die Wassertemperatur das Laichgeschäft aus. Je nach Höhe und Breite laichen Barsche bei Temperaturen von 12 °C bis 14 °C ab. Meist ist es im April, Mai oder Juni so weit. Der Laich wird in langen Bändern abgelegt, den sogenannten Barschbändern. Gerne hängen die Barsche diese Bänder an versunkenes Gehölz oder Kraut, regelmäßig auch an ins Wasser hängende Äste von Bäumen und Büschen der Ufervegetation. Die Eier sind mit 1 bis 2 Millimeter Durchmesser winzig klein, dafür produziert ein einziges Bärschlein von 20 Zentimetern Länge schon über 200000 Eier! Nun wird leicht verständlich, warum es Barschen immer wieder gelingt – insbesondere in Talsperren – sich explosionsartig zu vermehren. Gibt es zu viele von ihnen, wachsen sie nicht mehr ab, sondern bleiben kleinwüchsig.

Barsche sind sehr gesellig lebende Fische, die sich gewöhnlich in Schwärmen mit Fischen gleicher Größe und gleichen Alters zusammenrotten. Die Anzahl der Individuen hängt dabei vom Alter und der Größe der Barsche ab. Je jünger und kleiner die Barsche sind, desto zahlenstärker die Schwärme. Die größten Barsche leben demgegenüber eher als Einzelgänger oder in kleinen Trupps aus zwei bis fünf Fischen. Die großen Barschschwärme der Alpenseen weisen echte Gesellschaftsstrukturen auf. Die verschiedenen Individuen haben bestimmte Aufgaben und Regeln, die ihr Zusammenleben bestimmen und möglich machen. Jeder nimmt innerhalb dieser „Gruppen" eine genau definierte Position ein. Im Sommer, wenn sich an der Oberfläche dichte Schwärme aus Fischbrut tummeln, organisieren die Barsche des öfteren echte Kesseltreiben oder Hetzjagden, wobei sie sehr strategisch vorgehen und ihre Beute regelrecht einkreisen und in die Enge treiben.

Die Angeltechniken

Als nimmersatte Räuber interessieren sich Barsche für alles, was blinkt und sich bewegt. Vor diesem Hintergrund ist verständlich, warum das Angeln auf Barsche mit Kunstködern so erfolgreich ist.

Auch wenn der Barsch ein recht kleiner Fisch ist, ist er bei den Anglern wegen der außergewöhnlichen Qualität seines Fleisches sehr geschätzt. Gebratene oder in Bierteig fritierte Barschfilets sind in vielen Gegenden eine begehrte Delikatesse.

DAS SPINNFISCHEN

Von allem, was blinkt und sich bewegt, angezogen, lassen sich Barsche ganz hervorragend mit allerlei Kunstködern fangen. In der Tiefe stellt man ihnen hauptsächlich mit Weichplastikködern nach. Gummifische und fragezeichenförmige Twister bringen dabei tolle Ergebnisse. Sie werden an einem Bleikopfsystem gefischt und lassen sich, mit einem Krautschutz versehen, auch an den unmöglichsten Stellen noch führen. Es ist wichtig, regelmäßig verschiedene Farben auszuprobieren. Aus Gründen, die uns unbekannt sind, haben die Barsche einiger Gewässer ganz bestimmte Vorstellungen von der Zeichnung eines Kunstköders. Mal sind gelbe, dann rote oder aber schwarze Kunstköder besser. Recht erfolgreich ist es, die Weichplastikköder längere Zeit an Ort und Stelle zu zupfen, und zwar senkrecht unter der Rutenspitze, nachdem man sie zuvor aus größerer Distanz herbeigefischt hat. Große

Auf Barsche sind Weichplastikköder in der Form eines Flußkrebses sehr erfolgreich.

Pilker sind auch heute noch hervorragende Barschfänger – und gleichzeitig einer der ältesten Barschköder überhaupt!

Barsche, die unentschlossen gefolgt sind, lassen sich so regelmäßig noch zum Biß verleiten. Barsche beißen auch auf alle klassischen Blinkermodelle. Seichte Weiher und Flüsse sind für diese Ködergruppe optimal. Kleinspinner der Größen 0 bis 2 vollbringen wahre Wunder (Mepps, Tori, Panther Martin ...). Oft macht eine dichte Hechel oder ein Weichplastikköder am Haken einen enormen Unterschied in der Fängigkeit aus.

In Nordamerika fischen viele Barschexperten mit einem Kombiköder aus Spinner und Tauwurm. Die Reflektierungen des Spinnerblatts sollen Barsche aus der Entfernung heranlocken, während sie der Tauwurm dann zum Angriff provoziert. Leichtes Spinngerät, das für Wurfgewichte von 3 bis 10 Gramm geeignet ist, ist für dieses Spiel die richtige Wahl.

HEBEN UND SENKEN

Von vielen vergessen, sind die verschiedenen Techniken des Hebens und Senkens noch heute überaus produktiv. In Nordamerika zählen diese zu den am meisten praktizierten, ganz besonders dann, wenn durch ein Eisloch gefischt wird. Die Montage besteht gewöhnlich aus einem Kunst-

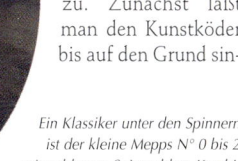

köder – Löffel –, der über einen Sprengring und ein kurzes Vorfach mit dem Haken verbunden ist. Man kann das Löffelblatt lediglich hebend und senkend führen, recht sinnvoll ist es jedoch, den Haken zusätzlich mit einem Wurm zu garnieren. In Europa ist der „Zocker" oder Pilker ein traditioneller Barschköder, der ebenfalls hebend und senkend geführt wird, wobei er starke Reflektierungen in alle Richtungen von sich gibt.

Auch wenn sich die Führungsweise einfach anhört, es gehört ein wenig Übung dazu. Zunächst läßt man den Kunstköder bis auf den Grund sin-

Ein Klassiker unter den Spinnern ist der kleine Mepps N° 0 bis 2 mit goldenem Spinnerblatt. Kombiniert mit einem Weichplastikköder ist er einer der besten Barschköder.

Bei diesem dicken Barsch hat ein Phantasiespinner mit großer Hechel am Haken den Biß ausgelöst.

ken. Wenn die Schnur an Spannung verliert, hat er ihn erreicht. Nun holt man so viel überschüssige Schnur ein, bis die Rutenspitze etwa 50 Zentimeter über der Wasseroberfläche steht. Jetzt hebt man den Pilker etwa 80 Zentime-ter beständig an, um diese Bewegung mit einem kleinen Ruck als Anhieb zu beenden. Nun läßt man ihn wieder sinken, wobei der Pilker einem Blatt gleich hinuntertaumelt. Den Angriff oder Biß nimmt man recht gut im Handgelenk der Rutenhand wahr – ein sofortiger Anhieb sollte die Quittung sein. Der Kombiköder Löffel & Wurm ist auch in stark vereinfachter Form fängig: An die Stelle des Löffels kommt in diesem Fall ein einfaches Gleitblei!

DER FLUSSBARSCH ODER BARSCH *(Perca fluviatilis)*

DAS FLIEGENFISCHEN

Mit einer leichten Forellenrute und einer einfachen Schwimmschnur ist man bestens für das Fliegenfischen auf Barsche gerüstet. In seichtem Wasser lassen sich so reihenweise Barsche fangen. Dabei kommen Streamer zum Einsatz, die auf Haken der Größe 6 bis 8 gebunden wurden. Blau oder orange sollte überwiegen, dazu bindet man noch einige Tinselfibern mit ein, um an das Schuppenkleid eines Kleinfisches zu erinnern.

Das Fischen selbst besteht aus dem Anwerfen der potentiellen Unterstände, worauf der Streamer möglichst grundnah ruckend eingeholt wird. Hintergrund der Aktion ist es, von der Schwimmweise her an einen verletzten Futterfisch zu erinnern.

Kombiköder wie dieser Spinner mit Marabu-Büschel oder Gummifransen am Haken sind gute Barschköder.

POSENFISCHEN MIT EINTAGSFLIEGENLARVEN

Die Larven der Maifliegen (*Ephemera danica* und *vulgata*) gelten vielerorts als wahre Barschmagnete. Allerdings ist das Sammeln dieser Larven ungemein schwierig, die Maifliegen in den vergangenen Jahrzehnten immer seltener geworden. Ihre Larven leben im Sand oder Schlamm des Gewässergrundes in Bereichen mit wenig Strömung. Die Maifliegenlarven werden an einer länglichen und sensiblen Pose angeboten, die noch mit verteilt angebrachten Bleischroten beschwert wird.

GUTE BARSCHSTELLEN

In Flüssen stehen die größten Barsche immer wieder an den tiefsten Stellen – Prallhänge, Steilwände, Gumpen. Gerne suchen sie auch hindernisreiche Stellen mit zahlreichen Versteckmöglichkeiten auf. Ensprechend stehen sie oft in versunkenem Gehölz, an Brückenpfeilern oder in krautreichen Buchten und Konterwassern. In Weihern lauern die Barsche gerne entlang vom Damm, vor allem dann, wenn dieser mit Büschen und Bäumen bepflanzt wurde. Oft ragt dort feines Wurzelwerk in unterspülte Uferpartien, Unterstände allererster Güte! Barsche patrouillieren auch gerne an Schilfgürteln entlang und lauern mit besonderer Vorliebe unter Steganlagen. In Talsperren sind regelmäßig die Mündungsbereiche von Zuflüssen einen Versuch wert, ganz besonders im Sommer. Ruinen, Geröllanhäufungen in der Tiefe und versunkene Waldgebiete sind weitere zuverlässige Barschstellen.

Biologie

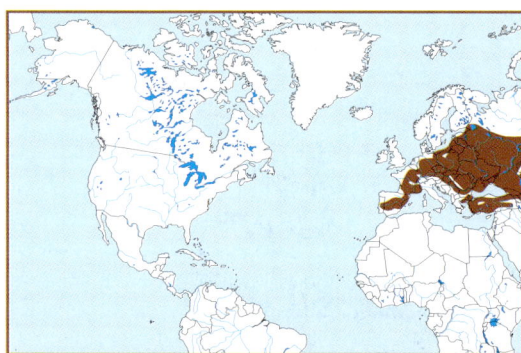

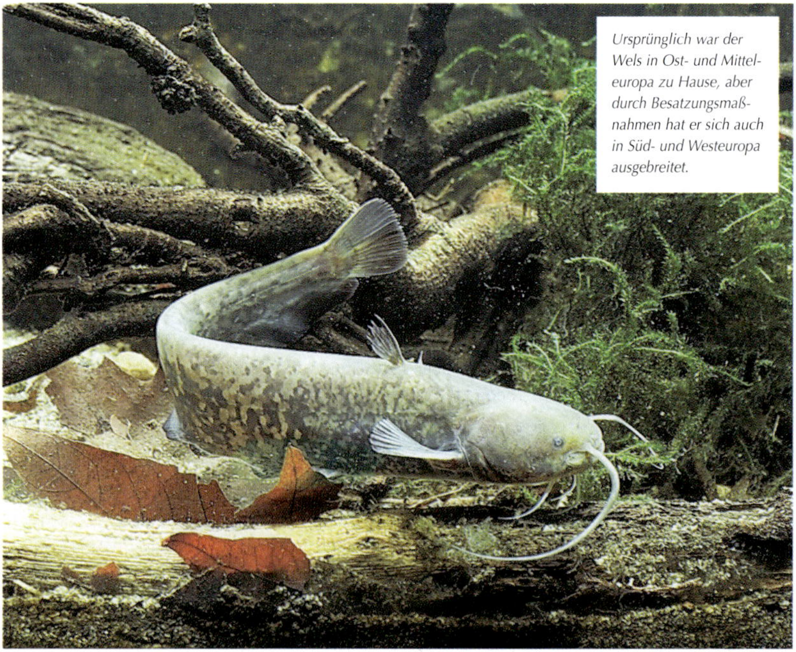

Ursprünglich war der Wels in Ost- und Mitteleuropa zu Hause, aber durch Besatzungsmaßnahmen hat er sich auch in Süd- und Westeuropa ausgebreitet.

Die sechs Barteln der Waller dienen als Tast- und Riechorgane.

Einer der größten Fische, mit denen man sich als Sportfischer messen kann, erlebt momentan in Europa einen Eroberungszug durch die Gewässer, der seinesgleichen sucht. Das bietet nunmehr auch den Amateuren im Bereich schwere Kaliber eine ganz neue Herausforderung!

BESCHREIBUNG

Der Wels erinnert ein wenig an den Zwerg- oder Katzenwels, wobei es immer noch deutliche Unterschiede gibt. Der Katzenwels ist nämlich ein Ictaluride, während der Wels ein Siluride ist. Im Gegensatz zum Katzenwels hat der Wels keine Fettflosse, und seinen abgeflachten Kopf zieren nicht 8, sondern 6 Barteln: vier kurze unter dem Unterkiefer und zwei lange links und rechts an den Maulwinkeln. Diese Barteln sind die Verbindung der Waller zur Außenwelt. Über die Barteln – und nicht über die Augen – nehmen sie alle möglichen Signale wahr: Sie orten Schwingungen, tasten, riechen und schmecken mit ihrer Hilfe. Der Geruchsinn der Waller scheint besonders ausgeprägt zu sein und den des Menschen um etwa das 100 000fache zu überbieten. Das Gehör ist ebenfalls immens leistungsfähig, so daß ihnen nicht das kleinste Geräusch entgeht (Schwingungen, Wellen, Wasser-

standsschwankungen). Das innere Ohr ist außergewöhnlich hoch entwickelt und der Webersche Apparat ist bei kaum einer anderen Fischart in so perfektionierter Form vorhanden. Waller sind von Natur her bestens gerüstet, um ihre Chefstellung in trüben und dunklen Gewässern problemlos zu wahren, kaum eine Gefahr oder ein Beutetier bleibt ihnen verborgen.

Entlang des gesamten Seitenlinienorganes verlaufen über die ganze Körperlänge Geschmacks- und Geruchszellen. Die Schwimmblase dient beim Wels als Resonanzkörper und steht mit dem Weberschen Apparat in Verbindung. Insgesamt kommt der

Biologie

Im Winter versammeln sich die Welse gerne in großen Mengen auf dem Grund der tiefsten Stellen.

Wels einer Art lebendem Radar gleich, was ihn zu einem besonders effektiven Raubtier macht. Diesen Kolossen würde man auch ihr außergewöhnliches Beschleunigungsvermögen nicht zutrauen, das sie ihren riesigen, fächerförmigen Brustflossen, der abgerundeten Schwanzflosse, besonders aber der langgezogenen Afterflosse verdanken, die immerhin die ganze untere Körperhälfte säumt und von 90 Strahlen in Position gehalten wird. Der schlangenförmige Körper ist auf seiner ganzen Länge von einer dicken Schleimschicht überzogen, die ihn gut durch das Wasser gleiten läßt.

Der Kopf ist breit und massiv gebaut, auf den kraftvollen Kiefern sitzen große Zahnkissen. Aus ihnen kommen nur ganz wenige Beutetiere wieder frei. Dank des enormen Maulvolumens sind Welse in der Lage, sich ihre Beutetiere regelrecht in den Rachen zu saugen. Die Färbung des Körpers fällt unterschiedlich aus und hängt stark vom jeweiligen Biotop ab. Der Rücken ist meist dunkel und die Unterseite hell. Einige Albinos sind allerdings zitronengelb!

Auch inmitten von Deutschland gibt es Brocken, die über 80 Kilo schwer sind. Aus dem Rhein bei Biblis stammt sogar ein Monster von 85 Kilo! Unglaubliche Gewichte! Im ehemaligen Ostblock gibt es sogar Gerüchte von Exemplaren aus der Donau oder dem Dnjepr von über 300 Kilo! Leider fehlt von diesen Fischen ein Foto oder ein anderer Nachweis, der dies glaubwürdig machen würde.

GEOGRAPHISCHE VERBREITUNG

Heute lebt der Wels fast in ganz Europa. Ist seine Präsenz in Westeuropa (Frankreich, Italien und Spanien) recht neu, so ist er bereits seit Jahrhunderten in Mitteleuropa (Deutschland und Österreich) heimisch. Nach England und Holland gelangten die ersten Waller bereits vor der Jahrhundertwende. Urheimat der Waller scheint allerdings der Großraum des Schwarzen Meeres, des Kaspischen Meeres und des Aral-Sees zu sein. In Skandinavien gibt es Restbestände (Eman in Schweden), gelegentlich taucht auch ein Wels aus der Ostsee auf.

VERHALTEN

Um die Gewässer als mächtigster Raubfisch von Ost- bis Westeuropa zu besiedeln, muß der Waller über ein wirklich außergewöhnliches Anpassungsvermögen verfügen. Nur dadurch kann er mit so einer Vielzahl von unterschiedlichen Biotopen zurechtkommen.

Wie bei allen anderen Fischarten auch, hängt sein Stoffwechsel direkt von der Wassertemperatur ab. Erstaunlich ist, daß seine Komforttemperatur bei unglaublichen 28 °C liegt, auch wenn er schon bei 18 °C bis 20 °C ungemein aktiv ist. Wichtiger als die Wassertemperatur ist eine stabile Temperaturlage, denn Waller vertragen plötzliche Temperaturstürze nur schlecht. Sie lieben hingegen ansteigende Wassertemperaturen.

Auch wenn Waller eine Vielzahl von Biotopen besiedeln können, ziehen sie tiefe Seen und Flüsse eindeutig vor. Ob der Grund sandig oder schlammig ist, ist ihnen dabei egal, wesentlich ist, daß es viele Versteckmöglichkeiten gibt (Krautbänke, Geröll, Holz, Ruinen usw.).

Die zunehmende Eutrophierung der europäischen Gewässer hat ebenfalls ihren Beitrag zur Bestandsausweitung der Waller beigetragen. Hierzu gibt es aus Spanien ein Beispiel. Waren die Welse am Rio Ebro bei Caspe vor einigen Jahren noch selten, so ist der Bestand durch zunehmende Gewässertrübung und Umweltverschmutzung regelrecht explodiert.

Biologie

Auf den Welskiefern sitzen große Zahnkissen, die sich aus Unmengen winzig kleinen und sehr dicht aneinanderstehenden Zähnchen zusammensetzen.

Die Nahrung

Der Speiseplan der Welse ist vielseitig. Hauptnahrungsgrundlage stellen oft die jeweils in den größten Mengen auftretenden Weißfische dar, besonders jene, die ein wenig größer werden (Barben, Döbel, Schleie ...). Trotzdem ist die Wallerdiät abwechslungsreich, denn gelegentlich konzentrieren sich sogar große Waller auf Laubenschwärme oder pflücken sich Bisamratten oder Jungenten von der Wasseroberfläche. Welse sind auch auf Flußkrebse, Blutegel und Würmer ganz versessen. Die Geschlechtsreife erreichen Welse zwischen dem fünften und sechsten Lebensjahr. Je nach Produktivität des Biotopes sind sie dann zwischen 90 und 140 Zentimeter lang und wiegen zwischen 8

und 20 Kilo. Das Laichgeschäft wird von der Wassertemperatur ausgelöst, die mindestens 20 °C erreichen muß. Der Laichakt findet paarweise statt, wobei das Männchen eine Art Nest vorbereitet. Die Rogner legen etwa 20 000 Eier pro Kilo Körpergewicht ab. Die klebrigen Eier haben einen Durchmesser von etwa 1,5 mm. Die Inkubationszeit beträgt etwa 10 Tage. Währenddessen bewacht das Männchen höchst aufmerksam das Gelege. Es ist dann unvorsichtig und eine leichte Beute für Angler.

Das Laichgeschäft

Der Erfolg des Laichgeschäftes hängt von vielen Faktoren ab. So darf die Wassertemperatur die ersten drei Tage nach der Befruchtung auf gar keinen Fall unter 20 °C sinken. Einmal geschlüpft, werden die Jungwelse zu einer leichten Beute von zahlreichen Räubern (Hecht, Zander, Barsch, aber auch eigene Artgenossen). Aber schon im Alter von 2 bis 3 Monaten beginnen die Welse damit, aktiv andere Fischarten zu jagen! Die verschwindend kleinen Augen der Waller weisen darauf hin, daß ihnen nur eine untergeordnete Funktion zukommt und daß sie im Dunkel der Tiefe nicht gebraucht werden. Die Waller haben andere morphologische und physiologische Eigenschaften, um sich zurechtzufinden. Tagsüber rauben sie im Dunkel der Tiefe, bei Nacht zögern sie nicht davor zurück, auch direkt an der Oberfläche auf Raubzug zu gehen. Besonders gerne scheinen Welse während der Dämmerungsphasen unterwegs zu sein. Positiv sind die Aussichten für den Angler auch dann, wenn das Wasser durch starke Regenfälle angetrübt ist.

Generell gelten Welse als Einzelgänger. In tiefen Gumpen stehen allerdings immer wieder über zehn Fische ähnlicher Größe zusammen. Kaltes Wasser mögen Welse nicht und stellen deshalb den Winter über die Nahrungsaufnahme weitgehend ein.

Zum Lauern und Ruhen haben Welse eindeutig eine Vorliebe für lichtgeschützte Stellen.

Die Angeltechniken

Waller richten sich immer nach dem jeweils vorhandenen Hauptnahrungsangebot. Sie lassen sich mit einem Köderfisch beim Ansitzangeln, aber auch beim Spinnfischen überlisten.

Im osteuropäischen Raum wird den Wallern bereits seit Jahrhunderten von Berufsfischern nachgestellt. Das Fleisch der Waller ist dort schon seit jeher sehr beliebt, so daß es verständlich ist, daß diese Fischer zahlreiche Techniken entwickelt haben, um den Wallern gezielt beizukommen. Es gibt spezielle Wallernetze, aber auch so etwas Eigenartiges wie das Wallerholz. Sportfischer haben diese Erkenntnisse aufgegriffen, daran getüftelt und gebastelt und auf westeuropäische Gewässer übertragen. Das Ergebnis ist, daß das Fischen mit dem Wallerholz in Westeuropa perfektioniert wurde.

DAS SPINNFISCHEN

Das Spinnfischen auf Waller ist eine Technik, die nur von wenigen Anglern praktiziert wird, die aber sehr erfolgreich sein kann. Besonders zu lohnen scheint sich das Spinnfischen in den Monaten Mai bis Juli. Eigentlich ist der Erfolg dieser Technik eine Selbstverständlichkeit, Waller sind von Natur aus bestens gerüstet, unnatürliche Schwingungen zu orten – und schwimmen ihnen, wie beim Wallerholz, neugierig entgegen.

Die Kunstköder

Die meisten Kunstköder, die auf den Fang von Großräubern (Süß- und Salzwasser) ausgelegt sind, eignen sich auch zum Fang von Wallern. Ihre Länge sollte bei 10 bis 15 Zentimetern liegen, ihr Gewicht zwischen 20 und 90 Gramm. Wir verwenden Spinner nur in seichtem Wasser oder wenn die Welse oberflächennah rauben. Ist das Wasser 22 bis 24°C warm, dann sind Spinner auch in

Die verschiedenen Welseinstände im Rhythmus der Tages- und Jahreszeiten

An die Oberfläche und in unmittelbare Ufernähe wagen sich die Welse in erster Linie im Schutze der Dunkelheit.

Dieser dicke Wels hat beim Spinnfischen einen Kunstköder genommen.

großen Spinner noch ein Weichplastikköder (Gummifisch) kommt.

Im Regelfall sind Löffel etwas fängiger als Spinner. Der „S"-Löffel von Mepps in 70 Gramm ist eines der besten Modelle, das sich schon oft als sehr fängig herausgestellt hat. Großformatige Weichplastikköder in der Art der Gummifische und großformatige, tief abtauchende Wobbler gehören ebenfalls in die Köderbox. Noch ein Hinweis zu den Blinkern: In Anbetracht der außergewöhnlichen Kräfte der Waller, müssen die Haken besonders stark gewählt werden. Ideal sind Haken aus der Serie N° 59475 von Gamakatsu oder beispielsweise die Referenznummern 4814100 und 4814200 von Browning. Robust sollte auch die Spinnrute gewählt werden, deren ungefähre Ideallänge zwischen 3 und 3,5 m liegt.

starker Strömung sehr erfolgreich. Zu den fängigsten Modellen zählen der Mepps Aglia-Spinner N° 5 in Silber. Auch gut geeignet ist der Giant Killer in fluor-gelb oder -orange, besonders wenn der Himmel recht wolkenlos ist. Tandemspinner sind ebenfalls sehr fängig, aber auch Modelle, wie der Blue Fox Super Vibrax N° 6, in Gold oder Silber.

Hervorragend zum Wallerfischen sind auch Kombiköder, beispielsweise wenn an einen

Mit einem Weichplastikköder sucht dieser Angler die Strömung des spanischen Rio Cinca ab.

Die Angeltechniken

DIE WALLERSTELLEN

Die Standorte der Waller unterscheiden sich je nach Jahreszeit, Wasserstand und Wassertemperatur erheblich voneinander. In Talsperren lungern Waller mit großer Vorliebe in der Nähe der hindernisreichsten Abschnitte (Buchten, Felsgeröll, versunkenes Gehölz, Ruinen usw.). Talsperren gefallen den Wallern, weil sie hier nicht nur Platz haben, sondern der Tisch mit Unmengen Weißfisch reich gedeckt ist. Waller können auch auf halber Höhe an Steilwänden oder Felsabbrüchen stehen. In Flüssen und Weihern halten sich die Waller bevorzugt in der Nähe der größten Vertiefungen auf. Sobald es jedoch dämmert, schwärmen sie aus und ziehen entlang der Schilfgürtel, der Strömungsränder oder der unterspülten Uferpartien auf Raubzug. Im Sommer halten sich die Welse auch gerne in der Nähe vom Mündungsbereich eines Zuflusses auf, wo sich regelmäßig große Mengen an Weißfischen versammeln.

Die Angelpraxis

Mit der Spinnrute kann man vom Ufer oder vom Boot aus zu Werke gehen. Im letzteren Fall muß man sich Mühe geben, so leise wie möglich zu sein. Katastrophal ist es beispielsweise, wenn eine Zange oder ein anderer schwerer Gegenstand im Bootsinneren auf den Boden fällt. Die Experten im Wallerfischen legen deshalb den Boden ihres Bootes mit einem Teppich aus. Es ist Diskretion angesagt, aber auch Schnelligkeit: Im Drill sollte man den Waller möglichst hart herannehmen, damit er seine Artgenossen nicht beunruhigen kann.

Der Blinker wird langsam in Grundnähe eingeholt, die Rutenspitze steht dabei niedrig. Die Einholgeschwindigkeit

Das Wallerholz ist ein eigenartiges Gebilde, das in Rumänien seinen Ursprung hat und auf Welse eine geradezu magische Anziehungskraft ausübt.

wird so gewählt, daß das Löffel- oder Spinnerblatt gerade mit seiner Arbeit beginnt.

Im Drill kommt es zu zwei ganz entscheidenden Momenten: den Fisch vom Grund zu bekommen und ihn dann im Freiwasser zu drillen. Erst wenn der Wels „Druck abläßt" und aus der Tiefe Blasen emporsteigen (Überdruck aus der Schwimmblase), kann der Angler ein wenig zuversichtlich sein. Zwar kommt einem der Fisch nun schwerer vor, dafür ist er aber schon ziemlich abgekämpft. Immer wieder probiert er, in die Tiefe vorzustoßen, hat aber bei weitem nicht mehr die Kraft vom Drillbeginn. Irgendwann kommt der Moment, wo der Fisch in seiner ganzen Länge ruhig an der Oberfläche liegt. Nun ist er reif für den Wallergriff. Hierbei geht es darum, den Fisch um seinen wuchti-

gen Unterkieferknochen zu greifen und ihn ins Boot oder an Land zu heben. Ein Handschuh schützt dabei die Haut vor den rauhen Zahnkissen. Wer möchte, kann den Daumen ins Maulinnere stecken und den Griff mit den anderen Fingern schließen. Die größte Gefahr geht dabei nicht von den Zähnen aus, sondern von der Bewaffnung des Kunstköders! Wer den Wels vor dem Zurücksetzen für einen späteren Fototermin lebendig hältern möchte, kann ihn ganz problemlos an einem robusten Tau anleinen.

LEBENDKÖDER
Das Angeln auf Welse mit lebenden Köderfischen ist eine sehr fängige Angelegenheit, allerdings ist in mehreren Ländern der Einsatz des lebenden

Köderfisches verboten. Erkundigen Sie sich deshalb immer nach den gültigen Vorschriften!

Die meisten wirklich großen Welse sind wohl mit Hilfe eines lebenden Köderfisches gefangen worden. Rauben die Waller in seichtem Wasser, dann kann man den Köderfisch an einer einfachen Posenmontage anbieten. Die Montage erinnert dabei an jene, wie wir sie zum Hechtangeln empfohlen haben. Man sollte sich bemühen, mit länglichen Posenmodellen zu fischen, um dem abziehenden Wels nicht zuviel Widerstand entgegenzusetzen.

Ganz besonders spannend ist es, wenn man die Chance hat, raubende Waller auf Sicht zu befischen, indem man die Pose mit Köderfisch in die von

Ein herrlicher Rhône-Wels, der mit der Spinnrute gefangen wurde.

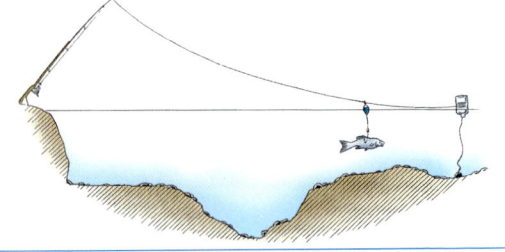

Ein herrlicher spanischer Waller, der inmitten des Dorfes Mequinenza gefangen wurde – im Mekka der Wallerangler!

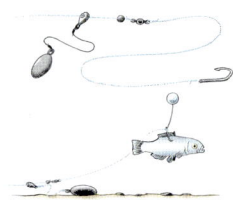

Gleitbleimontage
Oben: Auf Grund
Unten: Mit Auftriebskörper

Sekunden, nachdem die Pose unter Wasser verschwunden ist, setzt man einen weit ausholenden Anhieb.

Köderfisch und Grundblei

Diese Technik hat den Vorteil, daß mit ihr ein Köderfisch fest an einer bestimmten Stelle verankert wird, etwa in der Nähe von Hindernissen. Die meisten Grundmontagen sind Abwandlungen der Paternoster-Montage. Ziel ist es, den Köderfisch über Hindernissen anbieten zu können. Ob man nun auf Grund oder mit einer Pose zu Werke geht, die Rute

den Wallern verursachten Verwirbelungen an der Oberfläche treiben läßt. Eine Segelpose kann sich dabei als nützliche Hilfe erweisen, weil sich so der Köderfisch mit Hilfe des Windes über weite Flächen fischen läßt. Der Biß ist überaus deutlich, da die Waller ihre Beutetiere im Regelfall tief einsaugen. Einige

Das Bojenfischen

Mit dieser Variante des Ansitzangelns lassen sich auch große Köderfische punktgenau in weiten Entfernungen anbieten.

198

Verschiedene Beköderungsarten eines lebenden Köderfisches (Vielerorts ist Angeln mit lebendem Köderfisch verboten!)

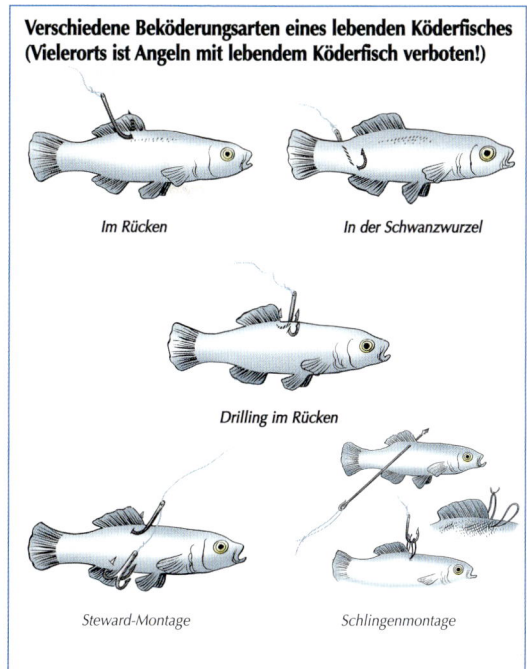

Im Rücken

In der Schwanzwurzel

Drilling im Rücken

Steward-Montage

Schlingenmontage

Posenmontage

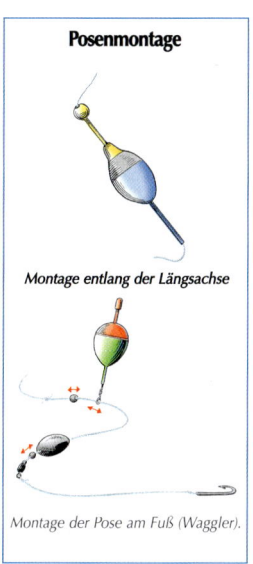

Montage entlang der Längsachse

Montage der Pose am Fuß (Waggler).

muß auf jeden Fall sehr kräftig gewählt werden (Testkurve 3 bis 4 lbs) und etwa 3,3 bis 3,6 m lang sein. Die Rolle sollte 250 m Schnur mit 0,50 mm Durchmesser fassen. Dabei sind angesichts der spektakulären ersten Wallerfluchten Modelle mit einer sog. „Kampfbremse" von Vorteil, weil sich an ihnen der Bremsdruck mit einem Handgriff in Sekundenbruchteilen erheblich reduzieren läßt.

Gleich werden die Köderfische ausgebracht.

Die Bojenmontagen sind gespannt, jetzt geht es nur mehr darum, den Biß abzuwarten.

Andere Köder

Waller sind opportunistische Räuber. Sie nehmen ein Tauwurmbündel ebenso wie Blutegel oder Tintenfische. An einem Einzelhaken N° 4/0 oder 5/0 werden diese Köder am Grund angeboten. Die Montagen bauen dabei auf den Karpfenmontagen auf, deren Köder mit Auftriebskörpern versehen werden, um sie losgelöst vom Grund anzubieten. Der Köder wird so attraktiver, weil sichtbarer präsentiert, er schwebt nämlich über den Hindernissen vom Gewässergrund. Der Trick besteht darin, in den Hakenbogen ein Haar (15 bis 20 Zentimeter) einzubinden, auf das man eine Styroporkugel mit 12 bis 15 mm Durchmesser gefädelt hat. Die Vorfachlänge hängt von der Bodenbeschaffenheit und den Hindernissen ab. Gewöhnlich sind 50 bis 80 Zentimetern ideal. Der Haken mit Köder schwebt nach dem Ausbringen um die Vorfachlänge empor.

DAS ZUPFFISCHEN MIT KÖDERFISCHSYSTEM

Diese Technik hat sich in den vergangenen Jahren als ungemein fängig herausgestellt.

Montage zum Wallerholzfischen mit Würmern
Links: mit kurzem Vorfach.
Rechts: mit langem Vorfach.

Teaser, oberhalb vom Blei.

Sehr gut lassen sich so die besonders tiefen Rinnen und Gumpen absuchen. Sind die Waller eher apathisch und wenig geneigt, die Verfolgung eines Blinkers oder Weichplastikköders aufzunehmen, dann hat man mit einem toten Köderfisch auf einem System immer noch Chancen, sie aus ihrer Apathie zu wecken. Dabei kommt dasselbe Gerät wie beim Spinnfischen zum Einsatz. Als Köderfischsystem hat sich das Drachkovitch-System bewährt. Mit wenig Blei versehen, ist das

GUTE KÖDERFISCHE

Das Angeln mit lebendem Köderfisch ist vielerorts verboten. Erkundigen Sie sich jeweils nach den gültigen Bestimmungen!

Die erste wesentliche Eigenschaft eines guten Wallerköderfisches ist Ausdauer. Er muß am Haken so lange wie möglich zappeln und Lebenszeichen von sich geben, um auf die Welse eine maximale Lockwirkung auszuüben. Entsprechend sind Karpfen, Schleien oder Karauschen gute Wallerköder. Eine Frage, die sich immer wieder stellt, ist die nach der richtigen Köderfischgröße. Es gibt Phasen, da konzentrieren sich die Welse auf Köderfische von 500 Gramm bis zu einem Kilo. Unter anderen Umständen stopfen sie sich mit handlangen Fischlein voll: Rotaugen, Gründlinge oder Lauben. Die Beköderungsart des Köderfisches ist für die Bißausbeute von entscheidender Bedeutung, weil die Haken im harten Wallermaul nur schwer fassen. Zahlreiche Experten bevorzugen große, gut geschärfte Einzelhaken gegenüber den Drillingen, die dünndrähtiger sind, den Waller im Falle des Verschluckens erheblich verletzen können und die im Moment des Wallergriffes eine große Gefahr darstellen. Fischt man die Köderfische an Posen, dann darf man nie außer acht lassen, daß die Waller auch gerne über viel Wasser im Oberflächenbereich umherschwänzeln. Entsprechend sollte eine der Posen immer seicht stehen, damit der Köderfisch weniger als zwei Meter tief arbeitet. Über die Wirkung von Lockstoffen ist noch wenig bekannt, wahrscheinlich weil noch nicht viel in diese Richtung ausprobiert worden ist.

Dickdrähtiger Einzelhaken.

Zupffischen auch in seichtem Wasser äußerst fängig, etwa an lauen Sommerabenden. Ist es seicht, führt man das System nicht so sehr zupfend, sondern eher wie einen Löffel. Rauben die Welse in weniger als einem Meter Wasser, dann kann man ganz auf das Blei verzichten. Unbedingt muß man darauf achten, das System stärker als zum Hecht- oder Zanderfischen zu wählen. Besonders die Haken stellen oft den Schwachpunkt dar und sollten unbedingt in dickdrähtigeren Ausführungen gefischt werden. Ein Nachschärfen dieser Haken ist immer sinnvoll, damit sie schon unter leichtestem Zug im Maulgewebe der Waller greifen.

Anleinen eines Wallers am Boot – unbedingt vermeiden!

DIE WEISSFISCHE

Biologie

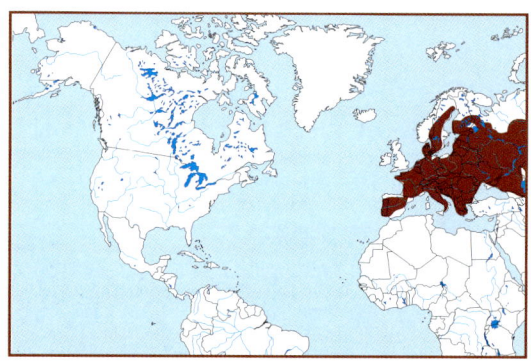

AUSLÄNDISCHE BEZEICHNUNGEN

Englisch: carp.
Französisch: carpe.
Spanisch: carpa.
Italienisch: carpa.

BESCHREIBUNG

Der Karpfen *(Cyprinus carpio)* ist der größte Vertreter aus der Familie der Karpfenartigen. Er kann bis zu einem Meter lang, 60 cm hoch und 40 Kilo schwer werden. Die Rückenflosse ist lang, ihr erster Strahl dick und gezahnt. Die Bauchflossen liegen hinter den Brustflossen und senkrecht unter dem Beginn der Rückenflosse. Karpfen haben ein vorstülpbares Maul mit dicken Lippen. An der Oberlippe hängen vier Barteln, wovon die beiden ersten kurz und schmal sind, während die beiden in den Maulwinkeln größer und dicker ausfallen. Karpfen lieben seichtes und schlammiges Gewässer.

DIE ARTEN

Vornehmlich trifft man drei Karpfenarten an:

– *Der Schuppenkarpfen*
Der Rücken ist grünlichbraun, manchmal auch leicht bläulich, während die Flanken ockerfarben sind und einen leichten goldenen Glanz haben. Der Bauch kann weiß oder gelblich sein.

– *Der Spiegelkarpfen*
Sein Körperbau ist massiver und gedrungener. Den Körper überziehen teilweise sehr unregelmäßig geformte Schuppen, wobei aber noch viel Haut zu sehen bleibt. Die Haut ist recht dunkel und ganz leicht violett gefärbt.

– *Der Lederkarpfen*
Der Lederkarpfen hat überhaupt keine Schuppen, seine

Der Körper der Schuppenkarpfen ist vollständig mit Schuppen überzogen.

Auffällig am Spiegelkarpfen sind die unregelmäßig großen Schuppen.

Haut ist bräunlich und erinnert an Leder. Der Bauch fällt dagegen eher gelblich, wie beim Schuppenkarpfen aus, während der Körperbau insgesamt mehr an den Spiegelkarpfen erinnert.

VERHALTEN

Das Laichgeschäft der Karpfen findet gewöhnlich zwischen Mai und Juli statt. Geschlechtsreif werden Rogner im Alter von drei bis vier Jahren, während Milchner bereits nach zwei Jahren so weit sind. Anläßlich des Laichaktes kommt es regelmäßig zu lautstarken Liebesspielen in seichten, krautreichen Uferzonen. Das Wasser muß dazu mindestens 20 °C warm sein. Solange das nicht der Fall ist, wird das Laichgeschäft verzögert, so daß an einigen kälteren Gewässern regelmäßig ganze Jahrgänge ausfallen. Als Jungfische leben sie gesel-

lig, in Rudeln organisiert, werden mit zunehmendem Alter aber immer mehr zu Einzelgängern. Sie pflügen den Gewässergrund mit ihrem Rüssel nach Nahrung durch, wobei ihnen ihre kleinen Barteln sehr nützlich sind. Die Nahrung setzt sich im wesentlichen aus Zuckmücken-

larven (Chironomen) zusammen, auch wenn Karpfen für viele als Vegetarier gelten. Das Phytoplankton macht in ihrer Diät keine 10% aus. Recht aktiv ziehen die Karpfen in den Dämmerungsphasen auf Nahrungssuche umher, wobei sie in der warmen Jahreszeit viel mehr Nahrung als in der kalten zu sich nehmen. Ihr Stoffwechsel läßt bei kalten Wassertemperaturen spürbar nach.

Karpfen haben eine eindeutige Vorliebe für träges und stillstehendes Wasser, das sich schnell erwärmt. Weiher, Kiesseen und Talsperren sind hervorragende Karpfenreviere. Allerdings sind diese majestätischen Fische auch in Flüssen und Strömen heimisch.

Ihr gedrungener, massiver Körperbau läßt manche Spiegelkarpfen bucklig wirken.

Die Angeltechniken

Die Karpfentechniken haben sich im Laufe der Zeit immer mehr modernisiert. Auch wenn die Tricks und Montagen unserer Großväter noch funktionieren, es gibt heute letztlich doch effektivere Methoden, den Karpfen zu Leibe zu rücken.

DAS STIPPFISCHEN

Fast überall finden sich heutzutage Teiche und Weiher mit reichlich Karpfen. Besonders in England und Italien, aber auch in Deutschland gibt es Weiher, die mit Karpfen besetzt sind und an denen man mit einem Tagesschein angeln darf. Dort kann man mehrpfündige Fische mit recht leichtem Gerät fangen.

Das Gerät
– Die Rute
Für die speziellen Anforderungen dieser Fischerei haben alle großen Rutenhersteller spezielle Stippruten für besonders große Fische entwickelt. Sie sind meist aus Kohlefaser und zwischen 11 und 13 m lang. Im hohlen Spitzenteil sitzt ein Gummizug. Letzterer ist 1 bis 1,6 mm dick und zwei bis drei Meter lang, so daß er sich im Drill ausreichend dehnen kann.

– Schnur und Montagen
Der Schnurdurchmesser der Nylonschnur liegt zwischen 0,18 und 0,20 mm, gelegentlich kann er auch darüber liegen. Auf diese Schnur kommt eine gedrungene Balsapose mit auffälliger Antenne. Wählt man eine Antenne aus Balsaholz oder Bambus, so gibt man der Pose beim Fischen mit schweren Ködern noch ein wenig zusätzlichen Auftrieb, so daß sie nicht zu leicht sinkt. Die Bebleiung kann man aus Spaltbleien zusammensetzen, aber auch ein kleines Gleitblei mit Spaltbleien kombinieren. Der Haken muß solide und sein Bogen rund sein. Je nach Ködergröße ist ein Haken N° 10 bis 18 angesagt.

Das Anfüttern
In Weihern ist das Anfüttern mit Partikelködern (Körner) oder tierischen Ködern (Maden, Würmer) genauso fängig,

Beim Stippfischen auf die Karpfen kommen in aller Regel nur die schwersten Kopfruten zum Einsatz.

Maden sind ein hervorragender Karpfenköder, den man auch zum Anfüttern verwenden kann.

wie Anfüttern mit Futter. In Flüssen und Seen ist dagegen schweres und nährendes Futter angebracht. Die im Handel erhältlichen Fertigfutter für Großfische sind bestens geeignet. Will man selbst Karpfenfutter mischen, dann muß man wissen, daß es unbedingt fett und klebrig sein muß. Karpfen lieben Mais als Körner, Gries oder Mehl, er sollte in irgendeiner Form im Futter enthalten sein. Weitere sinnvolle Zutaten sind Paniermehl, Hanfkörner, Hanfmehl, Erdnüsse (Mehl oder gehackt), Keks, Sojamehl.

Die Köder
– Zuckmückenlarven
Obwohl diese Köder so winzig sind und sich nur schwer als Bündel an einem 14er oder 16er Haken anbieten lassen, zählen sie beim Stippfischen zu den besten Karpfenködern. Mehrpfündige Karpfen sind damit eine regelmäßige Beute.

– Maden
Alle Fischen lieben Maden, so auch Karpfen. Maden lassen sich nicht nur als Hakenköder, sondern auch zum Anfüttern verwenden. Große Gozzer sind unter den Maden die besten Karpfenköder.

– Mais
Mais ist für Karpfenangler ein unerläßlicher Köder. Er ist sauber, preisgünstig und überall erhältlich. Man kann ihn im Naturzustand verwenden, gefärbt, in Lockstoffe getränkt (Vanille, Erdbeere usw.)

oder aber als Teig. Mais eignet sich als Hakenköder und zum Anfüttern. Maiskörner bietet man an Einzelhaken N° 10 bis 16 an. Ist man auf größere Karpfen aus, dann sollte man zwei Körner auf einen Haken N°10 bis 12 ziehen.

– Hanf
Gequollene und anschließend gekochte Hanfkörner, deren Keim aus der Hülse platzt, sind hervorragende Karpfenköder. Wegen ihrer geringen Größe kommen diese Köder nur selten zum Einsatz.

– Miniboilies
Boilies (siehe nächstes Kapitel) in der herkömmlichen Größe sind für das Stippfischen ungeeignet. Dagegen erweist sich ein Miniaturboilie mit einigen Millimetern Durchmesser als ausgezeichneter Stippköder. Man kann es an einem Haar (siehe nächstes Kapitel) anbieten, es geht aber auch direkt, indem man es an den Haken klebt.

Die Angelpraxis
Bevor man mit dem Stippfischen loslegt, muß man sich erst eine geeignete Stelle aussuchen. In Weihern verraten sich die Karpfentrupps regelmäßig durch Sprünge und durch vom Gründeln freigesetzte Gasblasen. Wasser-

Beim Grundfischen auf Karpfen können mehrere Ruten zum Einsatz kommen.

pflanzen, Wurzeln am Grund oder versunkenes Gehölz sind weitere Indizien. Karpfen suchen gerne ihre Nähe auf. Problematisch ist, daß ihre erste Flucht oft schnurstracks dorthin führt. Hat man erst einmal eine Stelle gefunden, geht es ans Anfüttern. Hat das Gewässer nur geringen Befischungsdruck, dann sollte man über mehrere Tage zuvor Anfüttern.

Maiskörner sind an Weihern und kleinen Seen ein optimales Futtermittel. Die Futtermenge richtet sich nach der Bestandsdichte der Karpfen, meistens kommt man mit zwei bis drei Kilo für einen Angeltag aus. Nun geht es an das Ausloten, damit man die Tiefe just so einstellen kann, daß der Haken mit Vorfach auf dem Grund aufliegt. Karpfen brauchen ein wenig Zeit, um die Witterung des Futters aufzunehmen und die Angelstelle zu erreichen, nur bei extrem hoher Bestandsdichte passiert das recht schnell. Der Biß ist charakteristisch. Entweder taucht der Schwimmer jäh ab, oder er stellt sich auf. Zeit für den Anhieb, der wegen des leichten Gerätes recht sanft ausfallen muß. Kaum sitzt der Haken, da legt der Karpfen seine erste Flucht hin. Nun macht sich der Gummizug bezahlt, der sich mehrere Meter dehnen kann. Die Rute hält der Angler dabei ständig entgegen der Fluchtrichtung, was den Karpfen aus dem Gleichgewicht bringt und zu Richtungswechseln zwingt. Allmählich zeigen sich dann die ersten Ermüdungszeichen. Nun ist es an der Zeit, die untersten Elemente der Steckrute voneinander zu lösen, ohne dabei den direkten Kontakt zum gehakten Fisch zu verlieren. Den Kescher legt man schon vor der Landung in das Wasser, um den Karpfen damit nicht in letzter Sekunde zu erschrecken. Ein solcher Schreck mobilisiert bei den Karpfen nämlich immer noch letzte Kraftreserven. Den Kescher hebt man erst dann an, wenn der Fisch bereits über dem Kescherrahmen liegt. Nun zieht man den gekescherten Karpfen heran, bis man den Rahmen zu greifen kriegt, die Rute legt man in einem Rutenhalter ab. Der Karpfen wird nun schonend vom Haken befreit.

Ein wirklich prächtiger Schuppenkarpfen, dem ein Boilie zum Verhängnis wurde.

Karpfenbatterie

Rutenhalter, Affenkletterer, Bißanzeiger – der moderne Karpfenangler ist perfekt ausgerüstet.

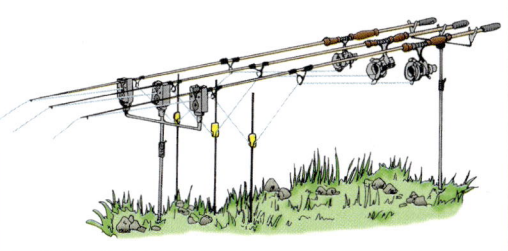

DAS GRUNDFISCHEN

Das Grundfischen auf Karpfen ist eine uralte Technik, die durch Erkenntnisse und Entwicklungen englischer Karpfenangler in den vergangenen Jahrzehnten geradezu revolutioniert wurde. Europaweit waren die Erfolge mit der modernen Grundfischerei derart groß, daß frischer Wind in die Köpfe der Angler wehte. Heute praktizieren alle „echten" Karpfenangler das sogenannte „Catch and Release", d.h., sie setzen ihre Fische nach dem Fang wieder zurück, wobei sie den Fisch so schonend wie möglich behandeln. Das Gerät zum modernen Karpfenangeln sieht imposant aus und ist auf den Fang von Rekordfischen ausgelegt. Eine Zeitlang kamen immer spezielleres, und komplizierteres Gerät sowie immer unmöglichere Montagen auf den

Markt, so daß vielen Anglern das Karpfenangeln kompliziert und ausschließlich eine Angelegenheit für ausgewiesene Experten zu sein schien. Heute haben die modernen Techniken der Grundangelei eine Art „modus vivendi" mit den traditionelleren Techniken gefunden.

Das Gerät
– Die Ruten
Die Ruten bestehen aus Kohlefaser oder Kevlar und sind meistens zweiteilig. Ihre Länge liegt zwischen 3,6 und 3,9

Metern. Die kraftvolle Aktion dieser Ruten erlaubt ein problemloses Werfen von schweren Grundbleien (80 bis 100 Gramm), wodurch man große Entfernungen erreicht. Die jeweilige Aktion der Rute wird in Pfund angegeben, beim Karpfenangeln kommen so Ruten mit ein bis vier Pfund Testkurve zum Einsatz.

– Die Rolle
Die Rolle muß sehr sorgsam ausgewählt werden. Wesentlich sind ein gut funktionierendes Schnurlaufröllchen und ein effizientes Bremssystem. Über die Bremse (Kopf- oder Heckbremse, Kampfbremse) müssen reibungslos viele Meter Schnur ablaufen können. Das Spulenfassungsvermögen sollte idealerweise bei 250 bis 300 Metern liegen.

– Die Schnur
Man kann mit Nylonschnur oder mit geflochtener Schnur angeln. Nylonschnur mit etwa 0,35 mm Durchmesser und einer Tragkraft von 7 bis 11 Kilo ist ein ideales Ausgangsmaterial. Fluoreszierende Angelschnur ist gut sichtbar und ein großer Vorteil, um stets die Schnurrichtung im

Mit Hilfe der Bißanzeiger lassen sich auch die kleinsten Bewegungen der Schnur registrieren.

Die Angeltechniken

Auge behalten zu können. Geflochtene Schnur kommt hauptsächlich als Vorfachmaterial zum Einsatz, man kann sie aber auch als Hauptschnur fischen. Diese Schnur ist sehr geschmeidig und verfügt über eine deutlich höhere Tragkraft als Nylonschnur. Ihre hohe Tragkraft wird stellenweise sogar zum Problem, etwa wenn man festhängt. Beschwert wird die Montage mit einem großen Blei, mit dem man die gewünschten Wurfweiten erreicht. Es kommen fünf Bleiformen zum Einsatz: Arlesey-Birnen, Sargbleie, Stealth-Bleie, Kugelbleie oder einseitig abgeflachte Bleie. Der Haken, das Endstück der Montage, wird nach seiner Form ausgesucht, er sollte über eine nadelscharfe Spitze verfügen und robust sein. Beim Grundfischen kommen gewöhnlich geschränkte Hakenformen zum Einsatz, deren Schenkel kurz oder mittellang ist. Für schwimmend angebotene Köder eignet sich ein gerader Haken mit langem Schenkel deutlich besser.

Über einen Wirbel wird das Vorfach mit der Hauptschnur verbunden. Die mehr oder weniger steifen Gummischläuche, die viele Angler über die ersten Dezimeter der Hauptschnur ziehen, dienen

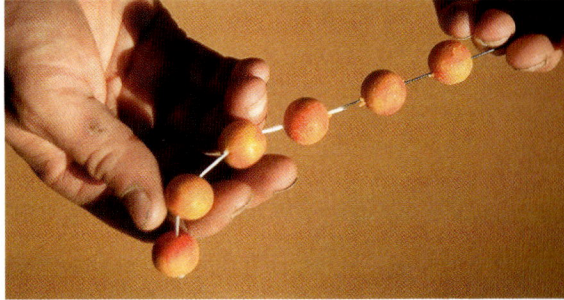

Boilies sind heute für den Karpfenangler zu unverzichtbaren Ködern geworden.

dazu, beim Werfen einem Verwickeln des Vorfaches um die Hauptschnur vorzubeugen. PVA-Schnur oder wasserlösliche Schnur löst sich im Wasser restlos auf, so daß mit ihrer Hilfe neben dem Hakenköder noch zusätzlich einige Boilies zum Anfüttern mit ausgebracht werden können. Perlen in der Montage dienen dem Reduzieren von Schlägen, etwa, wenn das Blei auf den Wirbel saust.

– Das Zubehör
Zum modernen Karpfenangeln gehört eine ganze Reihe von Zubehör:
• ein solider Rutenhalter oder *Rod Pod*, auf dem mehrere Ruten gleichzeitig Platz finden
• ein Bißanzeiger (Swinger oder Affenkletterer), mit dem sich auch der kleinste Zupfer wahrnehmen läßt
• elektronische Bißanzeiger, die anläßlich der Flucht des Fisches ein lautes Signal von sich geben

• ein großvolumiger Kescher, mindestens 1,8 m bis 2 m lang und einen Meter breit
• ein Schirm und eine gemütliche Liege sind weitere sinnvolle Zubehörteile. Die Liegen der Karpfenangler (*Bed Chair*) sind komfortabel und ermöglichen es, viele Stunden auf einen Biß zu warten.

Die Köder
– Die Boilies
Dieser Köder ist der Basisköder der Karpfenangler. Es handelt sich um Teigkugeln, die sehr reich an Proteinen sind. Die meisten Karpfenangler fertigen ihre Boilies selbst an, wobei sie eine proteinhaltige Futtermischung als Basis nehmen und noch Geschmacks- und Geruchsstoffe eigener Wahl beimischen. Im Handel sind auch Fertigboilies erhältlich. Der Boiliedurchmesser liegt zwischen 14 mm und 24 mm. Die 14-mm-Boilies dienen besonders zum Anfüttern. Normalerweise kom-

men Boilies von 16 mm bis 20 mm als Hakenköder zum Einsatz. Sind die Karpfen groß oder fischt man auf große Distanz, dann sind Boilies mit einem Durchmesser von 24 mm angebracht. Angeködert werden die Boilies mit der Haarmontage. Ihr Prinzip ist einfach: Es geht darum, den Köder vom Haken auf Abstand zu halten. Das Haar kann aus Nylonschnur, geflochtener Schnur oder Dacron sein, es ist sehr kurz und an der Öse oder am Schenkel des Hakens befestigt. Am Ende des Haares sitzt eine kleine Schlaufe, mit der man mittels einer Ködernadel ein Boilie auf das Haar fädelt. Saugt ein Karpfen den Köder ein, folgt unweigerlich der Haken. Während der Karpfen den eigentlichen Köder schluckt, greift der Haken im vorderen Maulbereich.

– Partikelköder
Neben den Boilies sind verschiedene Partikelköder (Körner) zum Karpfenfang geeignet.
• Mais
Auch Maiskörner lassen sich an der Haarmontage anbieten (Haken N° 4). Mais ist heute immer noch einer der Basisköder für Karpfenangler. Sehr fängig ist ebenfalls süßer, gekochter Mais. Auch diese Maiskörner lassen sich am Haar anbieten, man kann sie aber auch direkt an einen Einzelhaken N° 4 bis 6 anködern.
• Hanf
Mit Hilfe einer Ködernadel lassen sich mehrere Hanfkörner auf ein Haar fädeln, das an einem Einzelhaken N° 4 bis 6 hängt.
• Saubohnen
Diese Bohnen müssen zunächst mindestens 48 Stunden quellen, sie lassen sich dann an einer Haarmontage an einem Einzelhaken N° 6 fischen.

• Lupine
In gelb oder weiß lassen auch diese Bohnen sich an einem Haar an einem Einzelhaken N° 4 bis 6 anbieten.
• Tigernüsse
Diese Nüsse sind teuer und kommen selten zum Einsatz. Sie müssen zuvor mindestens 24 Stunden quellen.
• Erdnüsse
Diese öligen Nüsse werden zum Fischen auf mittlere Distanz eingesetzt, nachdem man sie zuvor hat quellen lassen.

Das Anfüttern
Man füttert immer weit vom Ufer entfernt an. Karpfenangler verwenden dazu gerne ein Boot, stellenweise sogar ein ferngesteuertes, um in großer Distanz

Die Landung ist bei jedem Drill eine der heikelsten Phasen.

Die Angeltechniken

Diesem Karpfen wurden Maiskörner an einer Haarmontage zum Verhängnis.

fen. Die Futtermenge beim Anfüttern hängt von der Bestandsdichte an Karpfen und von der Fläche der Angelstelle ab. In einem karpfenreichen Gewässer sind 10 Kilo Körner und 1000 Boilies für eine Futterkampagne durchaus angebracht.

Die Angelpraxis

Nach dem Anfüttern geht es an das Auswerfen der Montagen. Geworfen wird mit dem Überkopfwurf. Dabei hält man die Rute über dem Kopf, die eine Hand am unteren Griffende, die andere auf der Höhe der Rolle, wobei der Zeigefinger der letzteren bei geöffnetem Schnurfangbügel

ihren Futterteppich zu legen. Zum Anfüttern vom Ufer braucht man Hilfsmittel. Das kann eine Futterschleuder sein, aber auch ein Wurfrohr

(Cobra-Stick). Dieses Instrument ist bei Karpfenanglern sehr beliebt. Mit ihm lassen sich Boilies von 16 mm bis 20 mm über 100 Meter weit werfen.

Montagen und Beköderungsarten

Ganz oben die klassische Montage, darunter eine Montage mit einem Röhrchen, um Verwicklungen vorzubeugen, unten eine Selbsthakmontage. Eine Styroporkugel auf dem Haar verleiht den Körnern Auftrieb. Mit einer Ködernadel kann man Boilies auf das Haar fädeln.

DER KARPFEN *(Cyprinus carpio)*

Die wichtigsten Handgriffe und Bewegungen:

Der Anhieb erfolgt mit einer weit ausholenden Geste.

Beim Überkopfwurf hängt die Montage vor dem Wurf knapp über dem Boden.

Nicht der Kescher wird zum Karpfen gezogen, sondern der Karpfen zum Kescher!

die Schnur hält. Die Hauptschnur wird so verkürzt, daß die Montage hinter dem Angler knapp über dem Boden schwebt. Nun wird das Ganze nach vorne geschleudert, wobei die Kräfte des Rutenblanks mobilisiert werden. Ist die Montage erst einmal auf Grund gesunken, schließt man den Schnurfangbügel und nimmt Spannung auf. Nun legt man die Rute auf den Rutenhalter ab. Die Bremse wird so eingestellt, daß bei mittlerem Zug Schnur von der Spule läuft. Der Swinger oder

ein Affenkletterer hält die Hauptschnur auf Spannung. Nun braucht man nur noch den elektronischen Bißanzeiger anzuschalten. Der Biß ist beim Karpfenangeln ein ganz magischer Moment. Der mechanische Bißanzeiger steigt an, der elektronische fängt an, Alarm zu schlagen – der Karpfen prescht davon. Man braucht die Rute lediglich anzuheben und weit ausholend nach hinten zu rucken, um den Haken ausreichend im Karpfenmaul festzusetzen. Die erste Fluchtreaktion da-

nach ist immer wieder spektakulär. Der Drill kann sehr lange andauern. Sobald der Karpfen erste Ermüdungszeichen zeigt, wird er über den bereits im Wasser liegenden Kescher gezogen. Man zieht immer den Fisch zum Kescher und schiebt letzteren nie zum Fisch! Bis zuletzt muß man sich bereithalten, den Bremsdruck schlagartig zu reduzieren, denn in Anbetracht des Keschers mobilisieren viele Karpfen ihre Kräfte ein letztes Mal, was an zu kurzer Schnur verhängnisvoll enden kann.

Biologie

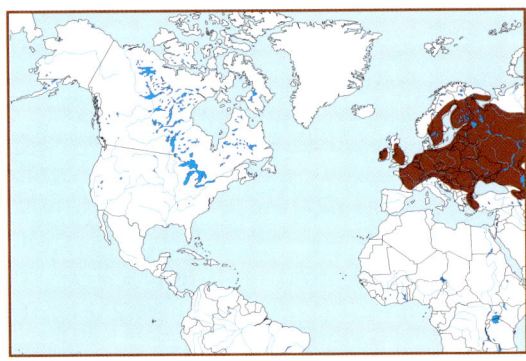

AUSLÄNDISCHE BEZEICHNUNGEN

Englisch: bream.
Französisch: brème.
Spanisch: brema.

BESCHREIBUNG

Der Brachsen ist ein Fisch aus der Familie der Karpfenartigen. Charakteristisch für ihn ist der hochrückige, seitlich abgeflachte Körper. Es gibt prinzipiell zwei Brachsenarten, die Güster (*Blicca bjoerkna*) und die Brachse (*Abramis brama*). Brachsen werden oft auch Brassen oder Blei genannt. Die Bauchflossen der Brachse sitzen hinter den Brustflossen und vor der Rückenflosse. Die Schwanzflosse ist stark eingekerbt. Das Maul ist zahnlos und vorstülpbar. Den Körper überziehen große Schuppen, der Rücken ist olivgrün bis braun, der Körper hellgrau, wobei die großen Exemplare einen goldenen Schimmer bekommen. Der Bauch ist weiß. Brachsen sind gewöhnlich 30 bis 50 cm groß, gelegentlich auch 70 cm. Ihr Gewicht liegt dann bei 3 Kilo. Den Brachsenkörper überzieht eine dicke, zähe Schleimschicht. Dieser Schleim hängt immer wieder auch am Vorfach, am Kescher, Setzkescher und an den Kleidern.

GEOGRAPHISCHE VERBREITUNG

Brachsen vermehren sich ausgesprochen gut und leben in weiten Teilen von Zentral- und Nordeuropa in großen Mengen, auf der Iberischen Halbinsel kommen sie hingegen gar nicht vor.

VERHALTEN

Brachsen kreuzen sich recht häufig mit Rotaugen, was zu einer Hybridform führt. Auf diese Hybriden stößt man in erster Linie an großen Flüssen und Strömen. Brachsen laichen zwischen Mai und Juni.

Neben dem Brachsen lebt vielerorts auch der Güster.

Bei Brachsen liegt die Vermehrungsrate hoch. Sie sind reine Grundfische.

Wie bei den Rotaugenmilchnern bekommen die Brachsenmilchner kurz vor dem Laichgeschäft einen Laichausschlag. Weiße, feste Knötchen bilden sich auf dem Körper, so daß er sich ganz rauh anfühlt. Brachsenrogner laichen bis zu 300 000 Eier ab, die sie in seichtem Wasser auf Wasserpflanzen ablegen. Brachsen kommen recht gut mit Umweltverschmutzung zurecht und leben in fließendem und in stillstehendem Wasser. Brachsen leben heute europaweit zahlreicher als früher.

Grund dafür ist, daß große Räuber wie etwa kapitale Hechte immer seltener werden. Das massive Aufkommen großer Welsbestände wird der Brachsenexplosion vielleicht entgegenwirken. Typische Brachsengewässer sind Weiher, Kiesseen, Hafenbecken, Kanäle, träge Flüsse und Talsperren.

In Strömen leben Brachsen sehr zahlreich und erreichen dort regelmäßig außergewöhnliche Größen.

Brachsen leben gesellig. Sie sind Grundfische, die sich ausschließlich von Zuckmückenlarven (Chironomen), Plankton, Kleinkrebsen und Weichtieren ernähren. Ihre Nahrungsaufnahme ist sehr eigen. Um die Larven zu schnappen, machen die Brachsen am Grund gerne einen Kopfstand. Brachsen sind eine von Wettkampffischern bevorzugte Beute, die sich genauso launisch und schwierig wie Rotaugen oder Lauben anstellen kann.

Beißen die Brachsen, dann ist es gar nicht schwer, gleich viele Dutzend Kilo zu fangen!

Die Angeltechniken

Brachsen leben zahlreich in unseren Flüssen, Weihern und Seen. Für ihren Fang lassen sich alle bekannten Techniken der Stipp-, Grund- und Matchfischerei erfolgreich einsetzen. Schon beim Anfüttern zeigen sich Brachsen sehr entgegenkommend.

DAS STIPPFISCHEN
Das Gerät
– Die Rute

Eine klassische Stipprute wie für das Rotaugenstippen ist bestens geeignet. Das Spitzenteil ist hohl und hat einen Gummizug, der etwa so lang ist wie die zwei oder drei letzten Steckelemente.

– Die Montage

Die Schnurstärke hängt von der Angelstelle und der zu erwartenden Größe der Fische ab. Zum Brachsenfischen an einem Kanal oder Weiher reicht gewöhnlich ein Schnurdurchmesser von 0,08 mm bis 0,10 mm. Die karottenförmige, längliche Pose verfügt

über eine Tragkraft von 0,3 Gramm bis 1,2 Gramm. Austariert wird sie mit einigen Spaltbleien oder mit einem Gleitblei in Verbindung mit Spaltbleien. Zum Befischen von Flüssen und Strömen eignet sich dagegen ein Schnurdurchmesser von 0,12 mm bis 0,14 mm wesentlich besser. Die Posen tragen eine auffällige Antenne und einen langen Kiel, der ihnen Stabilität verleiht. Der Haken wird passend zum Köder gewählt. Rundbogenhaken in den Größen 10 bis 18 scheinen am besten geeignet.

Das Anfüttern

Brachsen sind karpfenartige Fische, die geradezu versessen auf das Anfüttern sind. Man kann direkt mit den Hakenködern anfüttern, egal, ob diese organischer oder pflanzlicher Natur sind. Brachsenfutter ist fett und klebrig, in der Strömung muß es auch noch schwer sein. Paniermehl, PV1, Keks, Erdnüsse, al-

le Arten Maisprodukte (Gluten, Gries, Körner) und Körner (Hanf) sind Futterzutaten allererster Güte.

Die Köder

Die klassischen Rotaugenköder eignen sich ebenfalls hervorragend zum Brachsenfang. Zuckmückenlarven, Maden und Weizen sind überaus fängig. Laubwürmer sind auf Großbrachsen extrem fängig. Gerade an schwierigen Tagen macht dieser Köder oft den ganzen Unterschied.

Die Angelpraxis

Nachdem man die Angelstelle sorgfältig ausgelotet hat, geht es an das Anfüttern. Es wird massiv gefüttert, etwa mit zehn orangegroßen Futterkugeln, die zusätzlich mit lauter Hakenködern gespickt sind. Sind die Brachsen an der Angelstelle, dann verraten sie ihre Anwesenheit durch feine Blasenspuren. Nach jedem Trieb sollte man dann zusätzlich eine Futterkugel auswerfen. Der Haken mit dem Köder sollte ständig auf dem Grund aufliegen, weil die Brachsen ganz versessen auf bewegungslose Köder sind.

Der Brachsenbiß ist charakteristisch. Die Pose steigt an und legt sich flach. Ein nicht zu heftiger Anhieb bringt die Brachse sicher an den Haken.

Stippen sind zum Brachsenfang hervorragend geeignet.

DAS MATCHFISCHEN

Beim Matchfischen kommen je nach Angelstelle verschiedene Techniken in Betracht. Das Posenfischen mit der Matchrute ist an trägen Flüssen, Weihern und Kanälen sinnvoll. Grundfischen ist an großen Strömen und Talsperren effektiver. Das Bolognaisefischen kommt nur in sehr schnellfließenden Flüssen in Betracht, gelegentlich auch an großen Strömen, wenn ein starker Wind stromauf weht.

Beim Matchfischen dient die Futterschleuder zum Anfüttern auf Distanz.

Das Posenfischen

Gerät, Montage und Angelpraxis sind mit denen für Rotaugen identisch.

Das Grundfischen

Gewöhnlich kommen Kohlefaserruten von 3,3 m bis 3,9 m Länge zum Einsatz. An der Rutenspitze sitzt eine dünne Spitze, die Bibberspitze *(Quiver-Tip)*, ein sensibler Bißanzeiger. Die Hauptschnur auf der Spule ist zwischen 0,14 mm und 0,16 mm dick und an ihrem Ende sitzt ein Futterkorb. Mit Futter gefüllt, lassen sich so Brachsen in die unmittelbare Hakennähe locken.

Die Angelpraxis

Nach dem Beködern des Hakens drückt man noch eine Handvoll Futter in den Futterkorb *(Feeder)*. Die Montage wird nun an die gewünschte Stelle geworfen. Ist sie einmal ausgebracht, schließt man den Schnurfangbügel und versenkt die Hauptschnur unter der Wasseroberfläche. An stillstehenden Gewässern positioniert man die Ruten parallel zum Ufer, so daß die Schnur zur Rute einen 90° Winkel bildet. In Flüssen und Strömen stellt man die Rute dagegen senkrecht, um die Schnur möglichst viel aus der Strömung zu halten. Die Bisse lassen sich nicht übersehen: Die Bibberspitze schlägt jäh aus, oder sie verliert an Spannung. Der Anhieb erfolgt horizontal in seitliche Richtung mit einer weit ausholenden Bewegung.

DAS BOLOGNAISE-FISCHEN

Diese aus Italien stammende Technik erzielt ganz außergewöhnliche Ergebnisse, vor allem wenn es darum geht, die Brachsen in starker Strömung zu fangen.

Das Gerät

Die Rute ist aus Kohlefaser und mit weit vom Rohling abstehenden Ringen bestückt. Ihre Länge liegt zwischen 5 Meter und 7 Metern. Eine Stationärrolle zum Matchfischen vervollständigt die Grundausstattung. Die Antenne muß gut sichtbar sein. Ideal sind Antennen aus Balsaholz, Bambus oder Plastik. Die Bebleiung setzt sich aus einer Kette von Spaltbleien zusammen. Der Haken (N° 10 bis 18) kommt an ein 40 cm langes Vorfach, das über einen Karabinerwirbel mit der Hauptschnur verbunden ist.

Die Angelpraxis

Das Bolognaisefischen wird praktiziert, indem man den Köder stromab treiben läßt. Füttern Sie daher nicht zu weit stromauf an, sondern eher auf Ihrer Höhe oder sogar ein wenig stromabwärts. Die Rute hält man idealerweise an der Hüfte abgestützt hoch über dem Wasser.

DIE SCHLEIE *(TINCA TINCA)*

Schleien sind Cybriniden, die eine besondere Vorliebe für Wasserpflanzen haben.

Vorliebe für Wasserpflanzen. Auf Schleien trifft man meistens an Weihern, Kanälen und trägen Flüssen. Je mehr Pflanzen im Wasser sind, desto zahlreicher die Schleien. Sie ernähren sich hauptsächlich von Zuckmückenlarven (Chironomen), Köcherfliegenlarven und Weichtieren.

DIE ANGELTECHNIKEN

Das Grundfischen
Mit der Stipprute lassen sich zwar Schleien fangen, will man jedoch regelmäßig erfolgreich sein und besonders große Exemplare fangen, dann sollte man sich auf das Grundfischen konzentrieren.

Das Gerät
– Die Rute
Eine Rute aus Kohlefaser mit Bibberspitze und zwischen 3,3 m und 3,9 m lang ist ideal. Bibberspitzen gibt es in mehreren Stärken, so daß

BIOLOGIE

Beschreibung
Die Schleie (*Tinca tinca*) ist einer der schönsten Fische aus der Familie der Karpfenartigen. Ihr Körper ist gedrungen, rundlich, mit kleinen Schuppen und einer dicken Schleimschicht überzogen. Sie ist grünlich- bzw. bläulich-braun am Rücken gezeichnet, während die Flanken sattgrün gefärbt sind. Der Bauch ist gelb oder weiß. Das Schleienmaul ist vorstülpbar und in den Maulwinkeln mit zwei kleinen Barteln besetzt. Schleien können etwa 5 Kilo schwer und 60 cm lang werden.

Geographische Verbreitung
Schleien leben nahezu über ganz Europa verbreitet. Sinken die Wassertemperaturen unter 10 °C, dann reduzieren sie ihren Stoffwechsel erheblich und verfallen in eine Art Winterruhe.

Verhalten
Zum Laichgeschäft kommt es bei den Schleien zwischen Mai und Juli, je nach Wassertemperatur. Als typischer Grundfisch hat die Schleie eine ganz besondere

Schleien erkennt man an dem grünen Schuppenkleid mit den goldenen Reflektierungen.

man mit ihrer Hilfe problemlos verschiedenste Stellen mit unterschiedlichen Charakteristika befischen kann.

– Die Rolle
Eine Kapsel- oder eine Stationärrolle sind bestens geeignet. Die Spule sollte bis an den Spulenrand mit Nylonschnur in den Stärken 0,14 mm bis 0,20 mm gefüllt sein.

– Die Montage
Die Montage sieht der für Brachsen sehr ähnlich. Auf die Hauptschnur braucht man lediglich ein Arlesey-Blei oder einen Futterkorb zu befestigen – entweder an einem Seitenarm oder direkt. Den Futterkorb braucht man besonders in Flüssen und Seen. In seichten Weihern ist ein Arlesey-Blei in jedem Fall die bessere Wahl.

Das Anfüttern und die Köder
Schleien reagieren gut auf Futter. Ein bräunliches, süßes, leicht körniges Futter ist vorteilhaft. Paniermehl, Copramelasse, Maiskeime oder -gries sind ideale Zutaten. Lebkuchen ist ein besonderer Leckerbissen für Schleien. In Pulverform bereichert er das Futter ungemein, er ist aber auch ein ganz ausgezeichneter Hakenköder (als Würfel zugeschnitten). Weitere sehr fängige

Schleienköder sind Maden, Bündel von Zuckmückenlarven oder Laubwürmer. Gelegentlich ist auch süßer, weicher Mais fängig, als Zutat zum Futter lohnt er sich allemal. Boilies sind ebenfalls sehr fängig, sie müssen aber etwas kleiner und süßer als zum Karpfenfischen sein.

Die Angelpraxis
Am produktivsten ist das Fischen in Weihern. Ein Gang quer durch eine Krautbank ist eine ideale Schleienstelle. Nach dem Wurf kommt die

Rute auf eine Ablage, so daß sie parallel zum Ufer steht. Der Bißanzeiger hängt unter Spannung leicht über der Wasseroberfläche. Ein Biß krümmt den Bißanzeiger etwas stärker. Der Anhieb erfolgt mit einer ausholenden Geste, wobei die Angel nach hinten geführt wird. Schleien kämpfen gut, aber etwas träge. Unter der Rutenspitze ziehen sie beständig Kreise, so daß man für die Landung Geduld braucht.

Der Fang einer Schleie ist für jeden Angler ein besonderer Moment.

Biologie

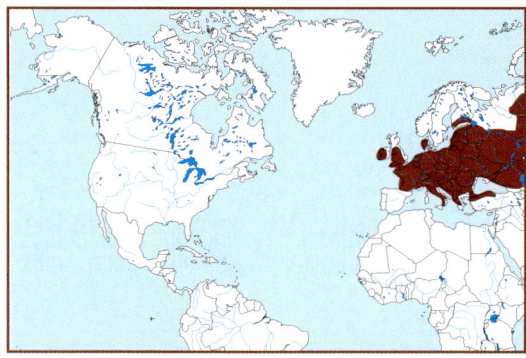

AUSLÄNDISCHE BEZEICHNUNGEN

Englisch: rudd.
Französisch: rotengle.
Italienisch: scardola.

BESCHREIBUNG

Die Rotfeder (*Scardinius erythrophtalmus*) gehört zur Familie der Karpfenartigen und ist einer der schönsten Vertreter dieser Familie. Oft wird die Rotfeder mit dem Rotauge verwechselt, was aber nicht sein muß. Die Rotfeder hat insgesamt einen abgeflachte-

Die sattroten Flossen der Rotfedern sind recht auffällig und standen bei der Benennung dieser Fischart Pate.

ren und gedrungeneren Körper. Der Rücken ist grünlich, die Flanken und der Bauch dagegen silbrig und mit einigen rosafarbenen oder rötlichen Reflektierungen versehen. Die Flossen sind strahlend rot. Die Bauchflossen sitzen vor der Rückenflosse. Letztere endet senkrecht über der Afterflosse. Das Maul ist oberständig und nicht, wie beim Rotauge, endständig. Rotfedern sind gewöhnlich 10 cm bis 20 cm lang, 15 Gramm bis 200 Gramm schwer. Es gibt auch große Exemplare, die über ein Kilo wiegen.

GEOGRAPHISCHE VERBREITUNG

Rotfedern gibt es in ganz Zentraleuropa. Es gibt verschiedene Arten, etwa in Italien, wo den Rotfedern die roten Flossen fehlen. Dort heißen die Rotfedern *Scardole*.

VERHALTEN

Im Frühjahr laichen die Rotfedern bis zu 100 000 Eier ab, die an Wasserpflanzen kleben bleiben. Das Laichgeschäft dauert von April bis Mai an, egal, ob die Fische nun in Seen, Weihern, Flüssen oder Kanälen leben.

Im Gegensatz zum Rotauge ist die Rotfeder ein Fisch, der gerne in Oberflächennähe aktiv unterwegs ist. Rotfedern haben für pflanzenreiche Gewässerabschnitte eindeutig eine besondere Vorliebe.

Rotfedern leben in der Regel gesellig. Ihr Speiseplan setzt sich aus Wasserinsekten, Larven und aus verschiedenen Pflanzenresten zusammen.

DIE ROTFEDER *(Scardinius erythrophtalmus)*

Schöne Rotfeder, mit der Wurfrute gefangen.

Die Angeltechniken

Rotfedern sind typische Oberflächenfische, was die Anzahl der aussichtsreichen Angeltechniken erheblich einschränkt. Stipp- und Matchrute kommen deshalb am meisten zum Einsatz.

DAS STIPPFISCHEN

Auf Rotfedern fischt man auf dieselbe Art und Weise, wie auf Rotaugen. Eine Stippe aus Kohlefaser ist vorzuziehen, die jeweilige Länge richtet sich nach dem zu befischenden Gewässer.

Das Gerät
Schnüre und Montagen
Rotfedern sind empfindlicher als Rotaugen und entsprechend müssen die Montagen feiner gewählt werden. Nylonschnur mit 0,06 mm bis 0,10 mm Durchmesser ist bestens geeignet. Ist das Durchschnittsgewicht der Rotfedern jedoch hoch, dann ist es ratsam, auf stärkere Durchmesser zurückzugreifen, etwa auf 0,11 mm oder 0,12 mm. Die Pose muß sensibel sein und ist birnen- oder kugelförmig. Ihr Kiel ist kurz, und sie wird mit gebündelt angebrachten Spaltbleien beschwert. Der Crystalhaken sollte dünndrähtig sein und von der Größe her proportional zum Köder passen.

Das Anfüttern
Eine Mischung, die jeweils zu einer Hälfte aus handelsüblichem Futter für Weiher und aus Oberflächenfutter besteht, ist bestens geeignet. Rotfedern reagieren auf Farben und auf Futter, das eine gute Wolkenbildung hat. Gelbliche, orange oder weiße Farbtöne scheinen das Futter fängiger zu machen.

Die Köder
Zuckmückenlarven und Maden sind die gebräuchlichsten Köder und gelten als die fängigsten. Teig und Brot sind ebenfalls sehr gut sowie in der warmen Jahreszeit Grillen, Heuschrecken und Raupen.

Die Angelpraxis
Bevor man mit dem Angeln loslegt, muß man sich erst einmal eine geeignete Stelle aussuchen, nach Möglichkeit mit viel Kraut in unmittelbarer Nähe. Kleine Kringel inmitten von einem dichten Pflanzenteppich verraten regelmäßig Rotfedern. Gelegentlich schieben sich die Rotfedern sogar ganz aus dem Wasser auf das Kraut, um Sekunden später wieder darin zu versinken. Das Futter be-

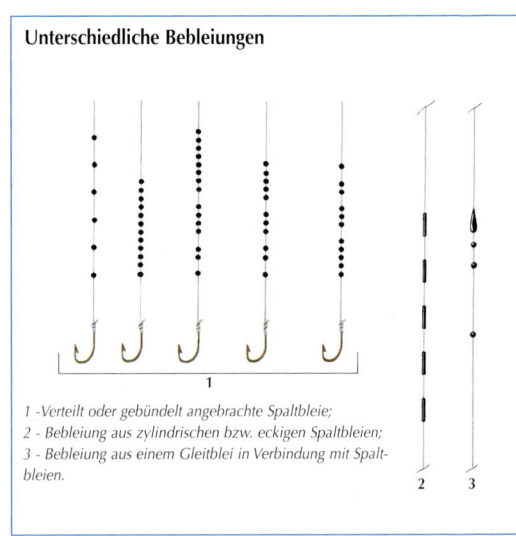

Unterschiedliche Bebleiungen

1 - Verteilt oder gebündelt angebrachte Spaltbleie;
2 - Bebleiung aus zylindrischen bzw. eckigen Spaltbleien;
3 - Bebleiung aus einem Gleitblei in Verbindung mit Spaltbleien.

feuchtet man just soviel, daß ein ins Wasser geworfener Ballen beim Berühren der Wasseroberfläche zerplatzt und eine möglichst schöne Wolke bildet. Das Beimischen von einigen Maden oder Zuckmückenlarven macht das Futter noch fängiger. Während des Angelns sollte man es ohnehin nicht unterlassen, regelmäßig mit einigen Hakenködern nachzufüttern (Maden, Caster usw.), indem man diese direkt ins Wasser wirft, ohne sie unter das Futter zu rühren. Eine Futterschleuder ist dabei ein praktisches Hilfsinstrument. Ein Rotfedernbiß ist charakteristisch. Die Pose steigt an und zieht seitlich davon, um schließlich abzutauchen.

Rotfedern können durchaus mehrere Pfund schwer werden.

Mit ihren goldenen Flanken sehen Rotfedern einfach herrlich aus.

DIE NASE *(CHONDROSTOMA NASUS)*

BIOLOGIE

Beschreibung

Die Nase *(Chondrostoma nasus)* ist ein Cyprinide mit länglichem Körper, der in Zentraleuropa, vornehmlich im Donaubecken, seinen Ursprung hat. Das Kopfende dieses Fisches ist auffällig ausgeprägt und das Maul zahnlos. Die Bauchflossen der Nase liegen hinter den Brustflossen auf der Höhe der Rückenflosse. Die Nasen laichen zwischen den Monaten März und April.

Geographische Verbreitung

Nasen trifft man heute in ganz Mittel- und Westeuropa an, auch auf der Iberischen Halbinsel. Allerdings handelt es sich bei den spanischen Nasen um eine Unterart, die *Madrilla*, die sich im Drill als ausgesprochen flinke und zähe Kämpfer erweisen.

Verhalten

Über Kies- oder Geröllboden laichen die Nasenrogner etwa 50 000 bis 100 000 Eier ab, die sogleich von den Milchnern befruchtet werden. Nasen leben sehr gesellig, sie lieben schnelles, klares Wasser und stehen gerne an immer denselben Stellen, wie die Barben. Nasen leben aber ebenfalls in großen Flüssen und Strömen. Lange Zeit hindurch wurden die Nasen von den Anglern sehr stiefmütterlich behandelt und sogar als Plage betrachtet. Grundlos wurde ihnen unterstellt, sie wären gefährliche Laich- und Bruträuber. In Wirklichkeit leben Nasen jedoch von Würmern, Larven, Kleinkrebsen und Fadenalgen, die sie von den Steinen weiden.

DIE ANGELTECHNIKEN

Das Stippfischen
Das Gerät
– Die Rute
Eine einfache Stipprute aus Kohlefaser, wie die für die anderen Weißfischarten, ist für das Angeln von Nasen ein ideales Basisinstrument. An

Das Kopfende der Nasen läuft nasenförmig zu, der Körper ist länglich.

Matchfischen und Bolognaisefischen sind sehr gute Methoden, um Nasen zu fangen.

großen Flüssen sollte man allerdings auf die etwas schwereren Ausführungen zurückgreifen. Die Spitze dieser Stippen ist hohl und in ihrem Inneren liegt ein mittelgroßer bis großer Gummizug.

– Die Montage

Die Schnur muß solide sein (0,12 mm bis 0,16 mm). Die Form der Pose sollte gedrungen ausfallen, die Antenne aus Plastik, Bambus oder Fiberglas sein. Die Tragkraft wählt man entsprechend so, daß sie zu der zu befischenden Stelle paßt. Die Pose wird mit gebündelt angebrachten Spaltbleien oder mit einer Kombination aus einem Gleitblei und zusätzlich mehreren Spaltbleien austariert. Der Haken ist rund und sollte solide sein (N° 10 bis 18).

Das Anfüttern und die Köder

Nasen reagieren sehr gut auf Futter auf Brotbasis. Helles oder dunkles Weckmehl ist deshalb ein wesentlicher Bestandteil des Futters. Dieser Basis kann man noch PV1, Kürbismehl, Erdnußmehl, Walnußmehl oder Hanfmehl beimengen. Wer keine Zeit zur Herstellung des Futters aufbringen will, kann auch auf handelsübliches Fertigfutter für Großfische zurückgreifen. Dieses erfüllt aber letztlich denselben Zweck und ist genauso fängig. Deutlich attraktiver wird das Futter noch durch die Beigabe von Naturködern (auch in gefrorenem Zustand), beispielsweise Maden und Castern. Besonders fängige Nasenköder sind weiße oder gefärbte (diese sind in Deutschland verboten!) Maden, Zuckmückenlarven, Laubwürmer, Weizenoder Maiskörner, Brot oder ein Würfel gekochte Kartoffel.

Die Angelpraxis

Das Nasenfischen ist in Flüssen oder Strömen am produktivsten. Nachdem man die Stelle seiner Wahl sorgfältig ausgelotet hat, füttert man mit etwa zehn orangegroßen Kugeln an. Nicht selten versammelt sich in kurzer Zeit eine ansehnliche Zahl an Nasen. Die Tiefe der Pose wird so eingestellt, daß der Köder ganz knapp über den Grund schleift. Der Nasenbiß ist flink, die Pose taucht tief ab. Der Anhieb muß verhältnismäßig stark ausfallen, weil das Nasenmaul recht hart ist und der Haken nur schwer eindringt. Im Drill erweisen sich die Nasen als ausgesprochen zähe und widerstandsfähige Kämpfer, und man sollte sie immer mit einem Kescher landen. Hat sich erst einmal ein großer Trupp an der Futterstelle angesammelt, so lassen sich die Nasen Schlag auf Schlag fangen.

Biologie

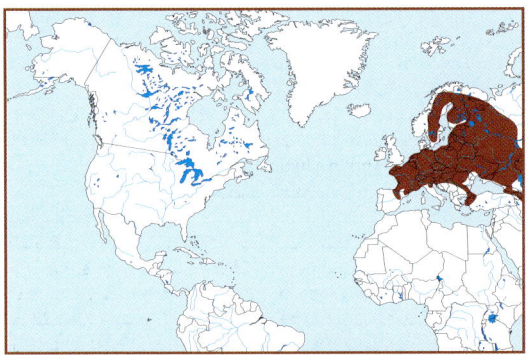

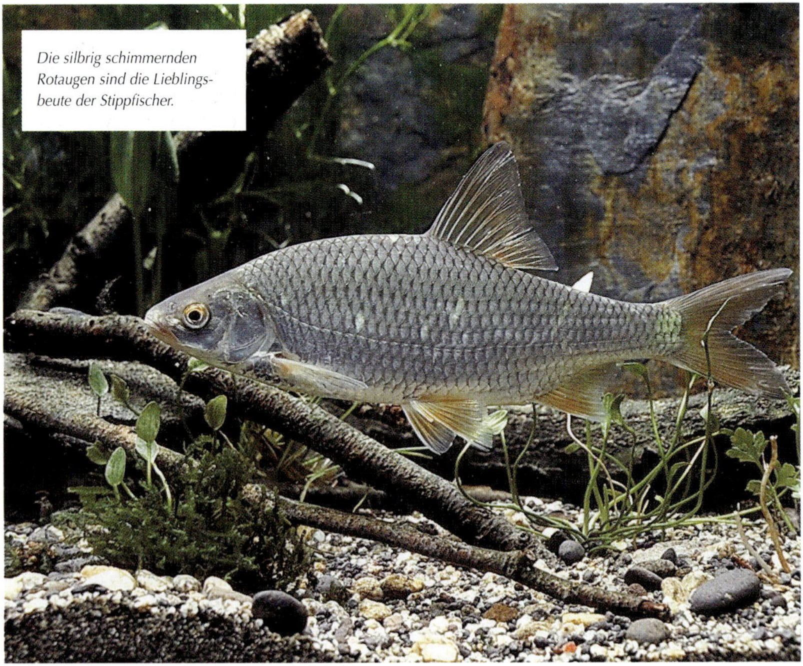

*Die silbrig schimmernden
Rotaugen sind die Lieblingsbeute der Stippfischer.*

226

DAS ROTAUGE *(Rutilus rutilus)*

Das endständige Maul weist darauf hin, daß sich die Rotaugen gerne am Grund ernähren.

BESCHREIBUNG

Das Rotauge (*Rutilus rutilus*) gehört zur Familie der Karpfenartigen. Ganz zweifellos ist es eine der auf der nördlichen Erdhemisphäre am weitesten verbreiteten Fischarten. Rotaugen sind die Lieblingsbeute der Stippfischer. Typisch ist die leicht abgeflachte, gestreckte Form. Die Flanken sind silbrig, stellenweise leicht bläulich, die Flossen und Augen orange. Das Maul ist zahnlos und endständig. Rotaugen sind gewöhnlich 15 bis 30 cm lang und wiegen dabei 10 bis 300 Gramm. Einige seltene und stattliche Exemplare erreichen eine Körperlänge von 40 bis 50 cm und ein Gewicht von ein bis zwei Kilo. Die Ge-

schlechtsreife erreichen die Rotaugen im zweiten oder dritten Lebensjahr. Das Laichgeschäft findet je nach Temperatur und Gegend von April bis Juni statt. Die Rotaugen versammeln sich im seichten Wasser zu dichten Schwärmen. Die Milchner legen ein Laichkleid an – Kopf und Rücken überzieht ein horniger und weißer Laichausschlag. Alle Rogner eines Schwarmes laichen gleichzeitig ab, wobei jedes Tier bis zu 100 000 Eier ablegt.

GEOGRAPHISCHE VERBREITUNG

Rotaugen leben weit über West-, Nord- und Mitteleuropa verbreitet. Sie fehlen in Spanien (Ausnahme ist der Rio Ebro), Italien und in einigen Bereichen von Nordskandinavien. Rotaugen leben in Kiesseen, Weihern, Teichen, Hafenbecken, Kanälen, Talsperren, Naturseen, Strömen und Flüssen. Sie fehlen eigentlich nur in Bergbächen. In einigen Anrainerstaaten der Ostsee kommt es in verschiedenen Mündungsbereichen von Flüssen im Frühling

(April bis Mai) zu gewaltigen Ansammlungen von Rotaugen, die die brackige Ostsee zum Laichen verlassen und ein wenig in reines Süßwasser aufsteigen (Lodde und Sege).

VERHALTEN

Rotaugen leben gesellig sowohl über sandigem, als auch über kiesigem und schlammigem Untergrund. Sehr große Exemplare können sich zu Einzelgängern wandeln. Die Nahrung der Rotaugen besteht im wesentlichen aus Weichtieren. Zuckmückenlarven finden auch Anklang ebenso wie Köcherfliegenlarven. Im Sommer vertilgen die Rotaugen viel pflanzliches Plankton, eine Kost, auf die sich zahlreiche große Exemplare spezialisieren. Meist sind die Rotaugen in Grundnähe aktiv, gelegentlich auch im Mittelwasser.

Erwachsene Rotaugen sind leicht an ihrer massiven Silhouette und den rundlicheren Formen zu erkennen.

Die Angeltechniken

Rotaugen sind sehr vielseitige, aber auch vorsichtige Fische. Man muß deshalb gefühlvoll und mit feinem Gerät angeln. Das Stipp- und das Matchfischen mit Pose sind die produktivsten Techniken.

DAS STIPPFISCHEN
Das Gerät
– Die Rute

Am häufigsten kommen beim Rotaugenstippen Kopfruten oder Stippen aus Kohlefaser zum Einsatz, gelegentlich auch welche aus Kohlefaser/Kevlar Mischgewebe.

Man unterscheidet zwischen zwei Rutentypen: Den Teleskop- und den Steckruten. Teleskopruten lassen sich platzsparend verstauen und haben alleine deshalb schon viele Freunde. Sie sind sowohl zum Angeln vom Ufer als auch vom Boot aus geeignet. Optimal ist dieser Rutentyp in Längen von 3 bis 6 Metern. Am häufigsten kommen beim Stippfischen Steckruten zum Einsatz. Die Länge dieser Ruten läßt sich nach Belieben einstellen und es gibt sie in sehr langen Ausführungen, nämlich bis 14,5 Meter. Zum Stippen auf Rotaugen reichen Längen von 10 bis 11 Meter völlig aus. Durch das Abnehmen von Steckteilen läßt sich die Stippe beliebig verkürzen,

Das Anködern

Am Kopfteil, dies ist die gängigste Beköderungsart.

In der Mitte, wenn die Rotaugen wenig beißfreudig sind.

Von Wettkampffischern ist bekannt, daß sie beim Fischen auf Rotaugen alle Tricks beherrschen.

DAS ROTAUGE *(Rutilus rutilus)*

so daß man mit einer Schnur angeln kann, die kürzer ist als die Rute.

– Die Schnüre und die Montagen

Die Montagen sind beim Rotaugenfischen von allergrößter Bedeutung, denn von ihnen hängt der gesamte Erfolg ab. Rotaugenmontagen müssen fein und sensibel sein.

Gewöhnlich kommt Nylonschnur mit Durchmessern von 0,08 mm bis 0,12 mm zum Einsatz. Manchmal kann es sogar sehr sinnvoll sein, auf dünnere Durchmesser zurückzugreifen (0,06 mm bis 0,07 mm). Die Posen müssen sensibel gewählt werden und können länglich, birnen- oder kugelförmig sein.

Dem Posenkiel und der Antenne kommen eine wichtige Bedeutung zu. Der Kiel hilft dabei, die Pose bei Strömung und Wind zu stabilisieren. Metallantennen sind am sensibelsten, aber leider nur schlecht zu sehen. Antennen aus Plastik, Kohlefaser oder Fiberglas sind deshalb am gebräuchlichsten.

Das Futter ist beim Stippen auf Rotaugen wichtig. Es sollte dunkel und von kleiner bis mittlerer Körnung sein.

Die Pose wird bis an die Antenne austariert. Als Blei kann man dabei ausschließlich runde oder zylindrische Spaltbleie verwenden oder aber ein kleines Gleitblei in Kombination mit Spaltbleien.

Die Bebleiung unterscheidet sich von Angelstelle zu Angelstelle (Strömung, Tiefe, Wind). Mit einer gebündelten Bebleiung in Hakennähe angelt man, wenn die Rotaugen beißfreudig sind. Ist das Ge-

genteil der Fall, dann ist es sinnvoller, die Bebleiung viel mehr über die Montage zu verteilen. Der Köder sinkt dann geschmeidiger in die Tiefe.

Rotaugenhaken sind dünndrähtig, rund oder in Crystalform können sie ein wenig dickdrähtiger gewählt werden. Die Größe hängt vom verwendeten Köder ab (N°12 bis 24). Das Vorfach ist jeweils um 0,02 mm feiner als die Hauptschnur.

Das Anfüttern

Das Stippfischen ist eine statische Angeltechnik. Um die Rotaugen zu versammeln, ist es unbedingt erforderlich anzufüttern. Rotaugenfutter ist feinkörnig und dunkel. Es setzt sich zu einem großen Teil aus Paniermehl (hell oder dunkel) und aus süßen Zutaten zusammen. Letztere können gerne klebrig wirken, die Futterkugeln müssen auf dem Wasser allerdings zerplatzen. PV1, Copramelasse, Maisgries, geröstete Erdnüsse, Keks, und Hanfmehl sind für ein Rotaugenfutter gute Zutaten. Die Wettkampffischer greifen zunehmend auf han-

Die Angeltechniken

delsübliches Fertigfutter zurück. Namhafte Experten haben es zusammengestellt.

Die Köder

– Zuckmückenlarven

Dieser Köder ist der König unter den Rotaugenködern, ganz besonders zum Fischen an Weihern, trägen Flüssen und Kanälen. Leider sind die Zuckmückenlarven recht empfindlich und müssen schonend am Haken befestigt werden (N°18 bis 24).

– Maden

Dieser Köder ist ungemein beliebt und ein fängiger Rotaugenhappen. Grundsätzlich unterscheidet man zwischen drei Madensorten. Der Gozzer ist eine große, empfindliche Made, mit der sich selektiv auf große Exemplare fischen läßt. Der Pinkie ist viel kleiner, äußerst lebhaft und wird gerne von Rotaugen aller Größen genommen. Caster sind bereits verpuppte Maden. Sie bewegen sich nicht mehr und werden besonders von großen Rotaugen genommen. Maden fischt man auf Haken N° 12 bis 20.

– Laubwürmer

Bei angetrübtem Wasser ein ganz ausgezeichneter Köder, der an den Haken N° 16 bis 20 gefischt wird.

– Teig

Selbst hergestellte Teige oder jene, die im Handel als Köderteige erhältlich sind, bringen auch beim Rotaugenfischen gute Ergebnisse (Mehl, Zucker, Wasser, Farbstoffe und Aromen). Im Winter und Frühling scheinen diese Köder besonders fängig zu sein. Ein Kügelchen wird auf einem Haken N° 18 bis 22 befestigt.

– Brot

Brot ist im Winter und zu Frühlingsbeginn ein ganz ausgezeichneter Rotaugenköder. Ideal ist Weißbrot, das man über Wasserdampf gehalten und mit einer Teigwalze gepreßt hat. Nun braucht man nur mehr einen Hakenköder auszustanzen, wozu im Handel ein Gerät erhältlich ist (Haken N° 20 bis 22).

– Hanf

Gequollene und anschließend gekochte Hanfkörner, deren heller Keim aus der Hülle

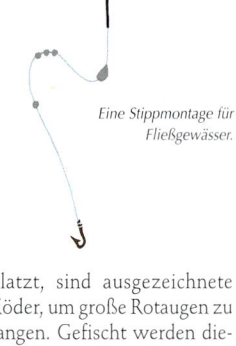

Eine Stippmontage für Fließgewässer.

platzt, sind ausgezeichnete Köder, um große Rotaugen zu fangen. Gefischt werden diese Körner an langschenkligen und dünndrähtigen Haken.

– Weizen

Den Sommer über sind Weizenkörner ein sehr guter Köder für große Rotaugen. Gefischt werden sie an einem Haken N° 14 bis 16.

Die Angelpraxis

Hat man die Angelstelle erst einmal ausgewählt, dann geht es daran, sie richtig auszulo-

Das Anfüttern im Fluß

Im Fluß füttert man punktgenau auf der Höhe der Angelstelle.

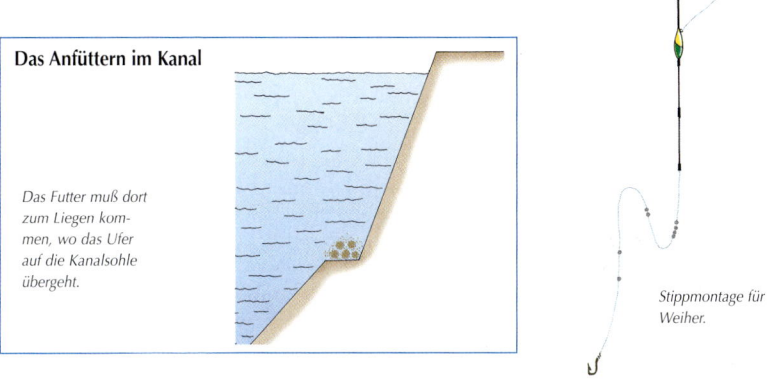

Das Anfüttern im Kanal

Das Futter muß dort zum Liegen kommen, wo das Ufer auf die Kanalsohle übergeht.

Stippmontage für Weiher.

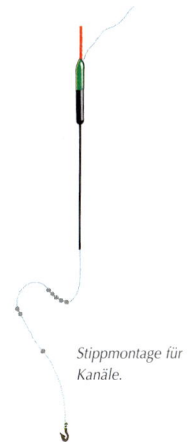

Das Anfüttern in einem Weiher

An Weihern muß man den Wind berücksichtigen, der gegenläufige Tiefenströmungen verursachen kann.

Stippmontage für Kanäle.

ten. Ideal ist eine Köderdrift über einen stromab leicht ansteigenden Untergrund. Ist das Futter erst einmal gesiebt und befeuchtet, fügt man noch einige Lebendköder (Zuckmückenlarven, Maden, Laubwürmer in Stücken) oder Körner hinzu. Nun braucht man nur mehr einige orangegroße Futterkugeln zu kneten,

die man nicht ganz so weit wirft, wie die Rutenspitze reicht. Etwa zehn Kugeln reichen aus.

Ist die Montage erst einmal ausgebracht, dann bleibt sie nicht bewegungslos. Die Hauptschnur zwischen Rutenspitze und Pose sollte immer gestreckt sein. Durch gelegentlichen seitlichen Zug, läßt man den Köder leicht ansteigen und verführerisch wirken. Auch das „Pumpen",

d.h. das Anheben der Pose und das anschließende Sinkenlassen der Montage bringt Fisch, besonders in Weihern und Kanälen. Beim Biß taucht die Pose ab – die Zeit ist reif für einen Anhieb durch einen kleinen Ruck mit der Rutenspitze. Das Rotauge wird schonend vom Haken befreit, falls notwendig mit Hilfe eines Hakenlösers. So lassen sich die Rotaugen nach dem Angeln wieder zurücksetzen.

DAS MATCHFISCHEN
Das Gerät
– Die Rute

Eine Matchrute von etwa 3,9 Meter Länge eignet sich bestens, wobei die Ringe möglichst weit vom Rohling wegstehen sollten. So entsteht anläßlich der Würfe weniger Reibung. Idealerweise sollte die Rute aus Kohlefaser sein – sie ist dann leicht und perfekt ausbalanciert. Am häufigsten werden Modelle mit Steckverbindungen gefischt. Die Teleskop-Matchruten werden eher mit schweren Posen zum Distanzfischen eingesetzt.

– Die Rolle

Als Rolle kommt eine klassische Stationärrolle oder eine Kapselrolle in Betracht. Heute ist im Handel auch eine große Palette an sog. Matchrollen erhältlich, die für diese Technik hervorragend geeignet sind und deren Spulen ein geringes Fassungsvermögen haben. Die Schnur kommt dadurch perfekt zum Liegen, was präzise Würfe fast ohne Krafteinsatz ermöglicht.

– Die Schnüre und Montagen

Das Matchfischen zeichnet sich durch recht eigenartig geformte Posen aus. Den meisten Anglern ist der *Waggler* ein Begriff. Dieser Posentyp wird lediglich am Fuß befestigt, wodurch man die Angelschnur von den negativen Einflüssen des Windes bewahrt, denn die Schnur zwischen Rutenspitze und Pose läuft unter Wasser. Immer öfter kommen heute vorgebleite *Waggler* zum Einsatz. Man muß bei diesem Posentyp die Schnur selbst nicht mehr mit soviel Blei beladen, was anläßlich der Würfe zahlreiche Verwicklungen verhindern hilft. Man unterscheidet grundsätzlich zwischen drei *Waggler*-Typen. Dem geraden, festsitzenden *Waggler*, der besonders häufig in stillstehenden Gewässern zum Einsatz kommt; dem festsitzenden *Waggler* mit bauchig geformtem Auftriebskörper aus Balsaholz, mit dem sich auch unter widrigen Witterungsbedingungen sehr weit werfen läßt; schließlich gibt es noch den *Waggler* als Gleitpose. Er sieht ein wenig wie der zuvor beschriebene aus, ist lediglich ein wenig schwerer. Er verträgt zwei bis drei Gramm Blei und kommt immer dann zum Einsatz, wenn die Angeltiefe die Rutenlänge übersteigt. Neben den *Wagglern* kann man noch mit zwei weiteren Posen angeln, die an zwei Stellen auf der Hauptschnur fixiert sind und die ein wenig an die beim klassischen Stippfischen verwendeten Posen erinnern. Diese Posen heißen *Stick* oder *Avon*. Ersterer ist zum ufernahen Angeln geeignet (15 bis 20 Meter), letzterer kommt besonders in Strömung und Verwirbelungen zum Einsatz. Sinkende Nylonschnur ist zum Matchfischen am besten geeignet. Bebleit wird die Montage mit weichen Spaltbleien (SSG,

Stickfloats sind Posen, die zum Fischen in Strömung bestens geeignet sind.

AAA oder BBB). Die Haken sollten beim Matchfischen robust sein. Rundhaken sind gut geeignet, eventuell können sie auch geschränkt sein. Normalerweise werden die Größen 12 bis 22 verwendet.

Das Anfüttern

Das Futter muß zum Matchfischen schwer und klebrig sein, damit man es mit der Hand oder der Schleuder weit werfen kann. Beim Rotaugenfischen kann es manchmal aber auch von Vorteil sein, überhaupt kein Futter zu verwenden, sondern nur mit losen Hakenködern anzufüttern. Gewöhnlich ist mit dieser Technik des Anfütterns in 15 bis 20 Meter Entfernung die Maximalgrenze erreicht. Im Handel gibt es fertige Futtermischungen, die speziell für das Matchfischen ent-

wickelt wurden. Basiszutaten sind dabei PV1, Lebkuchen, grober Maisgries, geröstetes Erdnußmehl, *Jaune de Hollande* und natürlich Paniermehl, das manchmal als Futter schon völlig ausreicht.

Die Köder

Alle zum Stippfischen geeigneten Köder lassen sich auch beim Matchfischen verwenden. Maden erweisen sich jedoch beim Matchfischen immer wieder als unerläßlich.

Die Angelpraxis

Nachdem die Angelstelle sorgfältig ausgelotet wurde, stellt man die Angeltiefe so ein, daß der Köder ganz knapp über dem Grund schwebt. Gefüttert wird mit Hilfe einer Futterschleuder und gleichmäßig geformten Futterkugeln. Beim Matchfischen ist es wichtig, besonders auf ein regelmäßiges Anfüttern nicht zu verzichten. Bei jedem Trieb wird nachgefüttert. Die Montage wird über die Schulter ausgeworfen, ohne daß man dabei zuviel Druck auf die Rute ausübt. Unmittelbar vor dem Auftreffen auf der Wasseroberfläche bremst man die Montage durch einen leichten Fingerdruck an den Spulenrand. So streckt sie sich und sinkt, ohne sich zu ver-

wickeln, ab. Nun taucht man die Rutenspitze unter die Oberfläche und kurbelt die überschüssige Schnur ein, wodurch die Schnur von der Wasseroberfläche verschwindet und sinkt. Ist die Montage in Position, die Schnur gestreckt und unter der Wasseroberfläche, dann muß man nur mehr den Biß abwarten. Man sollte aber dabei nicht vergessen, den Köder gelegentlich anzuheben, um ihn dann wieder verführerisch sinken zu lassen. Der Anhieb erfolgt mit einer weit ausholenden Bewegung unmittelbar nach dem Biß in horizontaler Richtung.

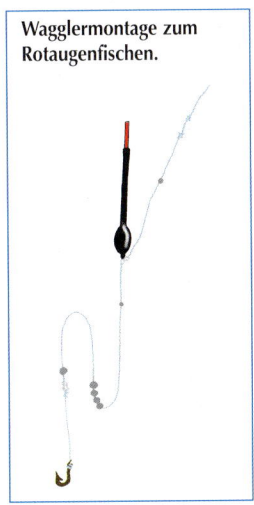

Wagglermontage zum Rotaugenfischen.

Biologie

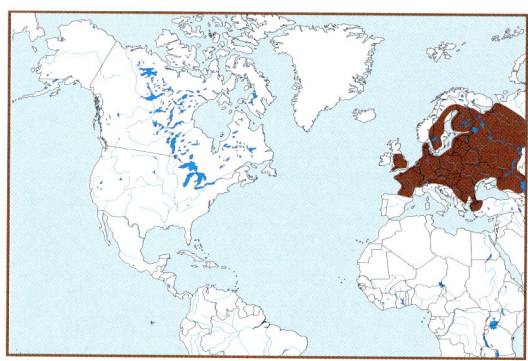

BESCHREIBUNG

Die Laube (*Alburnus alburnus*) ist ein kleiner, silbriger Fisch aus der Familie der Karpfenartigen, den die Stippfischer sehr schätzen. Ihr Körper ist schlank, das Maul oberständig, was auf die Oberflächenaktivität dieser Fische hinweist. Je nach Biotop fällt der Rücken grau-blau oder grünlich aus. Die Flanken sind mit kleinen, recht lose sitzenden Schuppen überzogen.

GEOGRAPHISCHE VERBREITUNG

Dieser hübsche Cyprinide lebt in ganz Europa, mit Ausnahme einiger Bereiche des Mittelmeerraumes.

VERHALTEN

Das Laichgeschäft der Lauben findet von April bis Mai statt, gelegentlich ist es erst im Juni so weit. Die Wachstumsrate der Lauben ist niedrig, nur ganz selten werden sie über 100 Gramm schwer. Lauben sind oft in großen Schwärmen anzutreffen. Je nach Wetter und Lichteinfall lieben sie es, sich ihre Nahrung direkt von der Oberfläche zu picken. Kleine, unscheinbare Kringel verraten sie dann. Die Nahrung der Lauben setzt sich aus Weichtieren, Kleinkrebsen, Land- und Wasserinsekten sowie aus Pflanzenresten zusammen. Lauben sind das ganze Jahr über aktiv.

Träge Flüsse, Kanäle und große Seen sind von den Lauben bevorzugte Biotope, sie kommen aber auch mit stärkerer Strömung zurecht.

Die silbrig schimmernden Lauben sind das ganze Jahr über aktiv.

Lauben sind ideale Partner zum „Hochgeschwindigkeitsfischen". Der Weltrekord liegt bei über 600 in einer Stunde!

Die Angeltechniken

Laubenfischen macht Kindern Spaß, aber auch erfahrenen Anglern. Es ist eine spaßige, aber auch eine technische und subtile Angelegenheit.

DAS STIPPFISCHEN
Das Gerät

Das Laubenfischen findet meistens in Ufernähe statt. Eine teleskopische Stipprute aus Kohlefaser eignet sich dafür bestens. Ihre Länge sollte je nach Gewässer zwischen 3 und 4 Metern liegen. Die Spitze einer solchen Rute ist sehr flexibel und aus einem Stück Vollkohlefaser.
Laubenmontagen sind ungemein fein und empfindlich. Der Schnurdurchmesser der Nylonschnur liegt bei 0,06 mm bis 0,08 mm, und oft ist die ganze Montage aus nur einem Stück Schnur gefertigt, Vorfach gibt es keines. Die Posen sehen wie ein kleines Streichholz aus, können aber auch birnenförmig oder rundlich sein und haben einen kleinen Kiel. Sie werden bis zur Antenne austariert, wozu sich winzige, runde Spaltbleie eignen (N° 10 bis 13). Der Haken in den Größen 22 bis 26 muß dünndrähtig sein.

Das Anfüttern und die Köder

Anfüttern ist unerläßlich, um die Lauben in ausreichender Anzahl an der Angelstelle zu versammeln. Beim Füttern sollte man auf eine hohe Wolkenbildung Wert legen und darauf achten, die Fische nicht zu sehr zu ernähren. Die goldene Regel zum Anfüttern von Lauben lautet: Nicht viel, aber dafür oft! Laubenfutter kann man sich aus feinem Paniermehl, gemahlenem Keks und Zwieback, Maismehl, Kopra oder geröstetem Erdnußmehl mischen. Unerläßlicher Köder beim Laubenfischen sind die Zuckmückenlarven. Besonders erfolgreich sind diese Larven, wenn sie auch schon in das Futter mit beigemengt wurden. Kleine Maden wie etwa Pinkies sind ebenfalls zum Fang von Lauben geeignet.

Die Angelpraxis

Im Sommer gibt man am besten einer sonnigen Stelle den Vorzug. Den Winter über sind ruhige Bereiche die besten. Um in direkter Ufernähe zu angeln, befeuchtet man das Futter so sehr, daß es fast schon flüssig ist – die Futterwolke hält dann viel länger an. Gelb oder weiß scheinen die fängigsten Farben zu sein. Sind die Lauben in Mengen da, wird das Laubenstippen zu einer recht mechanischen Angelegenheit. Ein wenig Futter wird ausgeworfen, so

Erfolgreiches Laubenfischen ist eine Frage der Konzentration.

DIE HASEL
(LEUSISCUS LEUSISCUS)

BIOLOGIE

Die Hasel (*Leuciscus leuciscus*) ist ein Cyprinide, der immer wieder mit dem Döbel verwechselt wird. Vom Körperbau erinnert sie an eine etwas gedrungen gewachsene Laube. Ihre Schwanzflosse ist gekerbt, ihr Maul zahnlos und leicht obenständig. Der Rücken der Haseln kann grau-grün oder aber grau-blau sein. Die Flanken sind silbrig und der Bauch hellweiß. Das Laichgeschäft der Haseln findet von März bis April statt. Die Rogner legen dabei in seichtem Wasser über kiesigem Grund 15 000 bis 30 000 Eier ab. Haseln leben gesellig in klaren, sauerstoffreichen Gewässern. Sie gesellen sich gerne zu anderen Weißfischen, besonders zu Döbeln und Barben. Haseln sind vorsichtige und flinke Fische, auf deren Speiseplan Köcherfliegenlarven, Weichtiere und Chironomen stehen. Sie sind eine begehrte Beute von Raubfischanglern, die immer wieder Köderfische brauchen. Vorsicht! Mancherorts sind die Haseln geschützt!

ANGELTECHNIKEN
Das Stippfischen

Das Stippgerät, das zum Fang von Brachsen und Rotaugen zum Einsatz kommt,

ist auch für den Fang von Haseln geeignet. Je dünner und feiner die Montage ist, desto besser. Lebendköder wie etwa Maden sind ideal. Haseln nehmen aber auch Körner, besonders für Hanfkörner haben sie eine ausgesprochene Vorliebe.

Das Tippfischen

Diese Technik ist in der warmen Jahreszeit äußerst erfolgreich. Man wandert das Gewässer entlang und hält nach steigenden Fischen Ausschau.

Das Gerät

Das Gerät besteht aus einer auf das elementarste reduzierten Angelausrüstung. Eine Teleskoprute von 5 bis 6 m Länge, an die lediglich mehrere Meter Nylonschnur mit einem Haken kommen (0,14 mm bis 0,16 mm). Pose gibt es keine. Der Haken muß proportional zum Köder passen (N° 10 bis 18).

Die Köder

Die fängigsten Köder sind jene Insekten, die man am Wasser antrifft. Das können Heuschrecken, Fliegen, Mücken, Grillen, Flugameisen oder Schnaken sein.

Die Angelpraxis

Diskretion und Präzision machen bei dieser Technik den Erfolg aus, die Vorgehensweise erinnert ein wenig an die Jagd. Man pirscht am Wasser auf der Suche nach oberflächenaktiven Haseln entlang, denen man sich so geräuschlos wie möglich nähert. Nun braucht man den Köder nur mehr so anzubieten, als wäre der just von einem überhängenden Baum ins Wasser gefallen. Den Köder im Kopfbereich der Hasel anzubieten, ist dabei ein Fehler, viel fängiger ist es, ihn hinter die Hasel fallen zu lassen. Jäh dreht sie sich um und verschlingt den Köder.

daß das Kügelchen auf der Wasseroberfläche zerplatzt. Die Angeltiefe stellt man zuvor so ein, daß der Köder in Oberflächennähe verbleibt. Der Biß ist schnell, jäh taucht die Pose ab. Ein leichter Ruck mit dem Handgelenk reicht aus, um die Laube zu haken. Nach dem Lösen des Hakens schiebt man den Köder wieder auf dem Haken in Position oder ködert einen neuen an. Schon fliegt die Montage, zusammen mit einer Futterkugel erneut in das Wasser. Schnell verfällt man dabei in eine Art Rhythmus ...

DER DÖBEL
(LEUSISCUS CEPHALUS)

Döbel sind gesellige Fische mit regem Appetit.

BIOLOGIE

Der Döbel (*Leuciscus cephalus*) ist ein weit verbreiteter, sehr robuster Cyprinide. Der Kopf ist kurz und rundlich, auf der Oberseite recht breit. Das Maul ist zahnlos und ganz leicht oberständig, was den Fisch als oberflächenaktiv ausweist. Der Rücken ist braun-grün, eventuell sogar leicht bläulich. Die Flanken schimmern besonders bei älteren Exemplaren wie Altgold, die der jüngeren sind silbriggrau. Der Bauch kann reinweiß oder gelblich-weiß sein. Gewöhnlich sind Döbel 20 bis 40 cm lang, einige Aus-

nahmefische können auch eine Länge von 60 bis 70 cm erreichen. Ihr Gewicht liegt dann zwischen 5 und 6 Kilo. Döbel sind europaweit verhältnismäßig zahlreich anzutreffen.

Das Laichgeschäft findet zwischen April und Juni statt. Die Weibchen legen über kiesigem Untergrund etwa 100 000 Eier ab. Döbel leben gerne gesellig und haben eine Vorliebe für strömungs- und sauerstoffreiches Wasser. Den Anglern sind die Döbel schon seit jeher für ihre geradezu legendäre Gefräßigkeit bekannt. Als Allesfresser vergreift er

sich an tierischen und pflanzlichen Ködern, sogar an Fleisch und Käse.

DIE ANGELTECHNIKEN

Döbel beißen das ganze Jahr über. Alle Techniken der Posenfischerei, egal, ob mit der Stipp- oder Matchrute, sind für seinen Fang geeignet. Lediglich die Köder ändern sich von Saison zu Saison. Zwar mögen Döbel so klassische Leckereien wie Maden, Laubwürmer, Caster oder Partikelköder, sie zeigen aber immer wieder, daß sie auch an ungewöhnlicheren Ködern ganz außerordentlichen Gefallen finden. Im Herbst gehören Früchte (Beeren, Trauben, Kirschen) zu den besten Ködern. Das Anködern ist dabei eine ziemlich heikle Angelegenheit. Je nach Frucht braucht man Haken in den Größen 2 bis 14. Am einfachsten erfolgt das Anködern mit Hilfe einer Ködernadel – die Frucht wird, ohne sie zu beschädigen, aufgefädelt. Über die Wintermonate haben Döbel ein Faible für Blut, Fleisch und Innereien. Am effektivsten scheint Geflügelblut zu sein, meistens ist Rinderblut jedoch leichter erhältlich. Das Blut läßt man an einem kühlen Ort gerinnen. In Würfel geschnitten kommt es nun an den Haken (N° 6 bis 16). Fleisch, Streichwurst und Frühstücksfleisch sind ebenfalls typische Döbelköder. Cocktailwürstchen sind, auf einen Drilling gefädelt, sehr fängig. Streifen rohes Rindfleisch kann man an einem Einzelhaken N° 10 bis 12 anbieten. Das Frühstücksfleisch wird ebenfalls in Würfel geschnitten und auf einen Drilling gefädelt

(N° 6 bis 10). Alle diese Köder kann man problemlos an einer klassischen Stipprute anbieten.

Allerdings kämpfen große Döbel recht stark, so daß das Fischen mit einer Matchrute durchaus eine Überlegung

wert ist. Döbelbisse sind immer flink und jäh. Gefährlich sind die ersten Fluchten. Hat man diese erst einmal pariert, dann stehen die Chancen auf ein glückliches Ende gut.

Das ganze Jahr über ist ein aussichtsreiches Döbelfischen möglich.

DIE BARBE
(BARBUS BARBUS)

BIOLOGIE

Beschreibung
Die Barbe (*Barbus barbus*) ist eine robuste und kämpferische Cyprinidenart. Typisch ist ihr zylindrischer, langgezogener Körper. Der Bauch ist flach, der Kopf läuft konisch zu, und am unterständigen Maul hängen dickwulstige Lippen. Die Schwanzflosse der Barben ist tief eingekerbt. An der Oberlippe hängen vier lange Barteln, die als Tast- und Riechorgane fungieren. Der erste Strahl der Rückenflosse ist dick und fest, der Rücken braun oder grau-grün gefärbt. Die Flanken sind in der Regel messingfarben oder ocker, der Bauch ist weiß oder gelblich.

Geographische Verbreitung
Die Barben leben in zahlreichen mittel- und westeuropäischen Flüssen. Ihr ausgedehntes Verbreitungsgebiet reicht nach Osten hin bis an das Schwarze Meer.

Verhalten
Das Laichgeschäft der Barben findet zwischen Mai und Juli statt. Das Weibchen legt dabei über kiesigem Untergrund etwa 8000 Eier ab. Barben leben gesellig, sie lieben klares und sauerstoffreiches Wasser. Sie leben sowohl in großen, trägen Strömen als auch in kalten und schnellfließenden Salmonidengewässern. Sie sind von ihrer Lebensweise her typische Grundfische, die ihre Nahrung unter Steinen suchen. Ihren wuchtigen Kopf setzen sie dazu ein, die Steine umdrehen. Dabei sind sie in erster Linie auf Zuckmücken- (Chironomen), Eintagsfliegen- und Köcherfliegenlarven aus, nehmen aber auch gerne Zooplankton und Pflanzenreste.

DIE ANGELTECHNIKEN

Das Posenfischen
Das Gerät
– Die Rute
Eine teleskopische Wurfrute von 5 bis 6 Meter Länge in der Art der Bolognaiseruten ist dafür gut geeignet. Die Ringe sollten möglichst weit abstehen, damit nicht dauernd die nasse Schnur am Rohling kleben bleibt.

– Die Rolle
Ihre einzige Aufgabe ist es, eine Schnurreserve parat zu halten. Eine Stationärrolle oder eine Kapselrolle sind gleichermaßen geeignet. Die Spule sollte mit Nylonschnur von 0,16 mm bis 0,18 mm Stärke gefüllt sein.

– Die Montage
Die Pose kann entweder sehr gedrungen sein (rund oder birnenförmig) und über einen

Eine Wurfrute mit Rolle ist äußerst empfehlenswert, um im Drill mit einer Barbe die Oberhand zu behalten.

langen Kiel verfügen, oder es kommt eine Avon-Pose zum Einsatz, die sehr gut mit Oberflächenverwirbelungen zurechtkommt. Austariert wird die Pose mit Spaltbleien. Ein Einzelhaken in Rundform, geschränkt oder nicht, wird passend zur Ködergröße ausgesucht.

Das Anfüttern und die Köder
So sehr Barben Futter lieben, leider sind sie Fische, die schnell satt sind. Die beste Methode zum Anfüttern besteht darin, direkt mit den am Haken verwendeten Ködern auch anzufüttern. Maden, Caster, Hanfkörner oder Weizen eignen sich für dieses Spiel ganz hervorragend. Neben diesen Ködern lassen sich Barben auch ganz hervorragend mit den Larven der Großen Maifliege fangen. Diese muß man sich über sandigem Untergrund mit einem feinmaschigen Kescher selbst fangen.

Die Angelpraxis
Ausgedehnte Kiesbänke sind ideale Angelstellen, wenn es darum geht, Barben in klarem, schnellströmendem Wasser zu fangen. Man wirft einige Handvoll der Hakenköder mit der Hand oder mit einer Schleuder ins Wasser. Die beköderte Posenmontage läßt man in derselben Strömungsader wie das Futter abtreiben, wobei man die Abdrift ganz leicht verzögert. Der Biß ist meist jäh und plötzlich, die Pose taucht senkrecht ab. Kaum gehakt, setzt sich die Barbe erbost zur Wehr und gibt anläßlich der rasanten Fluchten Kopfstöße von sich. Man darf den Kontakt nicht verlieren, und allmählich zeigen sich dann die ersten Ermüdungskennzeichen. Barben sind großwüchsige Fische, so daß ein Kescher als Landehilfe ganz sinnvoll ist.

Das Grundfischen
Mit dieser Methode lassen sich die scheuen, großen Barben überlisten. Zum Einsatz kommt dabei dasselbe Gerät, wie zum Grundangeln auf Brachsen oder Schleien. Ein mit Maden gefüllter Futterkorb erweist sich beim Barbenfischen als eindeutig fängiger, als wenn man den Korb mit Futter füllt.

Biologie

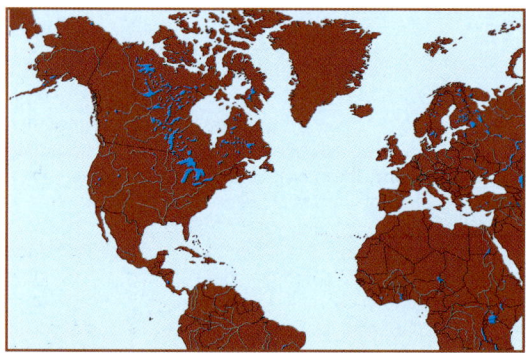

BESCHREIBUNG

Aale lassen sich problemlos an ihrem schlangenförmigen Körper erkennen. Die Haut ist von winzigen Schuppen und einer dicken Schleimschicht überzogen. Die Schuppen entstehen erst im dritten Lebensjahr. Die dicke und zähe Schleimschicht schützt diese Fische und ihre Kiemen vor einem vorschnellen Austrock-

nen, so daß sie schlängelnd sogar kleine Strecken über Land zurücklegen können. Die Brustflossen sitzen unmittelbar hinter der Kiemenöffnung. Die Bauchflossen fehlen ganz und die Afterflosse geht über einen langen Saum direkt in die Rückenflosse über. Die Ränder vom Maul sind hart und mit kleinen Zähnen versehen,

die Augen klein. Am Kopfende liegen zwei Paar Riechöffnungen, die mit großflächigen Riechschleimhäuten in Verbindung stehen. Ihnen verdanken die Aale ihr ungewöhnliches Riechvermögen. Je nach Art ist der Aalkopf spitz und schmal oder aber breit und wuchtig (Spitzkopf- und Breitkopfaal). Bis sie im Süßwasser angelangt sind, sind die Jungaale durchsichtig, weshalb sie auch als Glasaale bezeichnet werden. Innerhalb von nur wenigen Tagen verdunkeln sich die Fischlein. Rücken und Flanken sind dann grau-grün, der Bauch gelblich oder weiß. Wenn die großen Aale das Süßwasser verlassen, um

Noch heute ranken sich viele Geheimnisse rund um das Leben der schlangenförmigen Aale.

DER AAL
(Anguilla anguilla)

Über Land schlängelnd können Aale beachtliche Strecken zurücklegen.

wieder in das Meer zu wandern, verdunkelt sich die Rückenfärbung, während der Bauch weiß und dann regelrecht silbrig wird. Diese Fische heißen dann Blankaale.

GEOGRAPHISCHE VERBREITUNG

Zwei Aalarten bevölkern die nördliche Erdhemisphäre: Der Europäische Aal (*Anguilla anguilla*), der in Europa verbreitet ist, und der Amerikanische Aal (*Anguilla rostrata*), der auf dem amerikanischen Kontinent lebt.

VERHALTEN

Aale sind catadrome Fische, d.h., sie leben im Süßwasser und laichen im Meer. Entsprechend kommen Aale mit einer Vielzahl von Biotopen zurecht. Man trifft sie entlang der Küsten, im Brackwasser und im Süßwasser an. Wenn sie teils beachtliche Strecken über Land kriechend zurück-

legen, dann gelingt ihnen das nur in sehr feuchten Biotopen, etwa in einem Sumpfgebiet oder einer nassen Wiese. Aale meiden nur zu kalte und zu hoch gelegene Gewässer.

Die Nahrung

Der Speiseplan der Aale fällt unterschiedlich aus, wobei das Alter und Biotop eine wesentliche Rolle spielen. Erwachsene Aale sind eher räuberischer Natur. Wirbellose, Krebse, Weichtiere, Würmer und Amphibien stehen auf ihrer Beuteliste. Aale nehmen auch tote Beute, sie sind in erster Linie nachtaktiv.

Das Laichgeschäft

Noch heute ist vieles rund um das Laichgeschäft der Aale unbekannt. Dank der Arbeiten des dänischen Ozeanographen Johannes Schmidt (1877 - 1933) ist heute in etwa das Laichgebiet bekannt. Es liegt im Saragasso-Meer vor der nordamerikanischen Ostküste. Dieser Bereich des Atlantiks ist sehr starken Strömungen ausgesetzt und regelmäßig von einem Tangteppich überzogen. Die

Laichwanderung setzt im Herbst ein, zum Laichgeschäft kommt es allerdings erst im Frühjahr (Februar bis März) des darauffolgenden Jahres, wenn die Aale ihr Laichgebiet erreicht haben. Der Laichakt findet etwa in 400 Metern Tiefe statt, wobei die Rogner etwa eine Million Eier ausstoßen. Die Inkubationszeit beträgt einen Monat. Die frisch geschlüpften Larven heißen Leptocephali. Sie lassen sich mit dem Golfstrom an die amerikanische und europäische Küste tragen, eine Reise, die durchaus drei Jahre dauern kann. Beim Aufstieg ins Süßwasser nehmen die Glasaale keine Nahrung mehr zu sich. Sie fressen erst dann wieder, wenn sie sich komplett verfärbt haben. Beim Aufstieg sind die Glasaale großer Gefahr ausgesetzt, weil ein enormer Druck seitens der Berufsfischerei auf diesen Tieren lastet. Die hohen Preise, die für Glasaale gezahlt werden, fördern auch die Wilderei. Spanier und viele Asiaten zahlen für den Verzehr von Glasaalen nahezu jeden Preis. Wissenschaftlern zufolge wird dieser unverantwortliche Befischungsdruck dazu führen, daß die Aale aussterben werden. Die Zukunft dieser Fischart sieht nicht rosig aus ...

Die Angeltechniken

Zwar haben sich auch die verschiedenen Aaltechniken weiterentwickelt, grundsätzlich bleiben jedoch auch die Montagen unserer Großväter fängig. So lassen sich auch heute Aale noch mit dem „Aal-Pödder" fangen.

Der Fang von großen Aalen ist beim Grundfischen keine Seltenheit.

DAS GRUNDFISCHEN

Das Grundfischen ist die beste Technik, um regelmäßig schöne Aale zu fangen.

Das Gerät

Das Gerät ist ganz einfach. Eine solide, beringte Rute in der Art einer Hechtrute ist bestens geeignet. Eine mittelschwere Stationärrolle ergänzt die Ausrüstung dann optimal. Ihre Spule sollte bis an den Rand mit Nylonschnur gefüllt sein (0,30 mm bis 0,40 mm). Auf die Hauptschnur wird ein abgeflachtes Grundblei von 15 bis 20 Gramm gefädelt. Danach eine Gummi- perle als Stoßdämpfer für das Blei. Nun knotet man einen kleinen Karabinerwirbel an, in dessen Karabiner man das Vorfach einhängt. Das Vorfach ist geschmeidig, 30 bis 40 cm lang und 0,25 bis 0,30 mm dick. Am Ende hängt je nach der Ködergröße ein Einzelhaken N° 0 bis 5.

Wenn es um den gezielten Fang sehr großer Aale geht, ist ein Stahl- oder Kev-

BURBOT

BIOLOGIE

Burbot ist der Name der amerikanische Rutte. Sie wird um einiges größer als die europäische Rutte und kann gut und gerne 5 bis 6 Kilo bei einem Meter Länge erreichen. Diese Fische leben im Norden des nordamerikanischen Kontinents, besonders in Kanada und Alaska.

Wegen seines ausgesprochen delikaten Fleisches ist der Burbot eine bei vielen Anglern begehrte Beute.

DIE ANGELTECHNIKEN

Auf Burbot wird auf die gleiche Art und Weise gefischt wie auf die europäische Rutte, d.h. mit einer Grundmontage. Der amerikanische Art- genosse hat allerdings ein aggressiveres Temperament. Er vergreift sich auch gerne an einem Köderfisch und läßt sich sogar gezielt mit Kunstködern fangen (Löffel). Übrigens fischen die meisten Einheimischen beim Eisangeln auf Burbot mit Kunstködern und erzielen damit ausgezeichnete Erfolge.

Aale lassen sich schlecht anfas-
sen. Entsprechend schwierig ist
es, sie vom Haken lösen.

Die Angeltechniken

Einmal gehakt, setzen sich Aale heftig zur Wehr.

larvorfach die richtige Wahl. Eine Pose braucht man zum Aalfischen nicht, trotzdem macht es Spaß, an ihr einen Aalbiß zu verfolgen.

Die Köder

Aale sind nicht besonders wählerisch. Tauwurm, große Maden oder gekochtes Muschelfleisch sind ausgezeichnete Aalköder, ebenso ein gepuhlter Flußkrebsschwanz oder ein auf dem Grund angebotener Köderfisch (Laube, Elritze, Rotauge). Letztere sind besonders gut zum selektiven Fang größerer Exemplare geeignet.

Die Angelpraxis

Wo immer es erlaubt ist, sollte man den Aalen bei Nacht nachstellen. Tagsüber lohnen sich nur Versuche an sehr schattigen, dunklen Stellen wie etwa tiefen Rinnen und Gräben oder in der unmittelbaren Nähe von Hindernissen (versunkener Baum, Felsblöcke etc.). Ungemein aktiv sind die Aale nach einem Sommergewitter, das das Wasser merklich angetrübt hat, dann „laufen" die Aale und es sind große Stückzahlen möglich.

Das Vorfach sollte beim Aalangeln immer auf dem Grund aufliegen. Der Aalbiß ist charakteristisch. Zunächst zupft und ruckt es ein wenig, dann taucht die Pose tief und zügig ab, oder die Grundrute verneigt sich großzügig. Erst wenn der Aal richtig abzieht, ist die Zeit für den Anhieb reif. Der Anhieb sollte beherzt ausfallen und der Angler gleichzeitig dafür sorgen, daß er den Aal mit der Bewegung des Anhiebes schon vom Grund wegbekommt. Je mehr der Drill im Mittelwasser stattfindet, desto geringer ist die Gefahr, daß der Aal sich irgendwo festsetzt. Zum Hakenlösen sollte man den Aal auf trockenes Zeitungspapier legen, wo er sich ganz schnell beruhigt.

Anfertigung eines Pödders

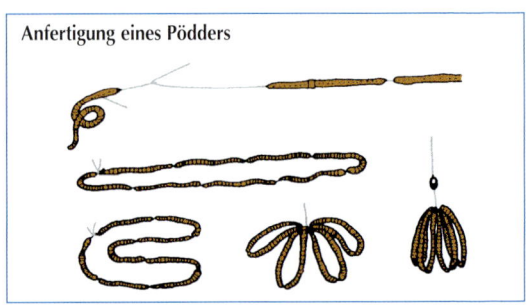

DIE RUTTE

BIOLOGIE

Die Rutte gehört zur Familie der Dorschartigen. Die schleimige Haut ist mit zahlreichen recht kleinen Schuppen überzogen. Der Kopf der Rutten ist abgeflacht und mit einem breiten Maul versehen. Den Kiefer bewaffnen winzig kleine, spitze Zähne. Unter dem Kinn sitzt eine Bartel. Die Färbung der Rutten unterscheidet sich stark von Biotop zu Biotop. Der Rücken ist meist ockerfarben oder braun-grün und leicht violett marmoriert, während der Bauch grau-weiß oder gelblich ist. Die Durchschnittsgröße liegt gewöhnlich bei 20 bis 30 cm, die größten Exemplare sind etwa 75 cm lang. Rutten leben in großen Strömen (Elbe) und Flüssen in ganz Europa, darüber hinaus noch in einigen Alpenseen (Walchensee). Das Laichgeschäft findet im Winter statt (Dezember bis Januar). Der Rogner stößt dabei etwa eine Million Eier aus. Rutten sind nachtaktiv, weshalb ihre Anwesenheit vielen Anglern verborgen bleibt. Ist das Wasser anläßlich eines Hochwassers stark angetrübt und der Himmel bewölkt, dann geht die eine oder andere Rutte auch tagsüber an den Haken.

Rutten haben nur einen einzigen Bartel, der am Kinn sitzt.

Von der seltenen Rutte weiß man, daß sie besonders nachts aktiv ist.

DIE ANGELTECHNIKEN

Auf Rutten wird auf Grund gefischt. Entsprechend ist dasselbe Gerät wie für Aale geeignet. Ein Ruttenbiß hat nichts Spektakuläres an sich. Nur wenige Angler fischen auf Rutten. Ihr Fleisch – und die Leber – ist allerdings für Gourmets eine Delikatesse.

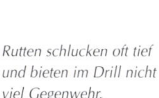

Rutten schlucken oft tief und bieten im Drill nicht viel Gegenwehr.

EIN RÄUBERISCHER CYPRINIDE: DER RAPFEN

Rapfen sind eine für ihre Beutetiere mörderische Cyprinidenart, die sich mit allerlei Kunstködern fangen läßt.

Der Rapfen (*Aspius aspius*) ist eines der wenigen Mitglieder der Karpfenartigen, der wirklich räuberisch lebt. Auf dem gesamten europäischen Kontinent ist er sogar der einzige Vertreter dieser Familie, der sich nahezu ausschließlich von Fisch ernährt. Karpfen und Döbel, die nahen Verwandten, sind dagegen nur ganz ausnahmsweise räuberisch veranlagt.

BIOLOGIE

Rapfen sind herrliche Fische mit einem länglichen, seitlich abgeflachten Körperbau und einem sehr oberständigen Maul. Der Rücken ist bläulich-grün, der Bauch weiß und die Flanken sind silbrig. Rapfen erinnern von ihrem gesamten Erscheinungsbild her ein wenig an eine viel zu groß geratene Laube. Auffällig ist die deutlich entwickelte Afterflosse mit ihrem stark konkaven Rand. Rapfen können einen Meter lang und 8 bis 10 Kilo, in Ausnahmefällen bis zu 12 Kilo schwer werden. Jungrapfen fressen

Wirbellose (Würmer, Insekten, Krebse, Weichtiere), finden aber schon sehr schnell an Kleinfischen Gefallen, deren Reihen sie alsbald aktiv lichten. Ab einer Länge von ca. 20 cm sind Rapfen dann echte Fischfresser. Wie nahezu alle Cypriniden leben Rapfen gesellig, ja sie ziehen auch gemeinsam auf Raubzug. Dabei rotten sich Fische vergleichbarer Größe zusammen. Sogar sehr große Rapfen rauben noch in Trupps organisiert. Es kann vorkommen, daß so eine Jagdgesellschaft ihre Beute sogar gezielt in die Enge drängt, etwa an einen

Brückenpfeiler, bevor sie schließlich zustoßen und beißen. Es gibt aber auch ältere Rapfen, die als Einzelgänger leben. Diese stattlichen Raubfische verschlingen gelegentlich auch Frösche oder kleinere Vögel.

Rapfen sind hauptsächlich in Mittel- und Osteuropa zu Hause. Gelegentlich leben Rapfen auch in Seen. Das ursprüngliche Verbreitungsgebiet reicht von der Elbe bis an den Ural, darunter befinden sich auch die großen Schwarzmeerzuflüsse (Donau, Dnjepr, Don ...), einige Ostseezuflüsse und Zuflüsse des Kaspischen Meeres (Wolga). Vereinzelt gab es kleine Bestände in Südschweden und in Finnland. In den achtziger Jahren gelangten die Rapfen in den Rhein, wo sie sich stark vermehrt haben.

Zum Laichgeschäft kommt es im Frühjahr, zwischen den Monaten April und Mai, wobei die Eier über kiesigem Untergrund in recht starker Strömung ausgestoßen werden. Rapfen sind ausgesprochen schnellwüchsig und nach einem Jahr bereits 15 cm bis 20 cm lang. Nach drei Jahren sind sie dann schließlich auf 40 cm bis 50 cm herangewachsen.

DIE ANGELTECHNIKEN

Rapfen sind typische Oberflächenräuber und damit die ideale Beute für Spinn- und Fliegenfischer, die diesem Fisch mit den unterschiedlichsten Ködern nachstellen können. Die Kunstköder (Spinner, Löffel, Wobbler, Weichplastikköder) müssen recht klein sein. Weil oft weit geworfen werden muß, ist es nicht verkehrt, auf besonders schwere Modelle zurückzugreifen. Entsprechend kräftig müssen natürlich auch die Rute, die Rolle und die Schnur gewählt werden. Nylonschnüre in den Durchmessern 0,22 mm bis 0,25 mm sind gut geeignet, geflochtene Schnüre besser: Sie sind dehnungsfrei und verfügen über eine viel höhere Tragkraft, weshalb sich der Schnurdurchmesser deutlich reduzieren läßt (0,15 mm bis 0,20 mm). Fliegenfischer kommen beim Rapfenfischen meist besser von einem Boot als vom Ufer aus zurecht. Rapfen stehen oft weit vom Ufer, so daß sie auch für gute Werfer regelmäßig außerhalb der Wurfweite stehen. Ein Rapfendrill ist eine spektakuläre Angelegenheit, bei der sich der Fisch immer wieder aus dem Wasser schleudert.

In Rhein, Donau und Elbe leben zahlreiche Rapfen, weit mehr, als es die meisten Angler ahnen.

Glossar

Absteiger: Fische, die stromabwärts wandern (Smolts).

Aktion einer Rute: Damit ist ihre Nervosität gemeint; es gibt Ruten mit Spitzenaktionen, die sich vornehmlich im oberen Drittel biegen, und mit durchgehender Aktion, die sich auf der gesamten Länge biegen.

Amphibiotisch: So heißen Fische, die einen Teil ihres Lebens im Meer und einen anderen Teil im Süßwasser verbringen.

Anadrom: So heißen Fische, die vom Salzwasser ins Süßwasser aufsteigen, um sich fortzupflanzen.

Anhieb: Ruck mit der Rute, um den Haken in das Maul des Fisches einzutreiben.

Bolognaisefischen: Angeltechnik, die den Gebrauch einer langen, beringten Rute mit Rolle erforderlich macht, um mit einer Pose zu fischen; die Technik wurde von italienischen Anglern entwickelt.

Catadrom: So heißen Fische, die vom Süßwasser ins Salzwasser abwandern, um dort zu laichen.

„Catch & Release": Das Zurücksetzen eines Fisches nach dem Fang.

Chironome: Der wissenschaftliche Name der Midges oder Zuckmückenlarven.

Cyprinide: Ein Mitglied der Familie der Karpfenartigen.

Drillen: Das Ermüden eines gehakten Fisches, der sich am Angelgerät wehrt.

Einholen: Die Schnur mit Hilfe der Rolle einholen.

Futter: Eine Mischung aus verschiedenen Mehlen und Lockstoffen, die die Fische zur Angelstelle locken soll.

Gesellig: Als gesellig lebende Fische gelten alle jene, die gerne in der Gesellschaft von Artgenossen unterwegs sind.

Heben und Senken: Bei dieser Technik wird der Köder senkrecht zupfend geführt.

Ichtyophag: Fischfresser.

Laichgeschäft: Das Ablegen der Eier eines Fischweibchens (Rogner) und das Befruchten durch ein Fischmännchen (Milchner).

Lichtscheu: Lichtscheue Fische meiden das Licht und halten sich lieber in der Dunkelheit bzw. am Grund des Gewässers auf.

No-Kill: Der Fisch wird nach dem Fang nicht getötet, sondern wieder freigelassen.

Pelagisch: So heißen Fische, die im Freiwasser unterwegs sind.

Pool: Ist die englische Bezeichnung eines „Gumpens", d.h. einer Vertiefung im Flußbett.

Protractil: Wissenschaftlicher Ausdruck für vorstülpbare Maulpartien.

Steigende Fische: Fische, die an die Oberfläche kommen, um dort Nahrung – in der Regel Insekten – zu suchen. Steigende Fische verraten sich durch Kringel.

Verzögern: Das sanfte Abbremsen einer Montage, die mit der Strömung treibt.

Waggler: Bezeichnung für eine Pose, die ausschließlich an ihrem Fuß befestigt wird.

Watstiefel: Diese Stiefel sind besonders hoch und reichen bis an die Hüften. Wathosen reichen bis unter die Achseln.

Wurfgewicht: Das Wurfgewicht gibt an, welche Gewichte eine Rute zu werfen vermag, ohne zu brechen.

Wurfschnur: Spezielle Schnur zum Fliegenfischen.

Register

Das Register verweist auf Fischarten sowie auf gebräuchliche Angel-Fachbegriffe. Mit einem Punkt versehene Einträge beziehen sich auf eine übergreifende Darstellung von Fischarten in ganzen Kapiteln oder einzelnen Kästen.

A

• Aal, Anguilla anguilla, 242 - 246
– Anguilla rostrata, 243

Anfüttern, 206 – 208, 211, 212, 216, 225, 229-231, 233, 236. 241

Arktischer Saibling, 100-105

• Äsche, Thymallus thymallus, 106 - 117
– Thymallus arcticus, 107, 108
– Thymallus baikalensis, 107
– Thymallis brevirostris, 107
– Thymallus nigrescens, 107
– Thymallus pallas, 107
– Thymallus vexillifer, 109

• Alse, Alosa alosa, 118 - 125
– Alosa fallax, 119

– Alosa fallax nilotica, 119
– Alosa sapidissima, 119

• Atlantiklachs, Salmo salar, 12 - 31

B

• Bachforelle, Salmo trutta fario, 40 - 63

• Bachsaibling, Salvelinus fontinalis, 90 -95

• Barbe, Barbus barbus, 240 - 241

Barsch s. Flußbarsch

Bebleiungen, 222

• Brachse, Abramis brama, 214 - 217

Blinker, 142

Boilie, 207, 210

Bojenfischen, 198

Bolognaisefischen, 217

Burbot, 244

C

Cutthroat-Forelle, 83

D, E

Devonspinner, 25, 26, 54

• Döbel, Leuciscus cephalus, 238 - 239

Drachkovitch-System, 104, 138, 172 - 174

F

Fliegenfischen, 28 - 31, 39, 57 - 62, 70, 80, 82, 83, 87, 88, 110, 111, 113 - 116, 125, 146, 147, 161 - 164, 187

• Flußbarsch, Perca fluviatilis, 180 - 187

Forelle, Salmo trutta, 48
– Salmo trutta aralensis, 49

- Salmo trutta caspius, 49
- Salmo trutta fario, 40 - 63
- Salmo trutta labrax, 43, 49
- Salmo trutta lacustris, 42, 55, 84
- Salmo trutta macro stigma, 44, 49
- Salmo trutta marmo rata, 49, 56
- Salmo trutta oxianus, 49
- Salmo trutta trutta, 42, 43, 80, 84 - 89,
- Salmo trutta variabi- lis, 41

G

Goldforelle, 81
Großalse s. Alse

Grundfischen, 209 - 213, 241, 244, 246

Güster, Blicca bjoerkna, 214

H, I, J

• Hasel, Leuciscus leuciscus, 237

• Hecht, Esox lucius, 134 - 149
- Esox americanus americanus, 137
- Esox americanus vermiculatus 137
- Esox masquinongy, 136
- Esox niger, 137

Hegenefischen, 129, 130

Huchen, Hucho hucho, 48

K

• Karpfen, Cyprinus carpio, 204 - 213
Kelt, 13

Kettenhecht, 137

Kleinmäuliger Schwarz- barsch, 165

Köderfische, 27, 54, 55, 144, 145, 177, 178, 197 - 201

Kombiköder, 195

Krauthecht, 137

Kunstköder, 140, 141, 158 –160, 194, 195, 249

L

Lachswanderung, 14, 15, 17 - 20, 36

• Laube, Alburnus alburnus, 234 - 237

Lederkarpfen, 204

Lennock, Brachymystax, 48

Lockstoffe, 174

Löffel, 25, 142, 143

M

Marmorata, 44, 49, 56

Matchfischen, 217, 232, 233

• Meerforelle, salmo trutta trutta, 42, 43, 79, 84 - 89,

Metallköder, 160

Muskie, 136

Register

N

Naturköder, 112, 200, 225, 228

Nachtfischen, 88, 89

• Namaycush-Saibling, Salvelinus namaycush, 96 - 99

• Nase, Chondrostoma nasus, 224, 225

Nymphenfischen, 57, 62, 63, 116, 117, 124, 125

O

Oberflächenköder, 140, 141, 161, 162 - 164, 167

P, Q

• Pazifiklachs, Oncorhynchus, 32 - 39
– Oncorhynchus aguabonita, 81
– Oncorhynchus biwa, 31
– Oncorhynchus clarki, 83
– Oncorhynchus masu, 31
– Oncorhynchus mykiss, 34, 65, 64 - 83
– Oncorhynchus tshawytscha, 34

Palaretta, 57

Parr, 13

Pheasant Tail, 63, 117

Pödder, 246

Popper, 162, 163

Posenfischen, 240

R

• Rapfen, Aspius aspius, 248 - 249

• Regenbogenforelle, Oncorhynchus mykiss, 64-75 (s. Pazifiklachs, Oncorhynchus mykiss)

• Renken, Coregonus sp., 126 - 131
– Coregonus albula, 128
– Coregonus fera, 128
– Coregonus lavaretus, 127
– Coregonus oxyrhinchus, 128

Reservoirfischen, 71 - 73

• Rotauge, Rutilus rutilus, 226 - 233

• Rotfeder, Scardinius erythrophtalmus, 220 - 223

Rotflossenhecht, 137

• Rutte, Lota lota, 247

S

Saibling, Salvelinus, 48
– Salvelinus alpinus, 100 - 105
– Salvelinus fontinalis, 90 - 95
– Salvelinus malma, 101
– Salvelinus namaycush, 96 - 99
– Salvelinus erythrophtalmus, 220 - 223

Sauger, 179

• Schleie, Tinca tinca, 218 - 219

Spiegelkarpfen, 204

Schuppenkarpfen, 204

- Schwarzbarsch, Micropterus salmoides, 150 - 167
– Micropterus consae, 165
– Micropterus dolomieu, 165
– Micropterus notius, 165
– Micropterus punctulatus kenskalli, 165
– Micropterus punctulatus wichitae, 165
– Micropterus treculi, 165

Seeforelle, 42, 55, 84

- Seesaibling, Salvelinus alpinus, 100 - 105

Shee-Fisch, Stenodus leucichtys, 131

Smolt, 13, 16, 17

Spinner, 25, 54

Spinnfischen, 54, 55, 74, 124, 140, 157, 158, 184, 185, 194

Splake, 99

Spürfischen, 51 - 53

- Steelhead-Forelle, 76-83 (s. Pazifiklachs, Oncorhynchus mykiss)

Stick-Bait, 153

Stippfischen, 206 – 208, 216, 222 – 224, 228 – 231, 236, 237

Streamer, 38, 93, 94, 105, 125, 146, 147, 162, 163 - 165

T, U

Tippfischen, 237

V

Vibert-Box, 47

W, X, Y

Wallerholz, 194

Walleye, 171

Weichplastikköder, 143, 144, 159, 160, 178

- Wels, Silurus glanis, 188 - 201

Wobbler, 26, 54, 57, 140, 160, 161

Wurmfischen, 27, 51

Z

- Zander, Stizostedion lucioperca, 168 - 179
– Stizostedion vitreum, 171

Zupffischen, 172 – 174, 176, 177

Bildnachweis

Affre : 26 M., 27 o., 76, 78, 80 u., 80 u., 82 u., 82 o., 83, 84, 88, 89 u., 89 u. – **Berthoule/NATURE :** 21 u., 47 o., 65 u., 65 M., 90, 96, 100 u., 100 o., 106, 114, 118, 119, 120, 122, 134 r., 152 u., 154, 156 o., 182 u., 229, 240, 241, 245, 246, 247 u., 249 – **Breitenstein/NATURE :** 46 u.r. – **Buttin/NATURE :** 141 o., 142 o.r., 144 u., 189, 195 o. – **Carmié :** 12, 14 o.,18, 19 u., 19 o., 20 u., 123 – **Chaumeton/NATU-RE :** 16 o., 17 u., 40, 41, 45 o.r., 45 o.M., 46 u., 46 r., 46 o.r., 46 M.u.r., 46 M.r., 46 M.o., 46 M.o.r., 48, 64, 66 u., 66 o., 68, 91 o., 97 u., 97 o., 109 u., 109 o., 113 u., 113 o., 126, 128, 134 l., 135, 150, 155, 168, 169 u., 169 o., 170, 180, 188, 190, 193, 202-203, 204, 205 u., 205 o., 214, 215, 218 o., 220, 224, 226, 234, 237, 238, 243 u., 247 o. – **Chaumeton-Lanceau/NATURE :** 17 o. – **Cortay :** 42 o., 43, 55, 56 u., 56 o., 210, 211, 211 u.r., 212 – **Courdot :** 6, 8, 22 u., 22 o., 24 u., 25 o., 27 u., 31 o.r., 130 u., 130 o. – **Durantel/NATURE :** 10-11, 14 u., 15 u., 15 o., 21 o., 23, 26 u., 29 u., 29 o., 30 u., 33 o., 34 u., 34 o., 35, 36 u., 36 o., 37, 38 l., 39 l., 44, 45 u., 49 u., 49 o., 50, 51, 52 u., 53, 54 o.l., 54 o.l., 57 o., 58 u., 59 u., 63 o., 67, 70 u., 70 o., 71 u., 71 o., 72 o., 73 u., 74, 77, 81, 91 u., 92, 93, 94 u., 94 o., 95, 98, 99 u., 99 o., 101, 102, 103 u., 103 o., 104, 105 u., 105 o., 107, 129, 131, 132-133, 136, 138, 139, 141 u.r., 143 u., 145, 146 o., 147 r., 149 u., 149 o., 151, 152 o., 156 u., 157, 158 u., 158 o., 159 u.r., 159 o., 159 M.r., 160 u., 160 o., 162-163, 162 o., 163 r., 171, 177, 179, 182 o., 183, 185 u., 186, 195 u., 196, 198, 199, 200, 201 o., 208 o., 218 u., 219, 221, 223 u., 223 o., 225, 242, 244 – **Grebot :** 121 u. – **Guillotte/NATURE :** 216 u., 216 o., 217, 232-233 – **Houdou/NATURE :** 20 o., 31 u., 75, 147 l., 173 u., 178 o., 185 o., 192, 208 u., 209, 243 o. – **Labat/NATURE :** 181 – **LOSANGE :** 25 u., 25 M., 26 o., 30-31, 38 r., 39 r., 57 M., 59 M., 61 u.r., 61 o.l., 62 r., 63 u., 72 -73, 79 u., 79 o., 79 M.,113 M., 115 o., 115 M., 116 r., 116 M., 124 M., 125 u., 125 o., 140 M.r., 141 u., 141 u.r., 141 o.M., 141 M., 142 u., 142 o.l., 142 M., 143 o.r., 143 o.l., 144 o., 146 u., 146 u.r., 146 M.r. – **Magnan/NATURE :** 9, 42 u., 52 o., 57 u., 58 o., 59 o., 60, 61 o.r., 62 u., 108, 110 u., 110 o., 111, 115 u., 116 l., 117, 121 o., 140 l., 153, 164, 166, 173 o., 174, 175, 178 u., 184 u., 187, 197 u., 197 o., 201 u., 206, 207, 235, 236, 239 – **Pomerleau :** 13 – **Ragot :** 159 u.l., 161, 184 o. – **Richter :** 248 – **Sauer/NATURE :** 69 – **Siegel/NATURE :** 47 u.